KB019522

아이의 습관을 바꾸는
칭찬 효과

아이의 습관을 바꾸는 칭찬 효과

1판 1쇄 발행 2020년 9월 3일 **1판 2쇄 발행** 2020년 9월 23일

지은이 허영림
발행처 (주)도서출판 북멘토 **펴낸이** 김태완
편집 박소연, 김정숙, 조정우
디자인 안상준 **마케팅** 최창호, 민지원
출판등록 제6-800호(2006. 6. 13.)
주소 03990 서울시 마포구 월드컵북로 6길 69(연남동 567-11) IK빌딩 3층
전화 02)332-4885 **팩스** 02)6021-4885 **전자우편** bookmentorbooks@hanmail.net
페이스북 https://facebook.com/bookmentorbooks

ISBN 978-89-6319-373-1 03370

이 도서의 국립중앙도서관 출판예정도서목록(CIP)은 서지정보유통지원시스템 홈페이지
(http://seoji.nl.go.kr)와 국가자료공동목록시스템(http://www.nl.go.kr/kolisnet)에서
이용하실 수 있습니다. (CIP제어번호: CIP2020033848)

0세부터 10세까지
연령별 육아 솔루션

아이의 습관을 바꾸는

칭찬 효과

허영림 지음

북멘토

들어가는 말

"아이의 습관을 바꾸는 최고의 솔루션은 칭찬입니다!"

갓 태어난 아이는 울음소리로 소통합니다. 양육자는 아기의 울음소리를 듣고 배가 고픈지, 불편한 점이 있는지 용케 분별합니다. 18개월쯤 되면 아이는 한 단어로 의사소통을 합니다. 이때도 양육자는 아이가 하는 말의 의미를 알아듣고 세상과 소통하게 도와줍니다. 만 3세까지 양육자와 소통이 잘되었다면 아이는 안정 애착으로 정서 사회성이 높습니다. 학령 전까지 아이들은 가정이나 어린이집, 유치원에서 규칙을 만들고 지키는 것을 배우면서 생활 습관을 만듭니다.

이와 같이 아이들은 시기마다 성취해야 하는 발달 과업이 있습니다. 예를 들면, 신뢰감 형성은 생후 12개월까지, 애착은 생후 18개월까지, 배변 습관은 36개월 전후로 이루어져야 합니다. 발달이 6개월 앞서거나 늦어져도 정상 범주에 속합니다. 이때 부모와의 상호 작용은 아주 중요합니다. 양육자와 적절한 상호 작용이 이루어지지 못해 발달 과업을 성취하지 못하면 그 이후에 이루어지는 발달 과업에 부정적인 영향을 끼치게 됩니다. 0~6세 사이에 부모로부터 결핍을 경험하게 되면 상담실을 찾게 되고, 놀이 치료를 권유받습니다. 그렇지 않더라도 만 2세 이후부터는 불안정 애착으로 인해 정서 사회성이 미숙해져 여러 문제들이 생기는데, 학교에 들어가서도 비슷한 상황들이 이어집니다.

아무리 바쁘고 힘들어도 모든 일에는 순서가 있습니다. 전업 맘이든 직장 맘이든 부모로서 우선순위로 생각하고 챙겨야 할 것이 있습니다. 바로 아이의 정서성과 사회성입니다. 만 2세까지는 애착 형성에 최선을 다하고, 만 5세까지는 안정된 애착으로 정서 사회성을 키워 주어야 합니다.

부모와 자녀 간 상호 작용의 질에 따라 만 2세 전에 애착이 결정되고, 만 5세 전에 성격이 결정됩니다. 이 시기에 마땅히 받아야 할 관심과 자극, 사랑과 위로를 받지 못하면 어떤 형태로든 아이의 마음은 부분적으로 훼손됩니다. 나중에 그 빈자리가 서서히 드러나지요.

상담실에서 부모들을 만나 보면 과거나 최근이나 상담 내용이 크게 다르지 않습니다. 강연회에서 받는 질문들도 대동소이합니다. 다만 과거에는 "아이가 아직 숫자를 몰라요", "이름만 간신히 쓸 줄 알아요."처럼 학습과 관련된 내용이 단골 질문이었다면 요즘은 "아이가 혼자 놀아요.", "친구들이랑 잘 어울리지 못해요.", "친구를 때려요.", "화가 나면 소리를 질러요.", "친구에게 장난감을 뺏겨도 말을 못해요." 같은 정서 사회성과 관련된 질문이 많습니다.

이 책에는 그동안 상담 현장에서 만났던 수많은 부모들과 어린이집 교사들의 질문들을 아이들의 발달 특성에 맞게 연령별로 나누어 구체적인 솔루션을 담았습니다. 100가지가 넘는 질문에 해결책을 찾아가다 보니 최고의 솔루션이 나타났습니다. 바로 '칭찬'입니다. 부모는 자신의 양육 태도를 점검해 아이를 칭찬으로 양육하는 변화를 꾀해야 합니다. 그러면 아이는 서서히 조금씩 달라지면서 나쁜 습관을 고쳐 갈 것입니다. 각각의 질문에 제시한 솔루션들이 모두 정답은 아닐지 모릅니다. 하지만 그 범주 안에서 융통성 있게 대처해 간다면 아이와 직면한 문제들을 차츰차츰 해결할 수 있을 것입니다.

교육은 의도된 계획이라고 했습니다. 육아 과정에서 불거진 문제는 상담 치료나 놀이 치료보다 부모의 철학이 바뀌는 게 중요합니다. 제 작은 소원이 있다면, 이 책을 읽은 부모와 교사들이 자신의 가치관과 양육 태도를 재점검하고 바람직한 방향을 찾아가는 기회가 되었으면 하는 것입니다.

마지막으로, 수많은 상담 사례를 모아 책으로 낼 수 있었던 것은 그동안 현장에서 만나 온 부모들과 교사들이 솔직한 이야기를 들려주었기 때문입니다. 그분들의 도움에 고개 숙여 감사드립니다. 실제 상담자의 개인사가 드러나지 않도록 사례를 재구성한 점은 널리 양해 바랍니다. 그리고 책을 쓸 때마다 연구 대상이 되어 주었던 두 아들에게도 고마움을 전합니다.

2020년 9월

허영림

● 이 책에서 나이는 '만 나이'를 가리킵니다.

차례

1장 울거나 징징대거나 0~2세 아이들

2장 떼쓰거나 말썽 부리거나 3세 아이들

3장 거짓말하거나 잔소리를 부르거나 4~5세 아이들

4장 싸우거나 말 안 듣거나 6세 아이들

5장 자신감을 키우거나 열등감에 빠지거나 7세 이상의 아이들

1장

{
울거나
징징대거나
0~2세 아이들
}

1

떼쓰는 아이,
어떻게 해야 할까?

#떼쓰기 #습관 #행동 수정

20개월 남자아이를 둔 엄마입니다. 그동안 아이를 친정에서 키우다가 집으로 데려왔어요. 지금은 집 근처 어린이집에 다니고 있습니다. 그런데 자기 마음대로 되지 않으면 길거리에 누워서 떼를 씁니다. 예를 들어 장난감 가게를 지날 때 "오늘은 장난감 사는 거 안 돼."라고 말하면 바닥에 누워 떼를 씁니다. 아이가 떼를 쓰면 저도 아이를 심하게 다루게 됩니다. 아이의 떼가 점점 늘고 포악해지는 것 같습니다. 그만큼 저도 심하게 혼을 내게 됩니다. 어떻게 하면 좋을까요?

―――――― 아이들의 떼쓰기가 막무가내라고 생각하는 사람이 많은데 사실 아이들도 누울 자리를 보고 떼를 씁니다. 외가에서는 아이가 하자는 대로 다해 주어서 '버릇없는 왕자'로 자랐을 것입니다. 하지만

이제부터라도 아이를 '매너 있는 신사'로 키워야 합니다.

일단 아이와 규칙을 만들고 약속을 정해야 합니다. 그 뒤에 약속을 지키지 않으면 단호하게 훈육하십시오. 물론 아이에게 사랑과 관심을 아낌없이 주는 것이 전제되어야 합니다. 처음에는 한 가지 문제 행동에만 초점을 두고 그 행동이 개선된 뒤에 다른 문제 행동으로 관심을 옮겨 가도록 하십시오. 아이가 맘에 들지 않는 행동을 할 때마다 지적하고, 그러지 말라고 다그치지 않도록 조심해야 할 것입니다.

아이의 떼쓰기는 보통 18개월부터 서서히 나타나 30개월에 절정을 이룹니다. 아이의 떼쓰기가 시작되면 부모는 그 이유를 알아보고 제거해 주면 됩니다.

이 방법이 통하지 않는다면 아이와 타협할 수도 있습니다. 아이와 타협하는 것마저 실패한다면 아이와 눈을 맞추고 "그만!"이라고 단호하게 말해야 합니다. 이때 부모들이 "안 돼!"라는 말을 많이 사용하는데 부정어를 많이 들으면서 자란 아이들은 자존감이 낮습니다. 따라서 "안 돼!"보다는 "그만!"이라고 자제시키는 것이 바람직합니다.

이 방법을 써도 떼쓰고 억지를 부리고 길에서 눕는다면 무시하는 방법을 쓰십시오. 무시하는 방법을 일관성 있게 사용하면 아이들은 바로 알아차리고 스스로 행동을 수정합니다. '아, 우리 엄마한테는 떼써 봤자 소용없구나!'라고 깨닫게 하십시오.

툭 하면 우는 아이도 부모가 만들고, 떼쟁이도 부모가 만듭니다. 안 된다고 했다가도 울거나 떼쓰면 두 손 들어 버리는 부모가 만들어 준 습관이기 때문입니다. 따라서 아이의 울거나 떼쓰는 버릇을 고치고 싶은 부모가 가장 먼저 할 일은 원칙과 규칙을 가지는 것입니다. 말하자면 늘 일관성 있게 울거나 떼쓰기가 통하지 않는다는 것을 경험시켜 주면 됩니다.

말은 쉬워도 일상에서 실천하기가 녹록지 않을 것입니다. 부모됨이란 하나둘씩 자신만의 원칙과 규칙을 만들어서 실행해 가는 데 있습니다. 부모는 확고한 자신만의 교육관을 가지되 아이에 대한 개입은 최소화하는 쪽으로 움직여야 합니다.

● 한마디 쏙쏙
떼쓰는 아이한테는 "안 돼!"보다 "그만!"이라는 말로 자제시켜야 한다.

2

아이를 기죽이지 않고
키울 수 있을까?

#규칙 #행동 수정 #양육 태도

저는 출산을 앞둔 예비 엄마입니다. 저는 아이가 기죽지 않도록 뜻을 잘 받아줘서 말 잘 듣는 아이로 키우고 싶습니다. 아이를 키울 때 어떤 점에 신경을 써야 하는지 알려 주세요.

아이들은 생후 12개월까지 모든 소통을 울음으로 대신합니다. 희한하게도 엄마들은 아이들의 울음소리만 듣고도 왜 우는지를 알지요.

이 시기에 아이의 욕구를 잘 읽어 주고 만족시켜 주는 엄마는 아이와 하루하루를 잘 보냅니다. 하지만 욕구 불만이 쌓인 아이들은 낮과 밤이 바뀐다든지, 먹고 자고 싸고 노는 데 문제가 생깁니다. 이렇게 초기 발달 단계에서 문제가 생기면 다음 발단 단계가 순조롭게 이어지기 힘들어 더 큰 문제가 생길 수 있습니다. 그러므로 적어도 36개월까지는 양육자가 일관성 있는 양육 태도를 가지고 좋은 습관을 만들어 줘야 합니다.

아이가 10개월이 되면 걸음마를 시작하면서 본격적인 탐색기에 들어갑니다. 이제 아이는 그동안 궁금했던 환경에 호기심이 발동해 모든 것을 열어 보고 올라가 보고 잡아 보고 깨물어 보기 시작합니다. 그렇게 집 안 구석구석을 돌아다니며 말썽 피우는 아이를 따라다니다 보면 엄마는 어느 순간 매서운 눈빛과 강압적인 말로 무장을 합니다. 그때부터는 아이들도 엄마의 눈치를 살피면서 말썽을 피웁니다.

이럴 때 엄마들이 명심해야 할 것이 있습니다. 바로 '엄마 입장에서 키우지 않고 아이가 원하는 대로 탐색하게 내버려 두기'입니다. 단, 집 안을 위험하지 않은 환경으로 정리하고 재배치해서 아이가 마음껏 탐색하도록 만들고, 몇 개의 규칙을 지키게 해야 합니다. 규칙이 너무 많으면 아이들이 다 지킬 수 없습니다. 또 규칙을 지키지 않는 말썽쟁이가 되는 것은 시간문제일 것입니다.

48개월 이후부터 취학 전까지는 가정 내 규칙과 한계를 가르쳐야 합니다. 그러기 위해서는 규칙을 지키지 않을 경우, 약속 대로 아이가 불편함을 겪고 불이익을 경험하게 해야 합니다. 예를 들어, 아이가 물건을 던지면 그날은 초코 우유를 먹을 수 없다는 규칙을 정했다고 칩시다. 좋아하는 것을 못 먹게 된 아이는 서서히 행동 수정을 하게 됩니다. 이런 일이 몇 번 반복되면 아이는 초코 우유를 먹고 싶어서 물건을 던지지 않게 됩니다. 물론 규칙을 잘 지킨 경우에는 아낌없이 칭찬해 줘야 합니다.

이 시기에는 아이와 협상하고 타협할 일이 많이 생깁니다. 그런데 강요와 명령으로 키우게 되면 아이의 자율성을 키워 주기가 어려워집니다. 자율적인 아이로 키우는 엄마들은 아이의 작은 성공경험이 큰 성공을 만들어 낸다는 것을 잘 알고 있습니다. 또, 아이가 스트레스를 받지 않도록 변화를 서두르지 않습니다.

결과적으로 기죽이지 않고 아이를 키운다는 것은 스스로 하도록 자율적인 환경을 만들어 주는 것입니다. 스스로 알아서 하는 습관을 가진 아이는 자기 통제력이 생기기 때문에 굳이 부모 말에 순종하게 만들 필요도 없습니다.

● 한마디 **쏙쏙**

규칙이 너무 많으면 아이는 '규칙을 지키지 않는 말썽쟁이'가 되고 만다.

3

징징대는 아이,
어떻게 해야 할까?

#애착 #산후 우울증 #양육 태도

아들을 낳은 지 4개월 된 초보 엄마입니다. 산후 조리를 하면서부터 지금까지 낮에는 베이비시터에게 아기를 맡기고, 밤에는 제가 아이와 잤습니다. 그런데 수유 방식이 달라서인지 아기가 밤에 잠을 자지 않습니다. 밤새 울다 졸다 먹다를 반복하다 보니 저도 밤에는 신경이 날카로워집니다. 밤에 잘 못 자서 그런지 아이가 낮에도 징징댈 때가 많습니다. 이렇게 4개월을 보냈더니 산후 우울증에 걸린 것 같습니다. 하루 빨리 육아 휴직이 끝나서 직장에 나가고 싶을 정도입니다.

힘들고 어려운 육아로 엄마의 우울증이 심각해 보입니다. 일차적으로 남편의 위로와 협조를 구해야 합니다. 남편의 위로를 받아도 해결이 안 되는 경우에는 친정 부모, 시부모, 친구 등 적극적으로 대화 상대를 찾아서 안정감을 되찾아야 합니다. 그런 노력들로 부족하다면 약물 치료가 필요합니다. 약물 치료를 받아야 하는 수준이 아니라면 아침에 해 뜰 때 10분 정도 산책을 권하고 싶습니다. 주말에 엄마만의 휴식을 위해 자유 시간을 가지는 것도 도움이 될 것입니다.

산후 우울증이 극복된 뒤에 가장 중요한 일은 아이와 엄마 사이에 안정적인 애착 관계를 형성하는 것입니다. 하루 빨리 직장에 나가기를 고대할 게 아니라 아이와 적응 기간을 길게 잡고 육아에 힘써야 합니다. 생후 1년 동안 이루어지는 영아의 발달은 인간 발달의 첫 단계로 특히 중요합니다. 이 시기에 경험한 애착 관계의 질은 아이의 성격과 대인 관계 형성에 절대적인 영향을 미치기 때문입니다. 엄마와 아이의 긴밀한 상호 작용은 안정적인 애착 관계를 형성하는 데 바탕이 된다는 것을 유념해야 합니다.

생후 4개월을 스트레스 속에서 지낸 아기는 신뢰감이나 애착 관계 형성에서 벌써 혼선이 왔을 것입니다. 참으로 가슴 아픈 일입니다. 그동안의 경험으로 형성된 아이의 내적 작동 모델이 걱정됩니다. 이 시기에 아이가 하는 일은 누워서 먹고, 자고, 싸고, 노는 게 전부입니다. 아이의 이런 욕구가 일관성 있게 충족된다면 그때 알게 된 사람, 즉 양육자를 믿고 따르면서 애착 대상 1호로 삼게 됩니다. 그런데 이 상담자의 아기는 4개월 동안 엄마와 불안정한 애착 관계가 형성되어 함께 있어도 편안하지 않아 징징대며 울고 있습니다. 이런 아기를 비난하거나 체념해서는 안 됩니다. 시작부터 어긋난 애착 관계를 긍정적으로 회복하기 위해서는 엄마가 노력해야 합니다.

정신분석학자인 도널드 위니캇은 부모-자녀 관계의 중요성에 대해 이렇게 말했습니다.

"아기라는 존재는 없다. 오직 양육하는 부모만 있을 뿐이다. 적절한 양육 기술이 없다면 아기라는 새로운 인간은 아무런 가능성도 갖지 못할 것이다."

맞는 말입니다! 어린 아기는 타고난 능력과 재능보다 부모라는 존재에 더 많은 영향을 받습니다. 따라서 지금까지의 불안정한 애착을 안정적인 애착으로 바꾸는 것도 부모의 태도에 달렸다고 할 수 있습니다. 부모의 적극적인 시도는 아기가 가졌던 부정적인 인식과 경험을 잊게 만들고 긍정적인 내적 작동 모델을 새롭게 형성하게 만듭니다. 엄마와의 상호 작용으로 안정적인 애착을 형성한 아기는 그 후 애착 대상을 아빠와 가족, 더 나아가 인류애로까지 확장해 나갈 것입니다.

아무리 육아가 힘들고 고통스럽더라도 이 중대한 시기에는 아기와 함께 보내는 시간을 즐겨야 합니다. 부모의 행복을 위해서도, 아이의 행복한 미래를 위해서도 가장 좋은 방법이기 때문입니다. 아이는 부모에게 의지하고, 부모는 아이에게 적절히 반응하다 보면 아주 특별한 관계가 형성될 수 있습니다. 그 과정에서 얻는 애착이 육아의 시작이자 전부라고 해도 과언이 아닐 것입니다.

4

공격적인 아이,
어떻게 해야 할까?

#떼쓰기 #공격적 행동 #엄마의 우울증

저는 어린이집 교사입니다. 만 2세가 되지 않은 민준이
는 생후 9개월부터 어린이집에 다녔습니다. 민준이는 발달이 빠른
편이고, 활동적이고, 말도 잘합니다. 그런데 자동차를 타고 놀 때
는 다른 친구가 만지지 못하게 하고, 상처가 날 정도로 세게 물기
도 합니다. 그러지 말라고 꾸지람을 하면 데굴데굴 구르며 울고,
달래도 한참 동안 떼를 씁니다. 어린 아기들을 예뻐하다가도 눈을
찌르거나 머리카락을 잡아당기기도 합니다. 친구들이 하원할 때
는 엄마를 찾으며 엉엉 울고, 저녁때가 되면 공격적인 행동이 더
심해집니다.

어머니께서 적은 입학 상담 카드에는 민준이를 임신했을 때 친정
어머니가 돌아가셔서 우울증을 앓았다고 쓰여 있었습니다. 민준
이를 낳고 집에 있으면서 우울증이 더 심해지는 것 같아서 취업을
했다고 합니다. 민준이의 형 민석이도 자기 마음에 들지 않으면 떼

를 쓰고 울었습니다. 그럴 때 집에서 어떻게 훈육하냐고 물어보니 어머니는 매를 든다고 했습니다.

〜〜〜〜〜〜 민준이의 하루를 보니, 아침 일찍 어린이집에 등원해서 저녁 때까지 온종일 엄마가 데리러 오기를 기다리고 있습니다. 하루가 기나긴 기다림의 여정이라고 해도 무방할 정도입니다.

무엇보다 놀이 시간에 보이는 아이의 심각한 공격성이 걱정됩니다. 오후 시간과 귀가 시간에 공격적인 행동이 심해지는 것은 아이의 분노와 슬픔이 밖으로 표출되는 것이라고 볼 수 있습니다. 엄마를 찾으며 울거나 이유 없이 친구를 때리는 행동이 그 예입니다.

매를 맞고 자란 아이는 공격적이고 성격이 거칠다는 연구 결과가 있습니다. '체벌 없는 교육'의 선구자로 불리는 존 로크는 부모로부터 체벌을 당한 아이들은 노예적 기질을 갖게 된다며, 체벌 대신 '차가운 시선'으로 훈육하라고 강조했습니다. 단, 아이가 차가운 시선의 의미를 알려면 평소 따뜻한 시선으로 자녀와 상호 작용하여 공감대 형성이 되어 있어야 합니다. 그래야만 차가운 시선이 교육적 효과를 거둘 수 있습니다.

알고 보면 질적인 양육도 양적인 양육 속에서 나옵니다. 특히 맞벌이 부부들은 아이를 돌보는 시간이 공평하게 할애되도록 노력해야 합니다. 유아기에 부모의 결핍이 없어야 유아기의 훼손을 막을 수 있습니다. 아이가 다 자란 후에 어릴 때 함께하지 못한 것을 후

회해 봤자 아무 소용없습니다. 바로 발달의 적기성 때문입니다. 발달의 적기성이란 특정한 발달 과업을 성취하는 데 가장 적절한 시기를 말합니다. 결정적 시기라고도 하지요.

신뢰감 형성의 결정적 시기는 생후 12개월 이전입니다. 이 시기에 양육자와의 적절한 상호 작용으로 발달 과업을 이루지 못하면 영구적인 결함이나 장애를 겪을 수 있습니다. 요컨대, 신뢰라는 개념은 생후 12개월 동안 양육자와의 친밀한 관계를 통해서 형성되고, 아이의 발달 단계 전반에 긍정적인 영향을 미칩니다. 만약 이 시기에 양육자와의 관계에 불신이 형성되면 그 이후에 이루어지는 발달 과업에 부정적인 영향을 미치게 된다는 말입니다.

● 한마디 쏙쏙

매 맞고 자란 아이는 공격적이고 성격이 거칠다.

5

할퀴고 꼬집는 아이,
어떻게 해야 할까?

#애착 #공격적 행동 #때리기

만 2세가 된 아들이 있습니다. 아이를 낳고 3개월간 출산 휴가를 쓰고 복직했습니다. 아이는 어린이집에 맡겼는데 지금껏 다섯 군데나 옮겨 다녔습니다. 잘 먹지 않아 허약한 편이고, 요즘 부쩍 난폭해져서 꼬집고 물고 할퀴고 때리는 행동을 자주 보입니다. 남편의 연봉이 제 절반 정도여서 일을 할 수밖에 없습니다. 경제적으로 힘들더라도 제가 아이를 키워야 하는지, 어린이집에 적응할 때까지 보내면서 기다려야 하는지 궁금합니다.

―――――― **우선 아이의 욕구를 파악해야 합니다.** 그동안 아이가 느꼈던 불만 사항이 무엇인지, 아이의 실수를 체벌로 다스리지는 않았는지, 부모의 불편한 정서가 아이에게 전달되어 스트레스를 불러오지 않았는지 등 여러 가지 것들을 점검할 필요가 있습니다.

아이가 할퀴고 꼬집고 때리는 방법으로 또래와 관계 맺기를 해 왔다면 공격적인 방법을 학습했다고 추론할 수 있습니다. 꼬집고 할퀴고 때리는 방법은 미성숙한 사회성이 분명하지만 아이는 관심을 표현하는 방법으로 생각했을 수 있습니다.

또, 아이가 가지고 있던 심리적 문제가 공격적인 행동을 통해 자연스레 드러나는 것일 수도 있습니다. 이런 경우라면 상대방 입장에서 생각하는 법을 가르쳐야 합니다. 누군가가 그렇게 할퀴고 꼬집고 때린다면 기분이 어떨지를 묻고 서로 대화하면서 적절한 대처법을 알려 줘야 할 것입니다.

아무리 노력해도 아이의 상태가 나아지지 않고 심각하다고 생각되면 엄마가 일을 잠시 접고 아이를 키우는 것이 최선입니다. 지금까지 양육자가 너무 많이 바뀌어서 아이는 정서 사회적으로 다른 아이들보다 매우 불안정한 상태일 것입니다. 다소 경제적 어려움이 따르겠지만 아이에게 지금 필요한 것은 엄마의 사랑과 관심입니다. 무엇보다 함께 있는 시간을 절대적으로 늘려야 합니다.

양육을 건물 짓는 일에 비유하면 유아기는 기초 공사에 해당하는 시기입니다. 이 시기에 안정된 정서 사회성이 만들어져야 초등학교에 들어가서 큰 문제가 생기지 않습니다. 유아기에 이런 문제들을 방치하면 시간이 흐른 뒤에 많은 문제를 걱정거리로 떠안게 되고, 결국엔 학교 공부도 잘 따라가지 못합니다. 정서 사회성이 안정된 아이가 인지적으로도 능력을 발휘하여 공부도 잘하게 됩니다.

요즘은 육아를 전적으로 부모의 손에 맡기던 과거의 형태에서 많이 바뀌었습니다. 거의 선진국형으로 변모하여 아이를 어린이집에 보내고 있지만, 그것이 정답은 아닙니다. 바빠진 부모들의 돌봄 부족 탓으로만 돌릴 수는 없지만 최근 소아 정신과를 찾는 아이들이 부쩍 늘어나고 있습니다.

누구나 아이를 낳으면 부모가 되지만 적절한 시기에 적절한 자극을 제공하는 부모는 그리 많지 않습니다. 또 아이와 눈높이를 같이한다는 것은 말처럼 쉬운 작업이 아닙니다. 그렇지만 발달의 적기성과 누적성을 고려하여 부모가 아이와 많은 시간을 보낸다면 여러 가지 문제가 서서히 해결될 것입니다.

● 한마디 **쏙쏙**

양육을 건물 짓는 일에 비유하면 유아기는 기초 공사에 해당한다.

6

울면서 매달리는 아이,
어떻게 해야 할까?

#애착 #울음 #분리 불안

21개월, 6개월 된 두 아들의 엄마입니다. 큰아이가 8개월 되었을 때 둘째를 임신했다는 사실을 알게 되었고, 15개월 때 둘째를 출산하느라 시댁에 3주간 맡겼습니다. 그 뒤로는 잠시도 저랑 떨어지려 하지 않고 울면서 매달립니다. 잘 때도 꼭 안겨서 자려 해서 너무 힘이 듭니다. 둘째를 돌보느라 잘 놀아 주지 못하니까 차라리 일찍 어린이집에 보낼까 생각 중인데 옳은 생각인지 궁금합니다. 너무 자주 울어서 큰아이에게 가끔 체벌도 하게 되는데 강도가 점점 세지는 것 같습니다. 어떻게 하면 좋을까요?

큰아이는 불안정 애착 증세를 보이고 있습니다. 아이는 할머니 댁에 있었던 3주간의 시간을 부모로부터 버림받았다고 생각하고 그 두려움 때문에 엄마에게 매달리는 것입니다. 엄마와 기본 신뢰감을 형성하지 못한 상태에서 자신의 욕구를 충족하기 위해 지속적으로 매달리는 것이지요. 또, 실제 떨어져 있었던 시간이 3주라도 아이가 무척 오랜 기간이었다고 느낀다면 분리 불안일 수 있습니다.

아이가 놀아 달라며 하루 종일 매달리면 부모는 귀찮아집니다. 돌도 되지 않은 둘째 아이까지 있는 상황이라면 짜증스럽게 대응할 때가 많을 겁니다. 하지만 아이는 엄마에게 매달리고 나면 긴장 해소도 되고 뇌에서 나오는 스트레스 화학 물질의 농도가 낮아집니다. 그래서 귀찮아하는 엄마에게 더 필사적으로 울면서 매달리는 것입니다. 이럴 때는 억지로 떼어 놓거나 도망가지 말고 일단 품에 안고 달래 주십시오. 충분히 안고 달래 주면 아이는 다시 평온을 찾고, 뇌에 긍정적인 화학 물질이 채워집니다. 그러면 뇌에서 스트레스를 극복하는 힘이 길러집니다. 이런 경험을 자주 하면 아이는 차차 안정된 독립심을 갖게 되고 세상이 안전하다고 느낍니다. 이렇게 지금의 불안정 애착에서 안정 애착으로 변화될 수 있도록 노력해야 합니다.

지금 어린이집에 보내면 분리 불안과 불안정 애착으로 어린이집 적응에도 문제가 생길 수 있습니다. 이런 부정적인 경험은 엄마와 아이가 늦게까지 고생을 하게 만듭니다. 힘들더라도 큰아이와 더 많은 시간을 보내며 충분히 놀아 주어야 할 때입니다. 우는 행동이 오래 가지 않도록 큰아이의 입장을 민감하게 살피면서 상호 교류하는 것이 좋습니다. 운다는 것 자체가 불편함을 표현하는 것이니 그것부터 줄여 주도록 하십시오.

어떤 이유에서든 매를 드는 것은 아동 학대입니다. 체벌한다고 해서 아이의 태도가 개선되는 것은 절대 아닙니다. 오히려 공격적인 성향을 갖게 되고, 엄마에 대한 분노를 동생을 때리는 행동으로 표현할 수 있습니다. 인내심을 가지고 큰아이를 타이르고, 아이의 기분을 세심하게 살피면서 엄마의 사랑을 느낄 수 있도록 친밀하게 대하십시오.

예전에 상담을 했던 4개월 된 아이의 이야기입니다. 아이가 자지도 않고 먹지도 않고 울기만 했습니다. 안 되겠다 싶어 병원에 데려갔더니 아이의 간 수치가 너무 높아 바로 입원 조치되었다고 했습니다. 아이가 보내는 신호를 엄마가 잘 읽었다면 그 상황까지 치닫지는 않았을 것입니다. 이런 상담을 할 때가 참 가슴 아픕니다.

생후 12개월을 전후해서 아이가 하는 일은 누워서 먹고, 자고, 싸고, 노는 게 전부입니다. 아이의 이런 욕구들이 일관성 있게 충족되면 주 양육자인 엄마를 믿고 따르게 되면서 애착 대상 1호가 됩니다. 이 시기의 육아를 단순히 아이의 불편함을 해결해 주는 것으로만 생각한다면 애착의 기본 개념을 놓치고 있는 것입니다. 애착 대상 1호와의 관계의 질은 이후 만들어지는 모든 인간관계의 기본이 되고 기초가 됩니다. 몇 번을 강조해도 모자랄 만큼 그 중요성이 크다는 말입니다.

7 물건을 던지는 아이,
어떻게 해야 할까?

#공격적 행동 #상호 작용 #모방

생후 18개월 된 아들이 있습니다. 아이는 얌전히 있다가도 뭔가가 불편하거나 맘에 들지 않으면 닥치는 대로 던지고 "하지 마!"라고 소리칩니다. 제 얼굴에 장난감을 던진 적도 있습니다. 요즘엔 이러다 큰일 나는 건 아닌가 싶어 겁이 납니다. 어떻게 하면 좋을까요?

생후 18개월이 지나면 아이는 잘 걷고 어른들의 말을 대충 알아듣습니다. 아이가 정상적인 발달을 하고 있는 경우라면 다음의 몇 가지 사항을 유념하면서 아이와 상호 작용하면 지금보다 더 나아질 것입니다.

첫째, 아이에게 뭔가를 하지 말라고 말하는 대신 물리적 환경을 정리해 주세요. 예를 들면, 뜨거운 주전자에 가까이 가려고 할 때

"안 돼!"라고 큰소리를 치는 대신에 아이 손이 닿지 않는 곳에 올려 두는 식입니다. 아니면 조금 뜨거운 주전자를 아이가 한 번 만져 보게 해서 얼마나 뜨거운지를 알게 하는 것도 좋은 방법입니다. 그러면 다음에는 아이가 뜨거운 주전자에 가까이 가려 하지 않을 것입니다.

물리적 환경을 바꿔 주지 못할 경우에는 아이 손을 꼭 잡고 다른 곳으로 이동해야 합니다. 예를 들어, 남의 집에 놀러 갔는데 어항 안에 레고를 자꾸 집어넣는다고 합시다. 이럴 경우에는 어항 뚜껑을 찾아 덮어 놓거나 아이를 다른 방으로 안고 가서 놀게 하는 것입니다. 조금 큰 아이의 경우라면 왜 그 행동을 하면 안 되는지를 조용하면서도 단호하게 말해 주어야 합니다.

둘째, 물건을 던지거나 소리 지르면서 우는 행동은 이 시기 아이들이 자기를 표현하는 수단 중 하나입니다. 그렇다고 가볍게 생각하라는 말은 아닙니다.

엄마가 아이에게 소리를 지르거나 때린 적이 있다면 엄마를 통해 공격성을 배웠다고 볼 수 있습니다. 이제부터라도 마음에 들지 않는 행동을 하더라도 조용히 타이르면서 그러지 말라고 말로 상호작용을 하십시오. 아이는 소리를 지르거나 물건을 던지거나 울면서 자기 감정을 알리는 일이 차츰차츰 줄어들 것입니다. 아이들은 부모의 말과 행동을 보면서 그대로 모방하고 배웁니다. 아이를 부모의 거울이라고 말하는 이유가 여기에 있습니다.

셋째, 아이에게 "하지 마!"라고 명령어를 쓰기보다는 평서문을 쓰도록 하십시오. 가령, "장난감 던지지 마!"라고 말하는 대신 "장난감은 여기에 예쁘게 놓아 주세요."라고 말하는 것입니다. 처음에는 반응을 안 하는 것처럼 보이지만 차차 변하는 모습이 나타날 것입니다.

세상의 모든 아이들이 실수를 합니다. 그런데 엄마들은 별생각 없이 이런 표현을 합니다.

"이 레고는 왜 여기 거실에 있는 거니?"

"점퍼가 현관 바닥에 있는데 무슨 일이니?"

크게 잘못된 말이 아닌 것 같지만, 이런 식의 화법은 상대방의 행동을 비난하고 비판하는 말투여서 기분을 상하게 합니다. 이렇게 바꿔서 말해 보세요.

"이 레고는 네 방으로 가야겠구나."

"점퍼는 방으로 가져가자."

바뀐 화법으로 말하면 듣는 아이의 마음이 불편하지 않습니다.

한번쯤 가족 간의 대화를 녹음해서 들어보십시오. 아이와 주고받는 말 중에서 어떤 말을 어떻게 바꾸어야 할지 쉽게 알 수 있을 것입니다.

● 한마디 **쏙쏙**

아이는 소리 지르거나 때리는 부모에게 공격성을 배운다.

8

때리고 깨무는 아이, 어떻게 해야 할까?

#공격적 행동 #때리기 #분노

15개월 된 아들을 키우고 있습니다. 아이가 소리를 지르면서 엄마 아빠의 얼굴을 때리고 깨뭅니다. 꾸중을 해도 말을 듣지 않아서 가끔 때릴 때도 있습니다. 집에서 아이를 키우고 있는데, 제가 뭔가 잘못하고 있는 건 아닌지 걱정됩니다. 지금부터라도 어린이집에 보내는 게 더 나은지 궁금합니다.

生후 12개월이 지나면 아이는 자아가 생기면서 자기주장을 시작합니다. 그렇다고 해서 아이가 하고 싶은 대로 다 되지는 않습니다. 그렇게 자기주장이 통제되고 좌절될 때 아이는 분노를 표출합니다. 아이가 소리를 지르고, 때리고, 깨물 때 다음과 같은 방법으로 상호 작용을 해 주세요. 차차 그 행동의 횟수가 줄어들 것입니다.

먼저, 아이가 때리고 깨물더라도 절대 소리 지르거나 아이를 때리지 마십시오. 그동안 엄마가 아이를 때리거나 소리를 질렀다면 앞으로는 절대 그러지 말아야 합니다. 아이는 엄마의 공격적인 행동을 그대로 모방하게 되니까요. 교육학의 아버지 페스탈로치는 가정 교육을 중시했습니다. 특히 안방 수업을 강조했지요. 그것은 아이가 평생 알아야 할 개념은 안방에서 부모를 통해 습득되어 평생에 걸쳐 영향을 준다는 내용입니다.

엄마는 아이를 때려서라도 행동을 고치겠다는 생각이었을 것입니다. 하지만 매 맞는 아이는 행동을 고치는 게 아니라 남을 때려도 된다는 것을 배웁니다. 따끔하게 혼을 내면 아이의 행동을 고칠 수 있다고 믿는 엄마들이 있습니다. 그러나 나중에는 아이를 마구 때리는 엄마가 되었다고 후회하는 경우가 많습니다. 결국 아이에게는 씻을 수 없는 상처를 남기고, 엄마에게는 때리는 습관을 남기게 됩니다.

이제는 아동 학대를 하면 부모라도 법적인 처벌을 피할 수 없습니다. 62년 만에 부모 징계권이 민법에서 삭제되어 아동 학대 처벌은 점차 강화되고 있습니다. 또, 맞으면서 자란 아이들은 행동 수정은 되지 않으면서 맷집만 늘게 되어 매를 무서워하지 않게 됩니다.

오래전 일인데 교사 상담에서 들은 이야기가 있습니다. 아이가 잘못된 행동을 하여 교사가 "화장실 청소할래, 열 대 맞을래?"라고 물었다고 합니다. 당연히 청소를 하겠다고 대답할 줄 알았는데 아이가 열 대 맞는 쪽을 선택해서 깜짝 놀랐다는 이야기였습니다.

맞으면서 자란 아이들이 이런 행동을 보일 수 있다는 말입니다.

아이가 남을 무는 행동은 극도로 좌절된 상황에서 나오는 현상입니다. 아이가 원하는 것을 먼저 들어주고 극단적인 행동을 하지 않도록 배려해야 합니다. 그러려면 엄마가 아이와 함께하는 시간을 많이 가져서 욕구를 잘 읽어 내야 합니다. 그때그때 욕구를 해결해 주면 극도로 좌절된 상황까지 방치되는 것을 막을 수 있습니다.

아이는 사랑과 관심을 먹고 자라는 존재입니다. 아이에게 좋은 장난감은 비싼 로봇이나 인형이 아닙니다. 언제나 아이와 상호 작용해 주는 부모가 세상에서 가장 좋은 장난감입니다. 부모와 따뜻한 상호 작용을 경험한 아이들은 엄마 아빠와 함께하는 것 자체가 위안이 되어 평안을 찾게 됩니다.

마지막으로, 어린이집은 만 48개월 이후에 보내는 것이 가장 바람직합니다. 단, 엄마가 심각한 우울증이 있다면 고려해 볼 수는 있습니다. 세상에 엄마, 아빠보다 더 좋은 선생님이 없기 때문에 아직도 가정 교육을 우선시하는 것입니다. 육아 방법을 서서히 배우다 보면 아이 키우는 재미를 느끼게 되어 점차 자신감이 생길 것입니다.

● 한마디 쏙쏙
매 맞는 아이는 행동을 고치는 게 아니라 남을 때려도 된다는 것을 배운다.

9 아이 콘택트를 거부하는 아이,
어떻게 해야 할까?

#공격적 행동 #소리 지르기 #모방

16개월 된 아들을 키우고 있습니다. 최근에 아이가 친구와 놀 때 공격적인 성향을 자주 보입니다. 친구에게 그러면 안 된다고 말하면 자신에게 불리한 이야기라는 걸 아는지 모르는 척하면서 아이 콘택트eye contact를 거부합니다. 그러다가 화가 나면 고함을 지릅니다. 어떻게 하면 좋을까요?

불리한 상황에서 아이 콘택트를 거부하는 것은 자기방어 기제가 작동하고 있다고 봐야 합니다. 이런 경우에는 아이와 아이 콘택트를 억지로 시도하여 제압하거나 굴복시키려 하지 말고 차근차근 설명하고 타일러야 합니다. 또, 아이 콘택트를 거부하는 것이 습관이 될까 봐 자꾸 지적하기 쉬운데, 그러면 안 됩니다. 오히려 물리적 환경에 신경 쓰는 것이 바람직합니다. 가령, 아이들이 여럿이 어울려 노는 장소는 당분간 피한다든지, 공격성이 보일 것 같은 큰 아이들과의 놀이 환경을 피하는 것입니다.

고함을 지르는 행동은 모방을 한 경우가 많습니다. 엄마나 가족 중 누군가가 화가 날 때 소리를 지르면서 아이와 상호 작용했다면 그것을 배웠을 것입니다. 가족이 모두 아이에게 소리 지르지 않도록 조심하고, 아이가 소리를 지르더라도 조용히 대답하면서 상호 작용한다면 그 횟수가 줄어들 것입니다. 아이에게 모범을 보이는 일이 쉬운 일은 아닙니다. 하지만 좋은 모델이 되도록 노력하는 수밖에 방법이 없습니다.

미국의 가족 치료 전문가인 존 가트맨은 정서 지능이 좋고 우수한 아이로 키우려면 자녀 교육에 감정 코칭을 도입하라고 조언합니다. 그는 감정 코칭이라는 신교육 개념을 개발하였는데, 아이가 마음의 문이 열리면 신뢰감과 유대감을 쌓을 수 있다고 했습니다. 아이와 부모가 적이 아닌 한편이 되도록 해 준다는 것입니다. 그러기 위해 부모가 가장 먼저 할 일은 자기감정의 근원인 초감정meta emotion 읽기를 해야 합니다. 초감정이란 감정 뒤에 있는 감정에 대한 생각, 태도, 관점, 가치관을 말합니다. 가트맨은 부모가 매일 감정 일기를 쓰면서 자신의 감정을 숨기지 않고 있는 그대로 느끼고 인정해야 한다고 강조합니다. 가트맨은 부모의 초감정 읽기에 따라 양육 유형을 네 가지로 나누고, 각각 자녀와 의사소통하는 방법과 내용이 다소 다르다고 했습니다.

첫 번째, 축소 전환형 부모는 자녀의 감정을 대수롭지 않게 여기거나 무시합니다. "별거 아니야.", "너무 마음 쓰지 마.", "좋아질 거야." 등으로 감정을 축소하거나 시간이 지나면 저절로 해결된다고 생각하지요.

두 번째, 억압형 부모는 자녀의 감정보다 행동을 보고 야단치거나 잘못된 것이라고 비판합니다. 상담 사례의 엄마처럼 "그렇게 하면 안 돼."라고 말하며 자녀의 부정적인 감정을 억제해야 한다고 믿지요. 부정적인 감정은 나쁜 성격과 나약함에서 나온다고 생각하기 때문에 올바른 행동을 바로 가르쳐야 한다고 생각합니다.

세 번째, 방임형 부모는 자녀의 모든 감정을 다 받아 줍니다. 뭐든 좋다고 하면서 자녀 스스로 감정을 처리하게 합니다. 문제 해결을 하는 데도 관심을 두지 않고, 행동에도 제한을 두지 않습니다. 아이가 감정을 분출하면 모든 것이 해결된다고 믿는 경우지요.

네 번째, 감정 코치형 부모는 자녀의 감정을 다 받아 주지만 행동에는 제한을 두며, 자녀와의 정서적 교감을 중요하게 여깁니다. "우리 함께 고민하고 해결 방법을 찾아보자."라고 하면서 자녀의 독립성을 존중하며 스스로 해결 방법을 찾도록 하고 자녀의 작은 감정 변화도 놓치지 않습니다.

우리는 상황에 따라 이 네 가지 부모 유형을 조금씩 활용하며 자녀와 의사소통을 합니다. 그것만으로 아이의 문제를 해결할 수도 있지만, 그렇지 못한 경우에는 다른 유형에 대해서도 스스로 공부할 필요가 있습니다.

10 무표정하고 반응이 없는 아이, 어떻게 해야 할까?

#우울감 #방임 #애정 결핍

저는 어린이집 교사입니다. 만 2세가 된 은하는 할머니 손을 잡고 어린이집에 오는데 늘 무표정합니다. 제가 반갑게 인사를 건네도 아무 말도 안 합니다. 친구들과 어울려 노는 일도 없고, 아이들이 함께 놀자고 잡아끌어도 반응이 없습니다. 할머니와의 면담에서 은하는 프랑스에서 태어났고 부모님이 이혼했다는 사실을 알게 됐습니다. 아빠는 프랑스에서 공부 중이고, 엄마와는 왕래가 없다고 했습니다. 아빠가 프랑스에서 크레쉬(어린이집)에 보냈는데 은하가 적응을 못해서 할머니 할아버지에게 맡겨졌다고 하셨습니다. 할머니는 집에서도 은하가 좋다거나 싫다는 표현이 없고 웃거나 울지도 않는다고 걱정했습니다. 하물며 뭔가 갖고 싶다는 말도 안 한다고 했습니다. 제가 어떤 도움을 주어야 할까요?

━━━━━━━━ 은하는 갓난아이 시절부터 누군가와 애착을 형성하기 어려운 상황이었던 것 같습니다. 어린이집에서 보이는 은하의 행동은 극도의 좌절감과 우울한 상태로 지낸 아이에게서 보이는 특징입니다. 은하는 놀이 치료와 같은 적극적인 개입을 통해 마음 속 분노, 우울, 외로움, 애정 결핍 등을 해소하면서 정화해 나가야 합니다. 그래야 평범한 아이들처럼 생활할 수 있고, 앞으로 아이답게 자랄 수 있습니다.

이 시기 아이들에게는 사랑과 관심, 칭찬이 성장의 자양분입니다. 1차 애착 대상인 부모가 자양분을 주면 가장 좋지만 현실적으로 힘든 상황이라면 주변 사람에게 도움을 청해야 합니다. 우선 해외에 있는 아빠와 자주 통화하게 해서 애착의 끈이 끊어지지 않도록 힘써야 합니다. 어린이집에서도 선생님에게 도움을 요청해서 누군가는 아이에게 애착의 끈이 되어 주어야 합니다. 은하를 위해 동원할 수 있는 모든 주변 사람들의 관심과 사랑을 모아야 합니다. 조금 늦은 감이 있지만 지금부터 6세까지 적극적으로 개입한다면 좋은 효과를 기대할 수 있습니다.

선생님 얘기로 미루어 보면 은하는 방임 상태가 오래된 순한 기질의 아이일 가능성이 높습니다. 순한 아이들은 대체로 적응력이 높은 편입니다. 은하는 부모의 이혼 후 프랑스에서 어린이집을 다니다가 아빠 혼자 키울 수 없게 되자 서울의 조부모에게 맡겨진 상황입니다. 이 모든 과정을 순한 기질을 가진 아이가 적응하며 지내 온 것입니다. 적응력이 좋은 아이들은 나쁜 환경에도 적응을 잘합니다. 그래서 사랑받고 돌봄을 받아야 하는 시기에 방치되고 방임된 상태로 적응했던 것입니다. 이제부터라도 '혼자서 잘 지내는 아이'에서 벗어날 수 있도록 주변 사람들이 모두 나서서 노력해야 합니다.

아이가 순한 기질이라 혼자서도 잘 논다며 아이를 맡기고 운동을 가거나 여기저기 볼일을 보러 다니는 부모들이 있습니다. 그들의 마음속에는 두 가지 생각이 있습니다. 하나는 '우리 아기는 순해서 모든 것이 만족스러운 상태야.'이고, 나머지는 '우리 아기는 부모를 그다지 많이 필요로 하지 않아.'입니다. 저는 이 두 가지 생각 모두 우려스럽습니다. 이런 생각을 하는 부모는 아이를 위해 어떤 자극을 주려고 적극적으로 애쓰지 않습니다. 뭔가를 강하게 요구하는 상황이 아니면 아이의 욕구를 먼저 살피는 민감성도 떨어집니다. 따라서 순한 기질의 아이를 둔 부모는 혹여 방치나 방임이 되지 않도록 신경 써야 합니다.

반대로 까다로운 아이들은 부모가 늘 곁에서 시중을 드느라 바쁩니다. 힘들다고 한숨을 쉬고 푸념을 하면서도 아이 곁을 한시도 떠나지 못합니다. 이런 경우에는 까다로운 기질의 아이여서 어쩔 수 없다며 너무 끌려 다니지 않도록 조심해야 합니다.

아이를 키우는 부모는 스스로 중심을 잘 잡고 양육해야 합니다. 다만 기질에 따라 조율을 해야 아이가 안정감을 느끼고 편안해집니다. 아이는 안정 애착이 형성되어야 건강하게 발달할 수 있습니다.

11 너무 많이 우는 아이, 어떻게 해야 할까?

#울음 #애착 #돌봄 부족

15개월 된 아들을 둔 엄마입니다. 아이가 한 번 울기 시작하면 30분에서 40분을 웁니다. (휴대폰으로 동영상을 보여 주며) 찍어 놓은 동영상이 있어요. 대체 왜 우는 것 같은지 고수님이 한번 봐 주세요. 아이가 8개월쯤 됐을 때 어떻게 해야 할지 몰라 인터넷 검색을 했더니 이런 글이 있었어요. "안아 달라는 아이는 어른의 손맛을 알아서 그러는 것이니 안아 주지 마라. 이유 없이 우는 아이는 절대로 상대하지 마라." 그때부터 아이가 이유 없이 우는 경우에는 그냥 울게 내버려 두었습니다. 아이가 울다 지쳐서 자는 경우도 있는데, 그럴 때는 갑자기 깨서 서럽게 울기도 합니다. 제 양육 방식을 바꿔야 하나요?

아이에게 노골적으로 짜증을 내고 신경질적으로 대하는 부

모들이 종종 있습니다. 늘 바쁘고 쫓기며 사는 요즘 사회가 그런 분위기로 몰고 간다고 말하는 사람들도 많은데, 아이를 키우는 부모의 자세로는 옳지 않습니다.

육아나 교육은 아주 거창한 것이 아닙니다. 아이는 엄마가 주는 우유나 밥을 먹고 사는 게 아닙니다. 아이를 한 인간으로 살게 하는 것은 간간히 시선을 맞춰 주고, 엄지척하면서 안아 주고, 볼에 뽀뽀해 주고, 등을 쓸어 주는 엄마의 스킨십입니다.

정신분석학자 에릭 번은 "인간은 두 가지 허기를 채우기 위해 평생 노력한다."라고 했습니다. 어려서는 자극 허기stimulation hunger를 채우려 하고, 나이 들어서는 인정 허기recognition hunger를 채우려고 한다고 했지요. 어렸을 때는 신체적인 쓰다듬기를 통해 사랑받고 있다고 생각하며 늘 배고파하는 자극 허기를 채웁니다. 예컨대, 눈 마주치고, 등 두들기고, 안아 주는 행동들이 아이의 자극 허기를 채워 주지요. 그 쓰다듬기 정도에 따라 자극 허기 욕구가 채워지면 정서가 안정된 아이로 자라게 됩니다.

아이가 커가면서 인정 허기는 신체적인 쓰다듬기에서 언어적 쓰다듬기로 바뀝니다. 따라서 부모는 아이가 뭔가를 잘했을 때 단지 고개만 끄덕일 것이 아니라 "넌 수학 영재구나. 내가 대단한 아들을 둔 거야."처럼 칭찬해서 언어적 쓰다듬기로 인정 허기를 채워 주어야 합니다.

이 아이의 경우는 정서가 불안정한 아이로 자라게 되어 세상이나 타인에 대해 두려움과 불신을 가지고 대할 가능성이 큽니다.

아이가 울어도 방치하면서 40분 동안 동영상을 찍는 엄마라니! 아이가 '나를 맡길 만큼 믿을 만한 사람이야!'라고 생각하기는 어렵지 않을까요? 아이의 불신은 단지 엄마 한 사람에 대한 불신으로 끝나지 않습니다. 가장 큰 문제는 불안정 애착 경험을 통해 아이가 세상을 믿을 만한 곳이 아니라 두려움 가득한 곳으로 해석하게 된다는 것입니다.

아이는 최초의 의사 표현을 울음으로 합니다. 그런데 부모가 그 울음의 의미를 잘 읽어서 상호 작용해 주면 아이는 더 이상 울음으로 대화하려 하지 않습니다. 아이가 많이 울어서 고민이라면 먼저 부모가 아이 울음에 얼마나 귀 기울였는지 반성해야 합니다.

● 한마디 쏙쏙

신체적인 쓰다듬기로 아이의 자극 허기를 채워 주면 정서가 안정된다.

12 화나면 자기 머리를 때리는 아이, 어떻게 해야 할까?

#애착 #이상 행동 #자해

19개월 된 아들을 두고 있습니다. 아이가 뭔가 마음대로 안 되는 일이 있으면 머리를 주먹으로 마구 때립니다. 이런 행동을 한 지 6개월 정도 되었어요. 처음에는 그럴 때마다 아이 엉덩이를 때리면서 못하게 했는데 효과가 없었어요. 그 뒤에는 무관심으로 대응해 봤는데, 오히려 더 마음껏 자기 머리를 때립니다. 요즘은 무서운 표정을 지어 보여서 아이 스스로 머리에서 손을 내리게 하는데, 화가 많이 나 있을 때는 제 눈치도 보지 않습니다. 아이가 그럴 때마다 마음이 아파 눈물이 납니다. 어떻게 하면 좋을까요?

아이들은 12개월이 지나면 서서히 자아가 생기는데, 그 표현으로 가장 먼저 하는 것이 'NO'입니다. 이 시기에 아이의 고집을 억지로 꺾으려다가 오히려 이상 행동을 만들 수 있습니다.

화가 난 아이가 자기 머리를 때리는 행동을 한다면 아이의 욕구를 먼저 세심하게 살펴야 합니다. 행동의 결과만 보고 무조건 야단을 치거나 무관심한 반응을 보이면 그런 행동이 수정되지 않습니다. 아이를 자세히 관찰해 보세요. 아이가 진정으로 원하는 것이 무엇인지 찾을 수 있을 것입니다. 그리고 그것에 적절히 대응해 주면 문제는 쉽게 해결됩니다. 아이들은 자기표현이 아직 서툴기 때문에 예상 가능한 질문을 몇 가지 던져서 아이가 무엇을 원하는지 파악할 수 있도록 도와야 합니다.

엄마가 직장 맘일 경우에는 낮 시간 동안 다른 사람의 손을 빌려 아이를 키우게 됩니다. 이때 욕구 충족이 되지 않아 욕구 불만이 누적되면 주변의 관심을 끌기 위한 수단으로 자기를 학대할 수 있습니다. 그러므로 직장 맘들은 퇴근해서 집에 오면 아이와 밀도 있게 스킨십을 해야 합니다. 한 시간 정도 흠씬 놀아 주면 아이는 하루 종일 그리워했던 엄마의 사랑을 충분히 느낍니다. 이번 주에는 일이 많으니 주말에 하루 종일 놀자면서 일거리를 집으로 들고 오는 것은 옳지 않습니다. 가능하면 아이와 보내는 시간을 주말로 몰지 말고 짧더라도 매일매일 질적으로 만족스럽게 놀아 주어야 합니다. 그러면 아이가 가정과 가족을 안전지대로 생각하게 되어 여러 문제가 해결됩니다.

그리고 아이에게 도움이 꼭 필요한 시기가 있는데, 그 시기를 놓치지 말아야 합니다. 우리는 아이가 열이 나고 피부에 벌건 반점이 올라오면 바로 병원으로 달려갑니다. 그런데 '아이가 왜 저러지?' 하는 이상 행동을 보이면 몹시 당황하며 어쩔 줄 모르면서도 당장 아이를 안고 병원으로 달려가지는 않습니다.

부모의 성향에 따라 아이의 이상 행동을 대하는 태도가 두 가지로 나뉩니다.

첫째, 아이의 행동에 전혀 문제될 것이 없는데도 문제라고 보면서 과잉 반응하거나 아이가 이상하다고 해석하는 부류입니다. ADHD의 경계선에 있다는 진단을 받은 아이가 있었습니다. 초기 단계여서 엄마가 적극적으로 관리를 해야 했는데 여러 가지 상담과 치료가 많아지자, 엄마는 따라다니는 게 힘들다며 의사에게 그냥 ADHD로 진단을 내려서 약물을 처방해 달라고 한 경우가 있습니다. 도저히 이해할 수 없는 이야기지만 실제 있었던 일입니다.

둘째, 문제 행동이 분명해서 치료가 필요한 아이를 "남편 닮아 늦돼서 그래요. 아무 문제없어요. 아이들은 자라면서 좋아지잖아요."라고 말하며 막연한 믿음을 가지는 부류입니다. 이런 경우 자칫하면 가벼운 상담 치료로 좋아질 아이를 심각한 상태로 만들 수 있습니다. 호미로 막을 일을 가래로 막아야 하는 사태로 키울 수 있다는 말입니다.

● 한마디 **쏙쏙**
아이는 짧더라도 매일매일 부모와의 놀이 시간이 필요하다.

13 너무 안 먹는 아이, 어떻게 해야 할까?

#간식 #식습관 #양육 태도

21개월 된 딸아이를 두고 있습니다. 저는 아이가 너무 먹지 않아서 걱정입니다. 최근 감기를 앓고 나서 더 안 먹습니다. 치즈나 우유는 그럭저럭 먹는 편이었는데 이제는 그것도 안 먹습니다. 졸릴 때 잠깐 먹는 모유가 전부여서 애가 탑니다. 어떻게 하면 좋을까요?

강제로 먹게 하거나 억압적인 분위기에서 먹도록 강요하는 것은 옳지 않습니다. 인간은 누구나 배가 고프면 먹게 되어 있습니다. 아이가 배고픈 상황인지 아닌지를 먼저 점검해 보기 바랍니다. 단순히 밥을 먹지 않는다고 걱정하기보다 간식으로 과자나 고구마, 감자, 옥수수, 사탕, 빵, 케이크, 떡, 주스 등을 먹는지 관찰해 보세요.

식탁에 앉아 있지만 밥 먹는 데 열중하지 않을 때는 한 끼 굶기는 방법도 효과적입니다. 단, 이럴 때는 간식을 줘서는 안 됩니다. 배고픈 뒤에 먹는 밥이 얼마나 맛있는지 아이가 체험하도록 해야 합니다.

또, 여러 사람과 이야기를 나누며 식사하는 것이 즐거운 경험이 되도록 신경 써야 합니다. 밥 먹는 일에 엄마가 조급증을 가지고 있다는 것을 아이가 알면 실패할 가능성이 큽니다. 밥을 먹거나 먹지 않는 것은 모두 네 결정에 달려 있다는 것을 알려 주는 게 중요합니다.

언젠가 텔레비전에서 세계 선진국들의 보육 환경을 본 적이 있습니다. 프랑스의 어린이집을 '크레쉬'라고 합니다. 그곳에서 아이들이 단체 급식 하는 장면을 보고 깜짝 놀랐습니다. 아이들 앞에 놓인 식사와 그것을 먹는 아이들과 교사의 반응이 지금도 생생하게 남아 있습니다.

생후 8개월 정도 되는 아이들 앞에 곱게 으깬 감자에 건포도가 조금 들어 있는 음식이 놓여 있었습니다. 손을 깨끗하게 씻은 아이들은 으깬 감자 속에 숨어 있는 건포도를 찾아내서 먼저 눌러 보고, 찔러 보고, 냄새도 맡다가 나중에 그것을 입 속에 넣어 맛을 음미했습니다. 어느 누구도 장난치지 말라거나 빨리 먹으라고 강요하지 않았습니다. 아이들의 호기심을 이해해 주고 간섭하거나 통제하지 않는 교육 시스템이 얼마나 부러웠는지 모릅니다. 프랑스 아이들은 자유로운 오감 탐색을 통해 음식의 선호를 발견하게 됩니다. 그런 탐색의 시간을 길게 가져도 되는 문화에서 자라는 것이지요.

엄마들과 식습관 상담을 하다 보면 아이가 잘 먹지 않아서 놀이터에 먹을 것을 가지고 나가서 하나씩 입에 넣어 준다는 이야기도 많이 듣습니다. 아이가 혼자 먹도록 해야 한다고 조언했더니 "이젠 고칠 수 없을 것 같아요."라고 체념 어린 대답을 하는 엄마도 있었습니다. '세 살 버릇 여든까지 간다.'는 말은 어릴 적 습관이 평생 동안 영향을 미친다는 의미입니다. 먹는 습관은 먹기 시작할 때부터 올바르게 지도해야 합니다.

● 한마디 **쏙쏙**

아이가 밥을 먹지 않으면 간식을 얼마나 먹는지부터 점검하자.

14 음식을 삼키려 하지 않는 아이, 어떻게 해야 할까?

#식습관 #성격 형성 #양육 태도

20개월 된 아들의 엄마입니다. 아이가 밥을 잘 안 먹는 것도 문제지만 씹기 어려운 음식을 삼키려 하지 않아서 고민입니다. 사과를 입에 넣어 주면 단물을 빨아 먹고 뱉어 버립니다. 남편한테 제가 잘못 키워서 아이 식습관이 나빠졌다는 말까지 들었습니다. 어떻게 하면 좋을까요?

생후 6개월 이후 이유식을 시작할 때부터 좋은 식습관을 가질 수 있도록 주의를 기울여야 합니다. 식습관은 성격 형성과도 연관이 있기 때문에 아이가 스트레스를 느끼지 않게 인내심을 가지고 점진적으로 고쳐 나가야 합니다.

우선 간식을 줄이고 식사할 때 아이가 먹을 수 있는 양을 주되 음식을 즐길 수 있는 분위기를 만들어야 합니다. 강제로 음식을 먹여서도 안 되고, 한꺼번에 많은 양을 주어 질리게 해서도 안 됩니다. 아이가 입 안에 음식을 물고 있는 것은 배가 고프지 않기 때문입니다. 따라서 식사 시간이라고 무조건 강요하듯 먹이지 말고 약간 배고팠을 때 식사를 하게 해서 어떤 음식이라도 맛있다는 경험을 만들어 줘야 합니다. 다소 극단적인 처방이지만 한두 끼를 굶긴 뒤에 맛있는 식사를 하게 하는 것도 하나의 방법입니다.

무조건 먹으라고 강요하는 것보다 요리법에 변화를 주는 것도 좋습니다. 예를 들면, 당분간 사과를 줄 때 형태를 변형해서 주어 보십시오. 사과를 채 썰어서 다른 채소와 함께 먹게 한다거나, 얇게 썬 사과 위에 크래커와 땅콩버터를 곁들여 먹게 할 수도 있습니다. 사과의 형태 변형도 좋지만, 사과의 어떤 부분에 두려움을 느끼는지도 파악해야 합니다. 사과를 씹을 때의 아삭거림이 싫다든지, 가지나 버섯의 물컹거림이 싫다는 아이들이 의외로 많습니다. 이런 경우에 몸에 좋은 거라고 억지로 먹이거나 혼자 먹게 하지 말고 그것들을 잘 먹는 식구들의 모습을 보여 주세요. 어느 정도 시간이 흐르면 아이가 서서히 적응하게 됩니다. 시간이 많이 걸리지만 "엄마, 아빠도 맛있게 먹으니까 나도 한번 먹어 볼게."라면서 먹기 시작하는 것이 가장 바람직한 교육 환경입니다.

그리고 식사 자리에서 꾸중하거나 다그치지 않는 것도 중요합니다. 음식을 골고루 먹는 아이가 성격도 원만합니다. 억울하다는 분도 있겠지만, 보통 편식하거나 과식하는 아이는 대개 엄마와 닮은 경향이 있습니다.

제 경험을 이야기하면 생후 6개월부터 아이의 이유식을 시작했지만, 별도로 이유식을 만들어 먹이지 않았습니다. 된장국을 끓인 날에는 아이에게도 된장국에 밥 한 숟가락을 말아 떠먹이고, 미역국을 끓인 날에는 아이에게도 미역국을 먹이는 식이었습니다.

큰아이가 보행기를 탈 무렵의 일입니다. 아침 식사를 준비해서 먹느라 아직 돌이 되지 않은 아이를 보행기에 앉혀 놓았습니다. 아이는 그동안 보행기를 밀고 다니며 집 안 이곳저곳을 탐색하곤 했습니다. 그런데 그날은 돌아다니지 않고 엄마 아빠가 된장국에 밥을 먹는 광경을 물끄러미 바라보고 있었습니다. 그래서 아이에게 된장국에 밥 한 숟가락을 말아서 "아들아, 이건 참 맛있는 된장국이라서 엄마 아빠는 이렇게 다 먹었거든. 너도 한 번 먹어 볼래?"라고 말하며 입에 넣어 주었습니다. 그랬더니 아이가 보행기에서 엉덩이를 들썩이며 더 달라고 보챘습니다. 이렇게 이유식에 성공하고 났더니, 나중에는 김치찌개 국물에 밥을 비벼 줘도 잘 먹고 시금치국에 밥을 줘도 맛있게 잘 먹었습니다. 그래서인지 두 아들 모두 편식 없이 골고루 잘 먹는 아이로 자랐습니다. 돌이켜 보면 제가 식성이 좋은 편이라 아이들도 뭐든 잘 먹었을지 모릅니다. 잘 안 먹는 아이를 둔 부모는 좀 더 세심한 주의와 관심을 기울여서 어려서부터 골고루 먹을 수 있는 기회를 제공해 주어야 합니다.

● 한마디 **쏙쏙**

무조건 먹으라고 강요하지 말고 요리법에 변화를 주어 보자.

15

밥으로 장난치는 아이, 어떻게 해야 할까?

#식습관 #칭찬 #양육 태도

20개월 된 아들의 엄마입니다. 아기 때는 이유식을 잘 먹어서 그냥 무심코 지났는데 요즘 좀 걱정이 됩니다. 아이가 음식에 이것저것 섞어 결국 그 음식들을 버리게 만듭니다. 식탁이 온통 물바다가 되기도 하고, 음식은 꿀꿀이죽처럼 되고 마는데 그것을 조금 먹을 때도 있지만 거의 장난으로 끝납니다. 혼내도 안 통하고 외식할 때는 무척 곤혹스럽습니다. 어떻게 하면 좋을까요?

이런 습관은 서서히 고쳐야 하기 때문에 엄마의 노력이 필요합니다. 일단 아이에게 따로 밥상을 차려 주세요. 대신 물과 그릇 없이 커다란 접시에 약간의 밥과 반찬 두 가지 정도를 주세요. 아이가 깨끗이 먹으면 안아 주고 칭찬해 주세요. 이와 같은 방법으로 현재의 식습관이 재현되지 않도록 전혀 다른 식탁 분위기를 연출해 주어야 합니다.

밥 먹기 전에 욕실에서 비누 거품 놀이를 실컷 하게 한 뒤 배고 플 때 밥을 주면 식탁에서 물을 가지고 장난하지 않습니다. 그래 도 식습관이 고쳐지지 않는다면 한동안 엄마가 밥을 먹여 주면서 똑같은 환경을 제공하지 않도록 해야 합니다.

그리고 이런 장난과 흡사한 활동 놀이를 해서 아이의 욕구 불만 을 없애도록 도와주세요. 가령, 찰흙 놀이는 아이의 긴장감을 해 소시켜 줍니다. 아이들은 찰흙으로 어떤 모양을 만들어 주먹으로 치기도 하면서 내적으로 쌓여 있던 불만을 스스로 치료할 수도 있 습니다. 예컨대, 한 아이가 찰흙으로 뭔가를 만들어 주먹으로 쿵 쿵 때렸는데, 나중에 물어보니 아빠의 얼굴이었습니다. 그렇게 때 린 이유를 묻자 "아빠가 이 썩는다고 초콜릿 쿠키를 안 줬어요."라 고 대답하더군요.

우리는 모두 나름대로 사는 방법이 있습니다. 꾹 눌러 두고만 사는 사람은 없습니다. 아빠 앞에서는 꾹 참고 조용히 넘어갔지만, 아이 안에 내적 갈등과 불만이 쌓여 있었던 것이지요. 결국 이런 찰흙 놀이는 아이를 건강하게 만듭니다. 찰흙 놀이 활동을 많이 하면서 아이는 아빠에 대한 감정이 순화되었습니다. 그래서 전문 가들은 찰흙 놀이에 매직성이 있다고 합니다. 마술처럼 놀기만 해 도 치료되기 때문이지요.

상담을 청한 엄마에게 가장 중요한 것은 아이에게 그런 행동을 하면 안 된다는 점을 잘 타이르고 설득하는 것입니다. 물론 한 번으로는 어렵습니다. 흥분하거나 화내지 말고 평범한 어조로 반복해서 설명하는 것이 중요합니다. 그러다가 어느 날 아이가 밥으로 장난하지 않고 밥을 잘 먹었을 때 기억에 남을 정도로 여러 사람 앞에서 칭찬을 해 주십시오. 많은 사람 앞에서 칭찬을 받은 아이는 달라질 것입니다. 사람의 습관을 바꾸는 데 칭찬만큼 큰 힘을 발휘하는 것도 없습니다.

● 한마디 쏙쏙

잘못된 식습관이 재현되지 않도록 전혀 다른 식탁 분위기를 연출해야 한다.

16

친구를 꼬집는 아이,
어떻게 해야 할까?

#꼬집기 #애정 결핍 #습관

어린이집 교사입니다. 22개월 때부터 어린이집에 다니기 시작해 두 달 정도 된 남자아이가 있습니다. 초기에는 분리 불안 증세를 보였지만 지금은 행복한 얼굴로 등원합니다. 그런데 다른 아이들과 놀 때 물고 꼬집는 행동을 보여서 교사들이 항상 신경 쓰고 관찰하고 있습니다. 친구를 물지 못하게 하면 장난감이나 자기 손등을 깨물기도 하고, 손가락을 빨 때도 많습니다. 그러지 말라고 타이르면 그냥 울어버립니다. 어떻게 하면 좋을까요?

─────── **아이의 행동은 불안정 애착 증세입니다.** 애정 결핍으로 분노 수준이 높은 상황이기 때문에 따뜻한 관심과 사랑, 돌봄이 요구됩니다. 또한, 가정과 어린이집에서 모두 일관성 있는 원칙과 규율을 만들어 같은 패턴을 적용하는 긴밀한 관계를 유지해야 합

니다. 아이를 통제하기보다 사랑으로 아이의 마음을 읽어 주고 뜻을 받아 주는 것이 먼저입니다. 아이의 분노 수준이 낮아지면 친구들과도 차차 사이좋게 지내게 될 것입니다.

애정 결핍 증상을 겪는 아이들의 심리는 대략 세 가지 형태로 나타납니다.

첫째, 위축된 행동입니다. 즉, 고개를 숙이고 쭈그려 앉아 소리 내지 못하고 울거나 눈에 띄지 않게 아주 구석진 공간으로 들어가 남몰래 우는 행위 등을 보입니다. 이런 상황을 내버려 둔다면 아이의 행동이 강화됩니다. 따라서 위축된 행동을 보이면 얼른 달려가 안아 주거나 타이르는 등 엄마를 신뢰할 수 있도록 상호 작용해 줘야 합니다.

둘째, 뻔한 거짓 행동을 합니다. 예컨대, 부모가 이혼해서 아빠와 만남이 전혀 없는 아이가 여러 사람에게 장난감을 보여 주며 아빠가 선물로 주셨다고 하는 경우입니다. 이런 행동은 주변 사람들의 마음을 아프게 만들지만 아이는 그 순간을 마치 현실처럼 즐깁니다.

셋째, 공격적인 행동을 하면서 자기방어를 합니다. 만약 공격적인 행동과 함께 자해까지 하는 경우라면 지도하기가 매우 어렵습니다.

상담을 청해 온 어린이집의 교사들이 지금까지 보인 관찰과 통제는 아이를 힘들게 했을 가능성이 큽니다. 이제부터는 사랑과 관심, 개별화된 교육으로 방법을 바꿔 보십시오. 아이가 분명히 달라질 것입니다. 그리고 손가락을 빠는 행위는 아이가 스스로를 위로하는 행동입니다. 다른 사람들의 관심과 사랑을 받으며 관계의 질이 좋아지면 손가락을 빨면서 스스로 위로할 이유가 없어질 것입니다.

● 한마디 **쏙쏙**

구석에서 몰래 우는 아이를 내버려 두면 행동이 강화된다.

17

손가락을 빠는 아이,
어떻게 해야 할까?

#손 빨기 #습관 #자위

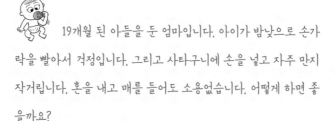 19개월 된 아들을 둔 엄마입니다. 아이가 밤낮으로 손가락을 빨아서 걱정입니다. 그리고 사타구니에 손을 넣고 자주 만지작거립니다. 혼을 내고 매를 들어도 소용없습니다. 어떻게 하면 좋을까요?

———— 손가락 빨기와 자위는 아이들이 대체적으로 심심할 때 자주 하는 행동입니다. 제가 두 아들을 키우면서 제일 듣기 싫은 말이 "엄마 심심해."였습니다. 이 소리를 들으면 저는 일단 아이들과 함께 집을 나섰습니다. 그리고 뭔가를 해서 심심하다는 말이 쏙 들어가게 만들었습니다.

유학 시절 학교에서 10분 거리에 모닝사이드 파크가 있었습니다. 그래서 축구공 하나만 가지고 나가면 한 시간은 흡족하게 놀 수 있었습니다. 그런 날은 그날 들어야 할 "엄마 심심해."라는 말을 마감할 수 있었지요. 아이의 심심함을 엄마가 세심하게 신경 써 주지 못하면 아이들은 나름대로 자신을 위로할 거리를 찾게 됩니다.

손가락 빠는 행위는 아이가 심심하고 무료하다는 신호입니다. 아이는 손가락을 빨면서 스스로 위안을 얻은 셈입니다. 부모가 신나는 놀이를 함께 하면서 질적으로 즐거운 시간을 가지면 아이는 정서적으로 안정되면서 점차 손가락 빠는 행동이 줄어들게 됩니다.

성기를 만지며 자위하는 것도 같은 맥락입니다. 따라서 야단을 치거나 매를 들기보다 색종이 접기 등 손을 많이 움직일 수 있는 활동을 유도하여 서서히 자위하는 횟수를 줄여 주어야 합니다. 자위 습관은 초등학교에 들어가면서 자연스럽게 없어질 수도 있으므로 여유와 인내를 가지고 지켜보는 자세도 필요합니다. 특히 자위한다고 아이를 때리거나 무안을 주면 몰래 숨어서 하거나 어려서부터 성에 부정적인 시각을 갖게 됩니다. 누구나 자위 경험을 하므로 자연스러운 성장 과정으로 받아들이고 부모부터 편하게 생각할 수 있도록 공부해야 합니다.

부모가 가장 먼저 할 일은 사랑과 관심을 가지고 아이와 많은 시간을 함께하는 것입니다. 또, 아이와 노는 동안 자연스럽게 기회를 찾아 칭찬해 주십시오. 칭찬은 귀로 먹는 보약입니다. 야단치는 횟수를 대폭 줄이고, 잘했을 때는 기억에 남도록 칭찬해 주십시오. 적극적이고 자신감 있는 아이로 커 나갈 것입니다.

손가락을 빠는 이유와 해결법

1. 손가락 빨기는 정서적 안정을 꾀하는 접촉입니다.

직접적이든 간접적이든 아기들은 접촉이나 통각, 후각, 시각, 청각, 미각을
통해 세계를 인식하고 지각합니다. 그 첫 번째가 엄마와의 접촉입니다. 아
이들은 엄마와의 스킨십을 통해 정서적 안정감을 느끼고 엄마를 인식하기
시작합니다. 손가락 빨기도 정서적 위안을 주는 행위 중 하나입니다.

2. 자라면서 새로운 욕구가 생기면 손가락 빨기는 저절로 사라집니다.

아이가 걷고 뛰고 말하는 새로운 능력을 갖게 되면 몸을 통한 즐거움을 발
견하게 됩니다. 새로운 단어를 말하거나 손으로 도구를 이용하면서 기쁨과
뿌듯함을 느끼고, 장운동을 통해 스스로 배변을 봄으로써 자기 몸에 대한
자신감을 갖기 시작합니다. 아이들은 자라면서 새로운 욕구와 능력을 갖게
되기 때문에 낡은 욕구는 포기합니다. 손가락 빠는 버릇도 다른 욕구와 능
력이 생기면 서서히 사라지게 될 것입니다.

3. 느긋하게 기다려 주는 태도가 필요합니다.

손가락을 빠는 유아기적 쾌락을 쉽게 포기하기는 어렵습니다. 어른들이 담
배나 커피를 끊기 어려운 것과 마찬가지입니다. 그러므로 부모는 아이가
빨리 성장해서 유아기적 쾌락을 일찍 포기하기를 기대하며 조급증을 갖지
말고 느긋하게 기다려 주어야 합니다.

18 배변 훈련, 어떻게 하면 좋을까?

#배변 훈련 #성격 형성 #양육 태도

육아 휴직이 끝나고 복직했습니다. 12개월 된 아이를 시어머님이 봐 주시는데, 요즘 강제로 배변 훈련을 시키고 있습니다. 너무 이른 것 같은데, 그대로 두어도 괜찮을까요?

프로이트 심리학에서는 배변 훈련을 너무 일찍 시작하면 '항문기 고착'으로 아이 성격에 문제가 생길 수 있다고 봅니다. 특히 돌 전에 강제로 배변과 배뇨를 강요당하면 아이가 거칠고 폭력적인 성격이 되기 쉽고, 심하면 도벽이 생길 수도 있습니다. 또는 지나치게 청결하거나 강박적인 성격, 인색한 성격 등으로 나타날 수도 있습니다. 결론적으로 말하면, 배변 훈련은 생후 18개월 이후에 시작하는 것이 좋습니다.

엄마가 "오줌 누자."라고 말했을 때 그 말을 알아듣지 못한다면 제대로 훈련이 이루어질 수 없습니다. 또, 아이가 오줌이 마려울 때 말이나 몸짓을 통해 어른에게 전달할 수 있는 능력이 안 되면 훈련이 이루어질 수 없습니다.

배변 훈련을 할 때 양육자가 "이것도 제대로 못해?", "얘가 누굴 닮아서 이렇게 느려?"와 같은 말로 초조해하거나 짜증을 내서는 안 됩니다. 그러면 아이에게 반항심이 생기거나 너무 긴장해 오히려 배변과 배뇨를 더 못 가릴 수 있습니다. 엄마가 아이의 마음을 편안하게 해 주고 잘할 수 있다는 믿음을 심어 주어야 합니다. 무엇보다 아이가 소변이나 대변이 마려울 때 엄마에게 쉽게 도움을 요청할 수 있는 분위기를 만들어야 합니다.

배변 훈련은 개인차가 큽니다. 일찌감치 대소변을 가리는 아이도 있고, 그렇지 못한 아이도 있습니다. 다른 아이와 비교해서 늦다고 초조해하거나 짜증 낼 것이 아니라, 아이의 배변 훈련 시기가 너무 빠른 것은 아닌지 점검해 보고 느긋한 마음으로 기다리는 여유가 필요합니다.

배변 훈련은 18개월 이후부터 시작하지만 제대로 대소변을 가리려면 대략 36개월 전후가 되어야 합니다. 따라서 그 기간 안에 아이가 많은 실수를 하더라도 인내심을 가지고 적절히 지도해야 합니다. 실수했을 때는 신속히 뒤처리만 해 주면 됩니다. 야단을 치거나 다시는 그러지 않겠다고 다짐을 받아서는 안 됩니다.

한 조직폭력배의 어린 시절 이야기를 읽은 적이 있습니다. 그는 소변 실수를 할 때마다 아파트 문밖에서 벌을 섰다고 합니다. 그때

복도에 서 있는 자신을 향해 손가락질하는 아이들을 나중에 가만 두지 않겠다고 결심했다고 합니다. 그 이후 얻게 된 폭력성으로 지금 폭력배가 되었다고 고백하는 내용이었습니다.

올바른 배변 습관을 형성하기 위해서는 아이가 아침에 일어났을 때 혹은 외출 전이나 잠자리 전에 화장실에 갈 것을 유도해서 실수하지 않도록 도와주어야 합니다. 또 혼자서 화장실을 가거나 소변을 보았을 때는 칭찬과 격려를 아끼지 말아야 합니다. 간혹 실수했더라도 야단치거나 벌을 세워 수치심을 느끼게 하는 것은 절대 금물입니다. 배변 훈련은 서서히 점진적으로 성공하도록 힘쓰는 것이 최선입니다.

● 한마디 쑥쑥
돌 이전에 강제로 배변 훈련을 하면 거칠고 폭력적인 성격이 된다.

19

말이 늦는 아이,
어떻게 해야 할까?

#말 늦은 아이 #언어 모델 #양육 태도

둘째가 생겨서 24개월 된 큰아들을 지난달부터 어린이집에 보내고 있습니다. 문제는 아이가 "엄마!"라는 말만 한다는 겁니다. 아주 가끔 "아빠!"라고도 하지만 그 외에는 전혀 알아들을 수 없는 외계어로 말합니다. 제가 뭔가를 말하면 다 알아듣고 심부름도 하고 이름을 부르면 옵니다. '말이 좀 늦나 보다.'라고 생각해도 되는지요? 아니면 병원에 가서 검사를 받아야 할까요?

조심스럽게 답변을 드리면 일 년 정도 더 기다려 보면 좋겠습니다. 아이가 말을 알아듣는 것을 보면 수용 언어에는 문제가 없어 보입니다. 단지 표현이 어눌하다고 볼 수 있습니다. 크게 걱정하기보다는 언어 생활 습관을 바꿔 볼 것을 권합니다.

평소 아이의 마음을 잘 읽고 엄마, 아빠라는 말 이외에 할머니,

냉장고, 과자, 운동장 같은 성인의 말을 자주 사용하는 것입니다. 대부분의 부모들은 성인의 말보다 아기의 말을 많이 사용합니다. 가령, 맘마, 까까, 응가, 쉬 같은 말이지요. 이런 말만 듣고 자란 아이가 어느 날 갑자기 밥, 과자, 똥, 오줌이란 말을 하는 경우는 거의 없습니다. 따라서 어른들이 쓰는 표준말을 가급적 많이 사용하여 아이가 기억해서 표현하는지 관찰해 보십시오.

생후 두 돌까지는 아이가 생각한 것을 행동으로 잘 표현하면 제대로 발달하고 있는 것입니다. 두 돌 이후부터는 생각을 차츰 말로 표현하게 됩니다. 이때 언어 모델이 중요한 역할을 합니다. 엄마는 아이가 말을 할 때까지 인내심을 가지고 기다려야 합니다. 옆집 아이와 비교하거나 재촉하지도 말아야 합니다. 조바심을 내면 아이는 엄마의 불안감을 그대로 느낍니다. 아이가 36개월이 되어도 엄마의 불안감이 지속된다면 그때 검사를 받아도 됩니다.

한편, 아이를 주로 양육하는 엄마가 말수가 적고 조용한 편인지 생각해 보십시오. 그렇다면 지금부터라도 수다쟁이 엄마가 되어 아이의 언어 모델을 바꿔 주세요. 단언컨대, 일 년 뒤 아이의 단어 수가 폭발적으로 늘어날 것입니다.

소통의 기본은 말입니다. 수용 언어는 문제가 없으니 표현 언어를 늘릴 수 있도록 수다쟁이 엄마로 변신하여 아들과 대화하면 됩니다. 소통은 엄마와 아들 모두에게 결속력을 갖게 합니다. 일 년 동안은 아들을 믿고 소통의 양을 의도적으로 늘려야 긍정적인 결과를 얻을 수 있습니다.

20

영재성이 보이는 아이, 어떻게 해야 할까?

#영재 #발달 속도 #양육 태도

가끔씩 '내 아이가 영재가 아닐까?' 하는 생각이 들 때가 있습니다. 그럴 때마다 마음이 분주해집니다. 일찌감치 영재 검사를 해 볼까 싶기도 합니다. 아이가 노는 것을 보면 영재인지 알 수 있다는 말도 들었는데, 사실인가요?

많은 부모들이 '우리 아이가 혹시 영재가 아닐까?' 하는 생각을 합니다. 특히 아이가 어릴 때 그런 기대감을 갖지요. 그러나 아이의 노는 방식과 언어 능력만으로 영재성을 판단하는 것은 경계해야 합니다.

한 분야에 집중해서 놀거나 다른 아이보다 잘하는 게 있다고 해서 모두 영재는 아닙니다. 아이마다 발달 속도에 차이가 있을 뿐입니다. 특히 요즘 아이들은 각종 미디어의 발달로 언어 능력이 예전의 아이들에 비해 훨씬 뛰어납니다. 여기에 부모의 기대심이 가세해서 '우리 아이가 혹시 영재 아냐?' 하는 착각을 불러일으킬 수 있습니다. 한 가지 주의해야 할 점은 단 한 차례의 검사로 영재성을 판단하는 것은 오히려 아이한테 나쁜 영향을 미칠 수 있다는 것입니다.

사교육 업체에서 부모들을 현혹시키는 광고 문구를 보고 내심 걱정했던 적이 있습니다. 한 회사에서 아이들과 함께 1년간 영재 프로그램을 진행하는데 '일 년 후에 다음과 같은 일을 하게 된다면 그 아이는 바로 영재성이 있는 아이로 판정한다.'는 광고 문구였습니다. 문구를 다시 잘 읽어 보면, 일 년 뒤에 아이가 영재성과 관련된 일을 하지 않아도 그 프로그램은 책임 회피가 가능한 것입니다.

일 년 동안 마음이 들뜬 엄마가 아이를 데리고 다니면서 엄청난 사교육비를 낭비하는 경우도 봤습니다. 상담을 왔던 한 엄마의 이야기입니다. 그 엄마는 아이가 8개월이 될 무렵부터 영재원에 데리고 다녔습니다. 일주일에 한 번씩 가는데, 플래시 카드로 영어와 한글을 끊임없이 보여 주기를 했다고 합니다. 일 년이 다 되어 갈 즈음, 어느 순간부터 아이가 종이만 꺼내서 들기만 해도 "싫어! 싫어!"를 연발했습니다. 아이의 증상이 계속되자 엄마는 소아 정신과를 찾을 수밖에 없었습니다.

영어 학원을 네 살 때부터 6년을 보냈다는 아이의 엄마를 상담한 적이 있습니다. 아이가 제대로 듣고 말하는 영어는 아직 못하는데, 영어 단어는 많이 알고 있다고 자랑을 했습니다. 영어로 문장 만들기는 아직 힘들고 "me no pencil"이라고 국적 불명의 표현을 한다고 했지요. 영어로 이 정도 소통을 하기 위해서 그 고생을 해야 하는지 생각해 볼 일입니다. 이제는 영재 교육이든, 조기 영어 교육이든 가성비도 따져 볼 일입니다.

어느 누군가는 우리나라에 영재가 없다고 했습니다. 영재 판별 시험을 많이 본 아이가 성적이 좋고, 결국 성적이 좋은 아이가 영재가 되기 때문에 사실상 영재는 없다는 것입니다. 확인할 근거는 없지만 개인적으로 그 말이 맞다고 봅니다. 설령 영재가 있다고 해도 그들을 가르치고 체계적으로 자극을 줄 수 있는 훈련된 교사가 없는 것은 사실입니다.

● 한마디 쏙쏙

한 번의 검사로 영재성을 판단하는 것은 아이에게 나쁜 영향을 미칠 수 있다.

21 휴대폰에만 흥미를 보이는 아이, 어떻게 해야 할까?

#애착 #유사 자폐 #비디오 증후군

24개월 된 아이의 엄마입니다. 아이가 휴대폰 외에는 어떤 것에도 흥미를 느끼지 못하는 것 같습니다. 심지어 휴대폰을 보여 주지 않으면 몹시 불안해합니다. 말이 늦은 편이고 다른 아이들과 쉽게 어울리지도 못합니다. 어떻게 하면 좋을까요?

안타깝게도 아이의 증상은 유아 비디오 증후군 또는 반응성 애착 장애, 유사 자폐로 보입니다. 돌 이전부터 하루에 서너 시간씩 각종 학습 미디어를 보게 되면 아이가 말을 배우지 못하고 사회성에 문제가 생깁니다. 그런데 대부분의 부모들은 아이가 미디어를 통해 영어 단어 몇 마디 듣고 따라 하는 것을 보고 그 효과를 맹신하는 경우가 많습니다. 그러다 검증되지도 않은 학습 자료를 아이에게 과하게 보여 주기도 합니다. 이런 환경에서 영아기를 보낸 아이는 남과 어울려 재미있게 놀아야 할 때 이상 행동을 보여 소아 정신과를 찾게 됩니다. 유아 비디오 증후군은 조기에 발견해 놀이 치료를 하면 정상 발달을 할 수 있습니다.

그러나 치료보다 부모의 철학이 바뀌는 게 중요합니다. 그렇지 않으면 치료받을 때 잠깐 효과를 보일 뿐입니다. 심각하지 않은 경우라면 아이가 엄마랑 노는 시간이 재미있다고 느낄 정도로 적극적으로 개입하는 것만으로도 아이 상태는 좋아질 수 있습니다.

학습을 목적으로 많은 자극 속에 아이를 노출시키면 언젠가는 두뇌에서 조합한다고 생각하는 부모들이 있습니다. 그런데 시작부터 아주 위험하고 잘못된 생각입니다. 왜냐하면 아이는 만들어지는 존재가 아니고 환경과 상호 작용하며 스스로 구성되는 존재이기 때문입니다.

한 엄마는 아이의 두뇌 발달이 두 살까지 거의 완성된다는 이야기를 들었습니다. 마음이 조급해진 엄마는 중국어, 영어, 일어 등 5개의 외국어 비디오를 사다가 생후 5개월부터 매일 틀어 주었습니다. 15분짜리 비디오 5개를 10분씩 쉬어 가며 매일 2시간 30분 정도 보여 주었지요. 처음엔 아이가 꽤 집중하는 것처럼 보였습니다. 그런데 18개월부터 아이가 이름을 불러도 대답하지 않고 반응도 보이지 않았습니다. 급기야 36개월이 지났을 때 아이를 데리고 소아 정신과를 찾았습니다. 진단 결과, 반응성 애착 장애라는 진단이 나왔습니다. 5세 이후부터는 또래와의 의사소통에서도 문제가 불거지기 시작했습니다. 또래들과 노는 모습을 보면 대화가 맥

락적으로 이어지지 않고, 엉뚱한 얘기를 혼자 하기도 했습니다. 가끔 영어를 한두 마디 하기도 했지만, 우리말은 단어로만 표현할 뿐 문장으로는 표현하지 못했습니다. 이런 경우 놀이 치료를 지속적으로 받아야 합니다. 엄마는 5개 국어에 능통한 아이로 키우겠다는 큰 꿈을 꾸었지만 우리말도 제대로 못하고 마음의 병만 앓게 만들었습니다. 어려서부터 서둘러 학습을 강요하지 말고 적기 교육을 해야 한다는 깨우침을 얻게 하는 이야기입니다.

현대 사회는 그야말로 영상 매체가 넘쳐 나는 멀티미디어 시대입니다. 바쁜 부모들이 영상 매체에 아이를 오랜 시간 노출시키게 되면서 유사 자폐, 반응성 애착 장애, 비디오 증후군이 늘어나는 추세입니다. 이런 때일수록 가정에서 체계적으로 시청 시간을 지도하고 감독해야 합니다. 영상 매체를 보는 것은 만 2세 전에는 되도록 시작하지 않는 게 좋습니다. 만 6세 전까지는 30분 정도 같이 시청하고 서로 얘기를 나눌 수 있는 정도가 가장 이상적입니다.

● 한마디 쏙쏙
서둘러 학습을 강요하지 말고 적기 교육을 해야 한다.

22 텔레비전을 많이 보는 아이, 어떻게 해야 할까?

#텔레비전 #비디오 증후군 #습관

15개월 된 딸아이를 둔 직장 맘입니다. 집에 돌아오면 아이에게 휴대폰으로 육아 관련 앱을 틀어 주고 저녁을 준비합니다. 그 후 남편이 들어오면 텔레비전을 같이 보면서 시간을 보내다가 잠자리에 듭니다. 이런 습관이 아이를 산만하게 만들 수 있다는 말을 들었는데 사실인가요?

교육적으로는 만 2세까지 텔레비전이나 휴대폰 그 어느 영상 매체도 보여 주지 말고, 만 6세가 되면 하루에 30분 정도 시청하고 부모님과 함께 이야기를 나눌 수 있도록 지도하라고 합니다. 그러나 부모들 입장에서 보면 불가능에 가까운 주문입니다.

제가 현실적인 조언을 드리자면 아이와 몸으로 같이하는 활동을 늘리면 됩니다. 예컨대, 강아지와 함께 산책하기, 텃밭에 물 주기, 엄마와 마트에 같이 가기 등을 하루 일과로 만드는 것입니다. 텔레비전이나 휴대폰에서 벗어나도록 매일매일 해야 할 활동을 만드는 것이지요.

텔레비전이나 휴대폰, 인터넷 등 매체를 지나치게 자주 접하는 아이들은 비디오 증후군으로 소아정신과 치료를 받게 됩니다. 이런 아이들은 주의가 산만하고 사회성이 떨어지며 말을 늦게까지 못하기도 합니다. 일방적으로 보고 듣는다고 해서 말을 잘하게 되는 것은 아닙니다. 상황에 맞게 주고받는 대화 속에서 말을 잘하게 되는 것입니다. 영상 매체의 문제가 여기에 있습니다. 일방적으로 보고 듣기만 하지 주고받지 못한다는 것! 영상을 보기만 하는 아이들은 적극적인 상호 교류가 부족하여 자폐 성향을 보이고, 말을 못하기 때문에 사회성에 문제가 생길 수 있습니다. 얼핏 보기에 아이가 재미있어 하고 별문제가 없는 것처럼 보여 그런 생활을 지속하는 경우가 많습니다.

멀티미디어 시대에 아무런 규칙 없이 지내는 가정이 많지만, 그렇지 않은 가정도 있습니다. 그냥 무방비 상태로 사는 가정과 텔레비전 시청 규칙이 있으면서 자기 규제를 하면서 인내해야 하는 시간도 있는 가정에는 많은 차이가 있습니다. 교육은 의도된 계획입니다. 자녀가 혼자서 뭔가를 자율적으로 하기 전에 부모가 가정 내 규칙을 만들어 둔다면 그것으로 아이들은 힘들이지 않고 좋은 습관을 갖게 됩니다. 그런 가정 내 규칙 속에서 생활했던 아이는 어린이집이나 유치원에 들어가 이런저런 규칙을 만나게 되더라도 민감하게 잘 적응합니다. 그런데 규칙 없이 생활했던 아이들은 적응에 문제를 보이거나 불안해할 수 있습니다.

상담을 청한 직장 맘의 하루가 얼마나 고달플지 짐작됩니다. 그러나 지금처럼 텔레비전이나 휴대폰 앱에 아이를 방치하게 되면 36개월 이후에는 소아 정신과를 찾게 될지도 모릅니다. 따라서 지금 바로 생활 패턴을 수정해야 합니다.

이 상담 사례와 똑같은 경우는 아니지만 한번 생각해 보면 좋은 연구가 있습니다. 제2차 세계대전 당시 독일에서 전쟁고아를 대상으로 모성 실조에 대한 연구를 진행했습니다. 엄마가 없는 아기들에게는 기계적으로 때맞춰 우유를 먹이고, 기저귀를 갈아 주고, 목욕도 시켜 주었습니다. 대신 아기와 눈 맞춤이나 대화 등의 상호 작용은 전혀 하지 않았습니다. 1년 동안 연구를 진행하면서 아이들을 관찰했더니 신체 발달은 정상이었습니다. 하지만 아이들은 정서적으로 애정 결핍 상태였습니다. 표정이 거의 없었고, 우울한 상태로 대부분 사망했고, 남은 몇몇은 지적 장애아가 되었습니다.

아이에게 밥을 먹이고 기저귀를 갈아 주는 것만이 부모의 역할이 아닙니다. 적절한 관심과 사랑을 주면서 바르게 자랄 수 있도록 때로는 엄격히 통제하는 것도 부모가 마땅히 해야 할 일입니다. 영상 매체를 베이비시터로 생각한 적이 있다면 한번 고민해 봐야 합니다. 내 아이가 전쟁고아처럼 기본 욕구만 채워진 채 정서적으로는 서서히 죽어 가고 있는 것은 아닌지 말입니다.

23 "안 돼!"라고 말 못 하는 엄마, 이대로 괜찮을까?

#방임 #규칙 #양육 태도

23개월 된 아이의 엄마입니다. 아이에게 "안 돼!"라는 말을 못 하겠습니다. 아이의 자율성이 꺾이지 않을까 걱정도 되고, 원래 단호한 성격이 못 됩니다. 그러다 보니 어느 순간은 아이를 너무 제멋대로 자라게 하는 건 아닌가 싶은 마음이 듭니다. 제 양육 태도를 바꿔야 하는지, 이대로 키워도 되는지 궁금합니다.

아이들이 밥을 잘 먹어야 한다고 생각하면서도 과자를 마음대로 먹게 둔다면 방임형 부모입니다. 마찬가지로 아이에게 "안 돼!"라는 말을 못 하겠다는 엄마도 방임형 부모에 속합니다.

어렸을 때 엄마의 제재를 많이 받고 자란 사람을 상담한 적이 있습니다. 그 사람은 자신의 어린 시절이 너무 싫어서 훗날 아이를 낳으면 자기 부모와 정반대로 키우겠다고 다짐했습니다. 실제로 그렇게 키웠습니다. 그런데 자신이 자라 온 양육 환경과 무조건 반대로 하게 되면 역할 모델이 없어서 위험 요소가 따릅니다. "하지 마."라는 엄마의 제제를 많이 받았던 그 사람은 아이에게 어떤 규칙이나 한계를 정하지 않고 오로지 "예스"만 말했고, 모든 것을 허용했습니다. 그런데 모든 것을 허용하면서 키우면 아이가 자율적이고 창의적으로 자랄까요? 절대 그렇지 않습니다. 오히려 무질서하고 구제불능의 아이로 자랄 가능성이 큽니다.

아이에게 "안 돼."라고 말하지 못하는 것도 방임에 속합니다. 아이들이 위험한 칼을 가지고 노는데도 제지하지 못하는 것은 엄마로서 자격이 의심될 수 있습니다. 과자를 맘대로 먹게 하면서 밥 잘 먹는 아이가 되기를 바라는 것도 어불성설입니다.

부모에게는 단호한 양육 태도가 필요합니다. 부모가 'Yes'와 'No'를 아이에게 명확하게 표현하지 않으면 아이는 옳고 그름에 대한 구분을 하지 못합니다.

처음부터 규칙이 너무 많으면 아이들이 지키기 벅찹니다. 따라서 한꺼번에 여러 개의 규칙을 정하는 것보다 아이들이 실천할 수 있는 규칙 한두 개만 정해 놓고 시작하는 게 좋습니다. 그리고 아이가 규칙을 잘 지켰을 때 반드시 그 자리에서 칭찬해 주어야 합니다. 칭찬을 받은 아이는 보상을 받았다고 생각해 더 열심히 규칙을 지킬 것입니다. 반대로 규칙을 잘 지키지 않는다고 야단을 쳐서는 안 됩니다. 오히려 격려하고 위로해서 스스로 다시 시도하도록 만들어야 합니다.

아이를 키울 때 올바른 훈육 방법

1. 훈육할 때 절대로 화를 내서는 안 됩니다.

화를 내면 아이는 부모의 높아진 언성과 화난 표정에 더 관심을 보이고 정작 부모가 말하는 내용에는 관심을 두지 않게 됩니다.

2. '일단 중지'와 '화제 바꾸기'가 필요합니다.

아이들이 싸울 때는 잠깐 벽을 보고 있게 하여 싸움을 중지시킵니다. 일단 중지는 이런 행동이 더 이상 용납되지 않는다는 것을 느끼게 하는 효과가 있습니다. 아이의 관심을 다른 곳으로 돌려 화나는 상황에서 벗어나게 하는 것도 좋습니다.

3. 아이 성격이나 상황, 발달에 맞게 기준과 규칙을 융통성 있게 적용해야 합니다.

4. 아이의 행동을 왜 받아들일 수 없는지 알려 줍니다.

아이가 동생이 우는 게 듣기 싫다고 짜증을 낸다면 부모는 아이 편에 서서 짜증이 날 수 있다는 사실을 인정하고 아이의 부정적인 감정을 읽어 주어야 합니다. 그 뒤에 그러면 안 되는 이유를 말해 주십시오.

5. 아이에게 일관성 있는 태도를 취해야 합니다.

부모가 일관성 있는 태도를 보이지 않으면 아이는 불안해집니다. 일반적으로 제대로 훈육이 이루어지지 않은 아이는 게으른 부모 탓이라고들 말합니다. 그것은 부모가 일관성 있게 지도하지 못했다는 의미입니다.

24 맞벌이 부부는 아이와 어떻게 놀아 주어야 할까?

#맞벌이 부부 #조부모 양육 #놀이 시간

직장 생활을 하고 있고, 곧 출산을 앞두고 있습니다. 출산 휴가가 끝나면 회사로 복귀해야 하는데, 아이에게 생후 1, 2년이 중요하다는 말을 듣고 보니 요즘 고민이 많아졌습니다. 제가 출근하면 아이를 돌봐 주실 분은 구해 둔 상태인데, 그분과 양육 문제로 트러블이 생기면 어쩌나 하는 걱정도 들기 시작했습니다. 또, 이 시기에 아이와 제가 어떻게 보내야 하는지 조언도 부탁드립니다.

요즘은 맞벌이 부부가 많아서 아이를 베이비시터에게 맡기는 가정이 늘고 있습니다. 직장 맘의 경우에는 베이비시터와 양육 패턴을 통일하는 게 중요합니다. 두 양육자 사이에 차이가 있으면 아이가 혼란을 일으키고 애착 형성에 문제가 생길 수 있습니다. 베이비시터에게 맡겨 놓은 시간 동안은 베이비시터에게 절대권을 부여하고 인정하는 태도가 필요합니다. 특히 아이가 보는 앞에서 베이비시터의 잘못을 지적하는 일은 절대 안 됩니다. 다행스럽게 아이의 할머니에게 도움을 받는 경우도 있습니다. 그럴 때는 아이가 할머니만 따르는 것 같더라도 섭섭한 감정을 드러내거나 양육자의 자리를 억지로 빼앗으려 하지 말아야 합니다.

일반적으로 직장 생활하는 엄마들은 아이와 함께 있어 주지 못한다는 죄책감 때문에 아이가 원하는 걸 뭐든 사 줘서 보상하려는 경향이 있습니다. 그러나 일하는 엄마가 죄인은 아닙니다. 자칫하면 어떤 일이든 돈이나 물질로 보상하려는 태도를 아이가 배울 수 있습니다. 또, 부모를 정신적으로 의지하고 의논하는 상대가 아니라 물질적으로 후원만 하는 존재로 잘못 받아들일 수 있습니다.

부모가 자녀와의 관계에 특별히 관심을 가져야 하는 세 가지 이유가 있습니다. 이것만 잘 지키면 부모 자녀 간의 관계는 걱정 없을 것입니다.

첫째, 자녀와 놀아 주다 보면 서로 간에 애정 어린 상호 작용이 이루어집니다. 그러려면 절대적인 놀이 시간을 확보해야 합니다. 아이와 많은 시간을 함께한 부모만이 아이가 어떤 놀이를 좋아하고 싫어하는지 파악할 수 있기 때문입니다. 아이와 놀 수 있는 놀이 시간표를 만들어 그 시간을 가족 모두가 기다리는 순간으로 만드는 것도 좋습니다. 짬짬이 시간 날 때 놀아 주면 된다는 생각은 부모의 핑계입니다. 공들여 시간을 만들지 않는 이상 '짬짬이 나는 시간'은 절대로 생기지 않습니다. 의무감을 가지고 매일 놀이 시간표

대로 실천하는 것이 최선입니다.

둘째, 부모-자녀 간의 상호 작용의 질이 좋아지면 부모로서 심리적인 편안함과 만족감을 얻게 됩니다. 아이와 잘 놀아 주고 지내는 것이 사실은 부모 자신에게 더 이롭다는 말입니다. 가정 경제도 중요하지만 아이와의 놀이 시간을 계획하는 것도 멀리 내다보고 행동하는 부모라고 볼 수 있습니다.

셋째, 부모와의 놀이 시간은 아이에게 정서적 안정감과 대인 관계 능력(사회성)에 긍정적인 영향을 미칩니다. 게다가 아이의 평생을 좌우할 정서 사회성의 기초가 이 시기에 만들어집니다. 아이와의 놀이 시간을 가볍게 생각해서는 안 되는 이유가 바로 여기에 있습니다.

● 한마디 쏙쏙

아이와의 놀이 시간은 의무감으로 만들지 않으면 저절로 생기지 않는다.

25 아빠를 싫어하는 아이, 어떻게 해야 할까?

#애착 #혼내는 아빠 #맞벌이 부부

24개월 된 딸아이를 둔 엄마입니다. 아이가 아빠를 싫어하고, 남편도 아이에게 별 관심이 없어서 고민입니다. 직장 생활을 하고 있어 18개월까지는 시댁에 맡겼고, 제가 키운 지는 6개월 되었습니다. 아이가 시댁에 있는 동안에 저는 주말마다 갔지만 남편은 바쁘다는 핑계로 한 달에 한 번 갔습니다. 아이를 만나서도 버릇이 없다며 야단칠 때가 많았고, 아이와 자주 실랑이를 벌였습니다. 그러다 보니 제가 아이를 안고 있다가 아빠한테 가 보라고 넘겨주면 자지러지게 울었습니다. 남편은 몇 번 노력하더니 나중에는 내버려 두었습니다. 요즘은 아빠가 퇴근해서 들어오면 제 뒤로 숨을 정도입니다. 제가 어떻게 해야 하는지 조언을 부탁드립니다.

우선 아빠가 아이를 야단치는 일이 없도록 주의시키십시오.

또, 아이가 좋아하는 놀이를 아빠가 함께할 수 있는 시간을 만들어 주십시오. 딸아이가 잘했을 때는 안아 주면서 적극적으로 칭찬해 주고, 퇴근해서 돌아올 때는 아이가 좋아하는 것을 하나씩 들고 오게 하는 것도 좋은 방법입니다. 현실적으로 퇴근길에 아빠가 아이 취향에 맞는 선물을 고르기는 어렵습니다. 이럴 때 엄마의 센스가 필요합니다. 미리 엄마가 아이 취향에 맞는 선물을 사서 쇼핑백에 넣어 현관 신발장에 보관해 두세요. 그리고 아빠가 사 온 것처럼 하자고 남편과 미리 입을 맞춰 놓으면 됩니다. 이렇게 딸아이가 아빠에게 선물을 받고 기뻐할 시간을 만들어 주십시오.

그냥 시간이 흐르면서 아이와 아빠 사이가 좋아지기를 기다리면 안 됩니다. 엄마가 아이와 아빠의 관계를 의도적으로 가깝게 만들어 줄 필요가 있습니다. 아주 가끔 만났던 아빠가 사랑과 관심보다 야단과 꾸중을 해서 형성된 불안정 애착에서 벗어나려면 생각보다 오랜 시간이 걸릴 것입니다. 게다가 너무 과하다고 생각할 만큼 노력해야 하기 때문에 아빠가 자칫 기분 나쁘게 받아들일 수 있습니다. 그러나 현재 아이가 가지고 있는 부정적 이미지의 원인 제공자가 자신이라는 것을 인정하고, 아빠가 딸아이의 마음이 풀리도록 노력해야 합니다.

가족이 함께 공원을 산책한다든지 외식을 하는 즐거운 시간을 만드는 것도 좋은 방법입니다. 그 시간들 속에서 딸아이와 아빠의 관계는 서서히 좋아질 것입니다. 이런 좋은 습관을 어릴 때부터 쌓아 가야 아빠와 아이에게 좋은 기억으로 저장되고, 그 기억대로 아빠와 상호 작용을 해 나가게 됩니다.

생후 18개월까지가 애착의 결정적인 시기입니다. 아이 입장에서 생각해 보기 바랍니다. 그 기간 동안 아빠와의 즐거운 기억은 거의 없고 일방적으로 혼나고 야단맞은 기억만 있는데 어느 날 갑자기 아빠가 변했다고 바로 마음이 열릴까요? 마음에 벽이 만들어진 상황이라면 어른들도 쉽지 않은 일입니다. 그만큼 힘들고 정성을 쏟아야 하는 일이라고 남편을 설득하고, 응원과 도움을 주시기 바랍니다.

● 한마디 **쏙쏙**
아이와 아빠 사이가 좋지 않다면 '의도적으로' 가까워지는 계기를 만들어야 한다.

26 학대하는 아빠,
어떻게 해야 할까?

#부모 교육 #훈육 #학대

9개월 된 아이를 키우며 공무원 시험을 준비하고 있는 엄마입니다. 남편에게 아이를 맡기고 일요일에 도서관에 가서 시험공부를 했습니다. 집에 돌아왔더니 아이의 허리에 끈을 묶어 식탁 다리에 매어 놓고 남편은 소파에서 자고 있었습니다. 아이는 얼마나 울다가 잠이 들었는지 눈물, 콧물이 범벅이었습니다. 그날 남편의 몰지각한 행동에 얼마나 많이 울었는지 모릅니다. 이런 경우에 제가 어떻게 해야 하는지 알려 주세요.

저는 평소 부모가 되기 전에 부모 됨에 대한 교육이 필요하다고 생각해 왔습니다. 대학에서 교양 수업으로 '현대 사회와 가족', '부모 연습'을 강의하고 있는데 그 시간이 보람 있다고 느끼는 이유이기도 합니다. 그 수업을 수강한 후에 한 공대생이 남긴 내용을 소개합니다.

"공대에서 실험만 하다가 이 수업을 못 듣고 졸업했다면 큰일 날 뻔했습니다. 전공 수업보다 더 중요한 수업이라는 생각이 듭니다. 부모가 되기 전에 꼭 받아야 할 교육이라고 생각합니다. 제가 이 수업을 듣지 않고 졸업해서 아이를 낳고 키웠다면 저로 인해 아들딸이 얼마나 고생했을까 하는 생각이 들었습니다."

외국의 경우에는 부모 교육을 고등학교 때부터 진지하게 실시합니다. 프랑스에서는 십 대 미혼모 수가 늘어나자 예방책으로 보육 실습 과목을 개설했습니다. 고등학생들은 졸업 전에 의무적으로 2박 3일 동안 컴퓨터 프로그램이 내장된 모조 인형 아기를 돌봐야 합니다. 인형 아기는 수시로 우는데, 그럴 때마다 예비 아빠가 아기를 돌보지 않고 방치하거나 때리면 프로그램이 그 행위들을 모두 기억합니다. 그리고 방치하거나 학대한 흔적이 기록에 나타나면 재수강을 해야 합니다. 그 과목을 어렵게 이수한 학생들은 육아는 만만한 일이 아니라는 것을 마음속에 새기게 됩니다. 학생들에게 그 과목을 이수하게 한 이후 미혼모 수가 현저하게 줄었다는 보고도 있습니다. 이처럼 교육은 우리를 변화시킵니다.

요즘은 아빠들을 위한 자녀 교육 강연 의뢰가 많이 들어옵니다. 사회적으로 아주 바람직한 현상이라고 생각합니다. 그럼에도 불구하고 아직도 많은 아빠들이 자녀 교육에 무지합니다. 더 큰 문제는 무지한 데다 용감하기까지 하다는 것입니다. 그래서 아이 허리에 끈을 매달아서 식탁 다리에 묶어 놓고 자신은 소파에 누워 잠을 잘 수 있는 것입니다.

　이 아빠의 행동은 엄연한 아동 학대입니다. 방임형 학대에 속하지요. 사회적으로 이혼이 늘어나고 가정이 해체되면서 방임형 학대가 늘어나고 있습니다. 끼니 때가 되어도 밥을 주지 않는 것도, 몸을 깨끗하게 씻어 주지 않는 것도 방임형 학대입니다. 매일 옷을 갈아입히고 머리도 단정하게 빗어 줘야 하는데 그렇지 않은 것도, 날씨나 계절에 맞지 않는 옷을 입히는 것도 방임형 학대입니다. 아이를 제대로 보살피지 않는 행위는 모두 방임형 학대에 속합니다.

● 한마디 쏙쏙

자녀 교육에 무지한 아빠는 아동 학대를 하면서도 그 사실을 모른다.

27 남편과 사이가 좋지 않아도 아이를 잘 키울 수 있을까?

#냉정한 아빠 #남편에 대한 불만 #양육 태도

만 2세 딸아이를 둔 전업주부입니다. 아이와 지내는 것이 일상의 전부입니다. 아이는 언제 어디를 가든 저한테만 붙어 있으려 하고 다른 놀이에 참여를 안 합니다. 신문사에 다니는 남편은 집에 들어오는 시간이 불규칙해서 아이와 노는 시간이 거의 없습니다. 아이가 밤에 울거나 소란스럽게 하면 하루 종일 함께 지내면서 애도 빨리 달래지 못한다며 엄마 역할을 제대로 하라고 말합니다. 또, 아이가 잘 때는 공무원 시험이라도 준비하라고 말합니다. 그러다 보니 남편과 사이가 냉랭하고, 감독받는 느낌이 들어 육아에 대한 부담이 큽니다. 늘 신경이 곤두서 있고 피곤할 때가 많아 아이에게 화를 내거나 "엄마 좀 힘들게 하지 마!"라고 소리 지를 때도 있습니다. 그러고 나면 마음이 편치 않아서 아이에게 미안함이 커집니다. 제 상황에 도움이 되는 조언을 부탁드립니다.

─────── 아이 문제로 상담을 청해 왔지만 아이에 대한 고민보다 남
편에 대한 불만이 더 커 보입니다. 남편은 아내 일을 도와주지도 않으
면서 감독하고 평가하는 역할을 하고 있고, 아내는 일방적으로 야
단맞는 기분으로 살면서 자신을 한심하다고 생각하고 있습니다.
들려준 이야기로 유추해 볼 때 엄마가 아이와의 상호 작용에서 심
리적 안정감을 주기에 역부족으로 보입니다. 아이의 신체적인 안전
은 보장해 주고 있지만, 신나고 즐겁게 놀아 주면서 마음을 읽어
주지는 못하는 상황으로 보입니다. 아이에게 화를 내거나 엄마를
힘들게 하지 말라고 소리 지른다면 아이 입장에서는 가정을 심리
적인 안전지대로 생각하기 어렵습니다. 세상에서 가장 친밀하고
가까운 엄마가 충분한 믿음을 못 주는 상황에서는 다른 아이랑
어울려 놀고 친하게 지내기 어렵습니다.

이 시기에 아이들은 엄마와의 친밀한 관계를 통해 가정을 편안
한 곳으로 여기게 됩니다. 엄마에 대한 신뢰감이 쌓여 있어야 다
른 사람과 원활한 상호 작용을 할 수 있고, 더 나아가 세상과 관계
를 만들어 갈 수 있습니다. 따라서 아이의 건강한 안정 애착을 위
해서는 엄마 자신이 스트레스를 덜 받으려 노력하고, 남편과도 일
상을 공유하여 협조와 위로를 얻어야 합니다.

저는 세상에서 가장 좋은 장난감은 사람이라고 믿습니다. 아이
에게 편안함도 주고 사랑과 기쁨 등을 수시로 전해 줄 수 있는 장
난감은 사람밖에 없습니다. 따라서 아이에게 가장 좋은 장난감은
엄마와 아빠입니다. 엄마는 언어 놀이를 해 주고, 아빠는 신체 놀

이를 해 주면 됩니다. 예를 들어 아빠들은 아이를 헹가래 쳐서 받아 내는 놀이를 많이 하는데 한 번도 실수하지 않고 잘 받아 냅니다. 아이들이 아빠가 퇴근하기를 기다리고 아빠만 보면 신체 놀이를 하자고 조르는 이유일 것입니다. 반면, 엄마들은 책을 읽어 준다든지, 이야기를 들려주는 일을 하면서 언어적 자극을 해 주면 아이의 좌뇌와 우뇌가 자극되어 두뇌 발달에도 좋습니다.

아이에게 화목한 분위기를 만들어 주려면 부부간의 사랑과 배려가 우선되어야 합니다. 싸움과 다툼이 없는 부부는 세상에 없습니다. 그런 트러블을 어떻게 해결하느냐에 따라 화목한 가족이 되느냐 아니냐가 결정된다는 것을 기억하십시오.

● 한마디 **쏙쏙**

세상에서 가장 좋은 장난감은 엄마와 아빠이다.

2장

떼쓰거나
말썽 부리거나
3세 아이들

1
부모의 과잉보호,
어떻게 해야 할까?

#과잉보호 #어린이집 #양육 태도

만 3세 반을 맡고 있는 어린이집 교사입니다. 주희는 늘 30분씩 지각을 하는데 갈래갈래 공들여 땋은 머리에 아동복 모델 같은 차림으로 나타납니다. 누군가와 다툼이 벌어지면 선생님에게 와서 친구의 잘못만 이야기하는데, 그랬다가 자기가 먼저 밀거나 때렸다는 사실이 밝혀지면 그 친구에게 아무렇지 않게 다정하게 굴어서 당황하게 만듭니다. 또, 싫증을 빨리 내고 새롭고 신기한 것을 찾습니다. 주희가 여름 나라에 가고 싶다고 하자 어머니는 필리핀으로 여행을 떠났고, 별을 보고 싶다고 하자 다음날 천문대 견학을 갔습니다. 지금까지 주희는 어린이집을 세 번이나 옮겼는데, 석 달 뒤에 또 옮길 예정입니다. 주희에게 교사로서 어떤 도움을 줄 수 있을까요?

　　　　　　한마디로 정리하면 주희 어머니는 아이를 과잉보호하고 있습니다. 또 만 3세에 벌써 어린이집을 세 번이나 옮겼고, 곧 네 번째 옮길 예정이라니 교육에 지나치게 유별나다고 할 수 있습니다. 주희 어머니는 모든 것을 아이 중심으로 생각하고, 아이가 원하면 다 받아 주는 것이 아이를 사랑하는 것이라고 믿고 있습니다. 그렇게 생각하는 부모들이 의외로 많습니다.

모든 것을 아이 위주로 맞추는 양육 방식보다는 아이에 대한 관심과 사랑은 유지하되, 조금은 무관심한 태도를 취하면서 적당한 거리를 유지할 필요가 있습니다. 부모가 적당한 거리를 유지해야 아이가 시행착오를 겪으면서 새로운 경험을 할 수 있습니다. 시행착오를 겪어 본 아이들은 자기 조절 능력과 자기 통제 능력을 기르게 됩니다. 현명한 부모라면 아이 연령에 맞는 규칙을 정해서 스스로 행동의 한계를 깨우쳐 가도록 도와야 합니다. 그런 모습을 지켜보다 보면 부모가 가슴앓이를 하게 되기 때문에 다해 주는 게 더 마음이 편하다고 말하는 엄마들이 많습니다. 그러면 아이의 홀로서기가 늦어집니다.

옛날 법도 있는 가문에서는 '서푼앓이'를 참아야 한다는 동자훈童子訓이 있었습니다. 부모가 가진 것 중에 7푼만 주고 나머지 3푼은 자식 스스로 체험해서 자기 것으로 하라는 의미의 교육적 해석이 있고, 모자란 3푼을 스스로 하는 아이를 보고 있자니 부모로서 가슴앓이를 한다는 의미도 있습니다. 그러나 현실은 반대입니다. 물질이 흔한 이 시대의 부모들은 아이에게 모자랄 것 없이 다해 줍니다. 때문에 아이들은 부족분에 대해 인내하고 참고 기다릴 필요가 없습니다. 과잉보호를 받는 아이들이 점점 늘어나고 있는 이유입니다.

아이에게 부족분을 기다리고 인내하는 경험은 참으로 귀중한 경험입니다. 이러한 경험은 어릴 적부터 조금씩 해 봐야 습관으로 자리매김할 수 있습니다. 예를 들어 백화점에서 아이가 장난감을 사 달라고 조르고 있다고 칩시다. 이때 "사 주고 싶은데 아빠와 상의해야 해."라고 설득해서 아이의 욕구를 한 번 지연시켜 주십시오. 엄마 아빠가 상의할 시간이 필요하니까 며칠간 갖고 싶은 욕망을 억제하여 인내심을 가지라는 가르침이지요. 책 속에 많은 지식이 들어 있지만 정말 중요한 깨달음은 책이 아니라 경험을 통해 얻어집니다. 아이가 소중한 만큼 그 깨달음의 경험을 시켜 줘야 합니다.

● 한마디 쏙쏙
부모가 적당한 거리를 유지해야 아이가 시행착오를 겪을 수 있다.

2

울며 떼쓰는 아이,
어떻게 해야 할까?

#떼쓰기 #고집 #양육 태도

만 3세가 된 아이의 엄마입니다. 아이가 커 갈수록 고집 부리는 일이 많은데 지금 고쳐 주는 게 맞을까요? 아니면 저절로 나아질까요? 간혹 따끔하게 혼내면 엉엉 소리를 내며 웁니다. 그럴 때 안아 주면서 차분히 설명해 줘야 할까요?

~~~~~~~~ 원래 2~7세 아이들은 말도 안 되는 고집을 부리고 자기중심적으로 생각하고 여기저기에서 사건 사고를 만듭니다. 이때 아이들은 자신이 원하는 것을 들어줄 때까지 떼쓰며 울거나 칭얼대는 경우가 많습니다.

하지만 공공장소에서 소리를 지르며 울거나 떼를 쓴다면 그 행동 뒤에 감춰진 진짜 이유를 찾아야 합니다. 갓난아이들은 엄마 사정이 어떻든 배고프면 울고 기저귀가 젖으면 칭얼댑니다. 이때는 엄마가 배고픈 아이에게 우유를 먹이고, 젖은 기저귀를 갈아 주면 됩니다. 그런데 만 3세 아이가 아이스크림을 세 개나 먹고 또 먹겠다고 고집을 부린다면 단호하게 "그만." 또는 "안 돼."라고 말해야 합니다. 그리고 끝까지 강한 태도를 보여 아이 마음대로 할 수 없음을 알게 해야 합니다.

예를 들면, 아이가 전기플러그에 젓가락을 넣고 논다면 단호하게 "그렇게 하면 안 돼!"라고 말해야 합니다. 그래도 엄마 눈치를 보면서 계속한다면 아주 엄하게 반응해야 합니다. 아이의 눈을 응시하며 "그만해! 거기서 손 떼!"라고 강하게 말해서 사태의 엄중함을 깨닫게 해야 합니다. 그래도 아이가 장난처럼 생각하고 심각성을 모른다면 전기플러그를 가릴 수 있는 무겁고 낮은 서랍장을 옮겨 와 물리적으로 막아야 합니다.

고집부리고 떼쓰다가 토한다면 면밀히 살펴야 합니다. 생후 1개월에 이유 없이 토하면 선천성 유문협착증이 의심되니 병원에 가야 합니다. 만 2세 전에 자주 토하고 딸기 잼 같은 혈변을 동반한다면 장 중첩증을 의심해 볼 수 있으므로 병원에 가야 합니다. 그 외에도 걸핏하면 토하는 아이들은 미숙한 소화력이 문제일 수 있으므로 적은 양을 자주 먹게 하고 과식하지 않도록 관찰해야 합니다.

한 엄마는 어린이집에 다니는 만 3세 된 아들이 좋아하는 장난감을 다른 아이가 가지고 논다는 이유로 울고불고 할 때가 많다고 상담을 청했습니다. 이런 경우에는 일찍부터 다른 사람을 존중하는 태도를 가르쳐야 하므로 말로 타이르고 설득해서 울지 않게 해야 합니다. 물론 한 번에 되는 일은 없습니다. 상대에게 양보하는 법을 배운 아이들은 남과 잘 어울려 놀고 협동도 잘한다는 것을 유념하고 인내심을 가지고 가르치십시오.

고집부리며 우는 아이를 엄마가 신경질적으로 크게 꾸짖으면 울음소리도 자연스럽게 커집니다. 목소리 크기는 아무것도 아닌 것처럼 보이지만 자녀 교육에서는 매우 중요한 열쇠입니다. 아이의 울음소리가 커지고 엄마 목소리가 커지는 상태는 어느 한쪽이 지칠 때까지 계속될 수밖에 없습니다.

아이를 꾸짖은 후에는 아이의 마음속에 화가 남아 있지 않도록 해야 합니다. 때로는 아이가 잘못을 깨닫고 서럽게 울 수도 있고, 반대로 화가 나 씩씩댈 수도 있습니다. 이때 구구절절 야단친 내용을 장황하게 다시 설명하거나 야단쳐서 미안하다며 무조건 감싸서는 안 됩니다. 간단명료하게 아이의 잘못을 지적하고 엄마가 무엇 때문에 실망했는지를 이야기해 주면 됩니다. 아이가 고집을 부리다 엄마한테 혼나서 삐친 것처럼 보일 때는 한동안 시간을 두었다가 나중에 안아 주는 것도 방법입니다. 바로 달래 주어야 한다고 생각해 삐쳐 있는 아이를 억지로 안아 주려 하면 자칫 반발심을 살 수도 있습니다.

● 한마디 쏙쏙
만 3세 아이가 고집부릴 때는 "그만!"이라고 끝까지 강한 태도를 보여야 한다.

3

잠투정이 심한 아이,
어떻게 해야 할까?

#수면 #예민한 아이 #생활 습관

32개월 된 아들의 엄마입니다. 아이가 잘 노는 편인데 먹는 것과 잠자는 것이 예민합니다. 아이는 밤 8시쯤에 자고 아침 6시에 일어나는데, 밤새 7번 정도는 깨고 팔베개를 해 줘야 다시 잠이 듭니다. 잠들기 전에는 꼭 업어 줘야 하고, 울다 자다를 반복합니다. 문제를 해결할 수 있는 방법을 알고 싶습니다. 또, 이런 상태로 어린이집에 보내도 되는지 궁금합니다.

아무리 키우기 어렵고 힘든 아이라도 엄마가 어떻게 하느냐에 따라 달라집니다. 이 시기의 아이들은 잘 먹고 잘 자면 깨어 있는 시간에 잘 놉니다. 그런데 잘 먹지 않으면 자다 깨다를 반복하게 되어 피로가 쌓이게 됩니다.

그래서 무엇보다 아이가 잘 먹어야 합니다. '시장이 반찬'이라는 옛말이 있습니다. 그러려면 배고픈 후에 먹는 식사가 맛있다는 경험을 할 필요가 있습니다. 한두 끼 굶어도 생명에는 지장이 없습니다. 그러니 엄마가 마음을 단단히 먹고 굶겼다가 먹이는 방법을 권합니다.

숙면은 이 시기의 아이가 혼자서 할 수 없습니다. 따라서 온 가족이 자는 시간을 정해서 일찍 자고 일찍 일어나는 습관을 가져야 합니다. 아이만 먼저 재우고 거실에 불을 켜 둔 상태라면 아이는 숙면하기 어렵습니다. 저녁 식사 전에 목욕 놀이를 실컷 하다가 배고파하면 우유나 저녁을 배불리 먹여 재우는 방법도 있습니다. 아이가 혼자 잠드는 법을 터득하는 것은 아이뿐만 아니라 가족 모두에게 줄 수 있는 중요한 선물입니다.

그리고 먹고 자는 기본적인 생활이 잘 안 되는 아이를 너무 일찍 어린이집에 보내면 문제가 생길 우려가 있습니다. 아이가 만 4세까지는 엄마와 함께 있으면서 일상적인 생활을 잘하도록 돕는 게 좋습니다. 그러면 엄마는 스스로 엄마 됨을 배우고, 아이는 엄마의 사랑을 느끼면서 일상을 배우게 될 것입니다. 어린이집에 보낸다고 아이의 잠투정 문제가 해결되지는 않습니다. 오히려 해결할 수 있는 시간을 더 늦추는 꼴이어서 아이의 성격 형성에도 바람직하지 않습니다.

가정에서 바른 생활 습관을 길러 주는 것이 먼저입니다. 첫째, 많이 서툴더라도 아이가 스스로 해 볼 수 있는 기회를 많이 주세요. 세수하기, 옷 입기, 신발 신기와 같은 일을 대신해 주지 마세요. 아직 서툴다는 이유로, 시간이 너무 오래 걸린다는 이유로 엄마가 자꾸 대신해 주면 아이는 스스로 해 볼 기회를 빼앗겨 자립심을 키울 수 없습니다.

둘째, 아이의 생각이나 마음을 말로 표현할 수 있도록 도와주세요. 도움을 받았다면 "감사합니다", "고맙습니다"라고 말하고, 남에게 피해를 주었을 때는 "죄송합니다", "미안합니다"라고 말하도록 가르쳐야 합니다. 가정에서 엄마, 아빠에게 먼저 표현하게 하는 방식이면 됩니다. 아이가 집 안에서 습관이 되면 밖에 나가서도 자연스럽게 표현할 것입니다.

셋째, 좋은 습관을 갖도록 지도해 주세요. 식사 시간에는 입 다물고 씹기, 소리 내지 않고 먹기, 음식 남기지 않기를 습관화하도록 조금씩 천천히 가르쳐 주세요. 손님이나 동네 어른들에게 인사하는 습관, 교통질서 지키기, 줄 서기, 휴지는 휴지통에 넣기, 물 아껴 쓰기 등이 어려서부터 습관화되도록 가르치세요. 또 장난감 정리하기, 신발 정리하기, 쓰레기 분리수거 같이하기, 식탁 차리기 등 가족의 일원으로서 해야 할 일을 만들어 주는 것도 좋습니다.

● 한마디 쏙쏙

잘 먹지 않는 아이는 자다 깨다를 반복하고 예민해진다.

4

친구와 말을 안 하는 아이,
어떻게 해야 할까?

#습관 #사회성 #양육 태도

 만 3세 된 딸아이가 친구들과 인사도 안 하고 말도 잘 안 합니다. 제가 어떻게 도와줘야 하는지 알고 싶습니다.

아이는 선택적 함구증이 아닌 미성숙한 사회성일 가능성이 **높습니다. 일상생활의 사소한 부분부터 신경을 써 보세요.**

가령, 아이가 보는 앞에서 주변 사람들에게 적극적으로 인사하는 모습을 자주 보여 주세요. 엘리베이터 안에서는 이웃을 만나면 아이와 함께 먼저 인사를 건네고, 아빠가 퇴근해서 돌아오면 아이가 달려가 인사하도록 지도하세요. 잘 이행했을 때는 곧바로 칭찬을 해 주세요. 모든 일은 시작이 반입니다. 부모가 모범을 보이면서 아이가 따라 할 때까지 인내를 가지고 지속해야 합니다.

부모의 역할에 대해 구구절절 많은 이야기로 여러 권의 책을 썼지만, 사실 따지고 보면 한마디로 '모범 보이기'입니다. 부모가 모범을 보이면 그 모습을 보고 자라는 아이는 부모를 닮습니다. 그래서 '그 부모의 그 자식'이라는 말이 있는 것입니다. 타의 모범이라는 말을 엄밀히 따지고 보면 나 아닌 다른 사람이 모두 타인입니다. 미국의 교육학 책에서는 아이들에게 부모는 '의미 있는 타자Significant Others'라고 말합니다. 그래서 아들은 아버지를, 딸은 어머니를 닮습니다. 부모는 아이가 좋은 것만 닮기를 바라지만 그렇지 못한 경우가 더 많습니다. 그냥 보고 배우는 것이니 장점과 단점, 약점도 그대로 닮게 되지요.

상담을 왔던 한 엄마는 딸이 자신을 너무 많이 닮아서 싫다고 했습니다. 이런 경우에는 자녀에 대한 상담보다 엄마 자신을 사랑해야 한다는 이야기를 하게 됩니다. 엄마가 자기 자신을 사랑해야 자녀를 사랑하는 마음으로 볼 수 있기 때문입니다.

모든 아이는 부모를 닮습니다. 부모가 모범을 보여야 하는 이유입니다. 부모는 자신이 가진 단점과 약점을 대물림하지 않기 위해 여러모로 노력하는데, 그러는 동안 철이 들어갑니다. 그러니 조급한 마음을 버리고 긴 호흡으로 아이와 함께 발맞춰 가기 바랍니다. 엄마가 스스로를 사랑하면서 단점을 보완하려고 노력한다면 아이가 그 모습을 그대로 보고 배워도 좋은 모델이 될 것입니다.

● 한마디 쏙쏙
부모가 모범을 보이면 아이는 그대로 따라 배운다.

깔끔한 성격의 아이,
이대로 괜찮을까?

#낯가림 #칭찬 #양육 태도

28개월 된 딸아이가 낯가림이 심합니다. 아직 한 번도 엄마와 떨어져 본 적이 없는데 가끔 심심할 때 어린이집에 가고 싶다고 합니다. 엄마 없이도 잘 지낼 수 있다고 하는데 조금 걱정이 됩니다. 늦게 낳은 외동아이라 귀하게 키웠거든요. 제가 깔끔한 성격이라 아이가 놀다가 옷이 더러워지면 금세 갈아입히는 편입니다. 그래서인지 놀이터 모래밭에는 아예 들어가려고도 하지 않습니다. 모래가 신발에 들어가는 게 싫다고 합니다.

———— 아이마다 개인차가 있기 때문에 단언할 수는 없지만, 몇 가지 사항을 체크한 뒤에 어린이집에 보내야 합니다. 원칙적으로 어린이집에 보내는 것은 만 3세(48개월) 이후가 가장 안정적입니다. 그보다 일찍 보내야 한다면 엄마가 일을 시작하지 않은 상태에서 적응 기

간을 길게 잡고 보내도록 하십시오. 엄마가 어린이집에 함께 가서 지내다 오기도 하고, 아이의 허락을 구한 뒤에 엄마가 없는 시간도 경험하게 하십시오. 어린이집에 가기 싫다고 하는 날에는 언제든지 집에서 놀아 주고 시간을 함께할 수 있어야 합니다.

만 6세 이전의 아이들은 일상생활을 통해 엄마의 사랑과 관심을 느낍니다. 따라서 최대한 함께하는 시간을 많이 가져야 합니다. 아이에 대한 일차적 책임자는 부모임을 명심하고 일과 후에도 아이와 적극적으로 놀아 주어야 합니다. 그 속에서 다양한 환경을 경험할 수 있게 시장도 가고, 마트도 가고, 소방서와 경찰서도 가 보세요. 여러 상황에서 얻게 되는 아이의 생각과 마음을 표현하게 돕고, 그 느낌을 공유하는 경험을 가지기 바랍니다.

아이와 이야기를 나누다가 칭찬거리가 나오면 그 자리에서 바로 칭찬하는 엄마가 되십시오. 자신감 있는 아이로 키우는 지름길입니다. 이때 "우리 딸 참 착하네."라고 칭찬하는 것도 좋지만, "딸이 도와주니까 엄마가 기분이 정말 좋네."라고 좀 더 구체적이면서 과정 중심의 칭찬을 하면 더 좋습니다.

아이들이 주변을 어지럽히고 더럽히며 노는 것은 거의 본능적 욕구입니다. 아기 때 손으로 만지는 모든 물건을 입 안에 넣는다거나 침 범벅을 만든다거나 옷을 더럽히거나 방 안을 어지럽히면서 노는 것은 자연스러운 현상입니다. 아이들은 이런 탐색 과정을 통해 호기심을 충족시키고 자신의 욕구를 조절하며 생활 습관을 익혀 나갑니다. 어른의 눈으로 보면 아이들의 행동들이 하나같이 지저분하고 장난스러워 보일 것입니다. 그래서 아이 꽁무니를 따라 다니면서 하지 말라고 말리고 싫은 내색을 하며 혼냅니다. 조금만 더러워져도 옷을 갈아입히는 엄마의 강박적인 행동은 아이의 행동 전반에 영향을 미칩니다. 아이들은 자신의 행동이 타인에게 받아들여지지 않으면 나쁜 행동으로 규정하고 스스로 억압하게 됩니다. 그렇게 되면 어떤 행동이든 자기 뜻대로 하지 못하고 어른의 허락이 떨어진 후에 행동하는 아이가 됩니다.

아이가 옷을 더럽혀도, 신발에 모래가 들어가도 엄마 눈치를 보지 않고 논다면 충분히 좋은 엄마입니다. 엄마의 빨랫감을 줄여주는 아이가 건강하게 잘 자라고 있다고 확신해도 될까요? 세상의 모든 부모들에게 묻고 싶습니다.

● 한마디 쏙쏙

아이가 주변을 어지르며 노는 것은 본능적인 욕구이다.

6 툭 하면 친구를 밀치는 아이,
어떻게 해야 할까?

#규칙 #습관 #공격적 행동

만 3세 된 아들의 엄마입니다. 아이가 친구들과 잘 놀다가도 자신이 올라서 있는 미끄럼틀 위로 올라오면 발로 차서 못 올라오게 합니다. 자기가 좋아하는 자동차를 타고 놀 때는 다른 친구는 손도 못 대게 하고, 이유 없이 친구를 밀치기도 합니다. 가지고 놀던 장난감을 친구가 뺏으면 상처가 날 만큼 아주 세게 물기도 합니다. 화가 나면 말투나 행동이 아주 거칠고 난폭해집니다. 얼마 전부터 이런 행동이 너무 잦아서 바로잡겠다고 조금 심하게 훈육을 했는데, 별 효과가 없습니다. 제가 어떤 훈육을 해야 하는지 알려 주세요.

유아기 때의 공격성은 호기심에서 비롯됩니다. 그리고 성장 과정에서 자연스럽게 나타나는 행동이니 크게 걱정할 필요는 없습니다. 아이들은 이런 공격성을 기초로 성장합니다.

먼저 아이가 보이는 분노의 감정을 이해해 줘야 합니다. 그러고 나서 난폭하거나 공격적인 행동이 아닌 용납될 수 있는 방법으로 분노를 해소할 수 있도록 도와줘야 합니다. 아이의 불쾌한 감정이나 분노를 말로 표현하게 하세요.

하지만 아이의 지나친 공격성을 방치하면 걷잡을 수 없이 악화되어 큰 문제가 될 수도 있습니다. 따라서 성장 과정을 거치면서 좋은 습관을 갖게 하려면 아이가 동의할 수 있는 합리적인 규칙을 정해서 일관성 있게 지켜 나가도록 해야 합니다. 그러면 공격적인 행동이 점차 친사회적 행동으로 바뀌게 됩니다.

아이가 만 3세가 되면 운동 능력 외에 언어 능력과 사고 능력이 발달하면서 스스로 무언가를 계획하고 성취해 보려는 주도성을 보이기 시작합니다. 어른들 눈에는 이런 주도성이 공격적인 행동으로 비치기도 하는데 지극히 정상적인 행동입니다. 물론 지나친 행동과 폭력에 대해서는 규제하고 한계를 정해 줄 필요가 있습니다.

공격성으로 나타나는 아이의 행동은 넘치는 에너지를 발산하려는 것이므로 집안일을 돕도록 유도하는 것도 좋습니다. 여기저기 놓인 책이나 현관에 아무렇게나 벗어져 있는 신발을 가지런히 정리하는 일을 시키십시오. 쓰레기 분리수거하는 일을 돕게 하는 것도 좋습니다. 아이는 처음에는 호기심으로 곧잘 하다가 얼마 안 가 싫증을 낼 것입니다. 지금까지 엄마가 하던 일을 왜 자신이 해야 하는지 이해하지 못할 수도 있습니다. 그럴 때는 "엄마 혼자서 집안일을 하다 보니 무척 힘들어. 엄마를 위해 조금만 도와줄 수 없겠니?"라고 아이가 납득할 수 있게 설명해 주십시오.

집 안에서 신체 놀이나 게임을 해서 스트레스를 해소시켜 공격적인 행동이 나오지 않게 예방하는 것도 좋습니다. 예컨대, 신문지 찢기 놀이는 스트레스 해소에 도움이 됩니다. 휴대폰으로 동영상 찍기를 하여 온 가족이 함께 보면서 즐기는 것도 스트레스 해소에 도움이 됩니다. 동생에게 난폭하게 행동하는 모습을 동영상으로 찍어 보여 주면 충격 요법으로 습관을 고칠 수도 있습니다.

깔끔한 성격의 엄마들은 아이의 놀이에 제약을 많이 합니다. 그렇게 쌓인 아이의 억압된 감정을 풀어 주기에 풀 그림 그리기는 최고입니다. 손과 발에 밀가루 풀을 잔뜩 묻혀 손도장, 발도장을 찍어 보게 하는 놀이입니다. 아이들은 손발을 마음껏 쓰면서 정서적인 해방감을 느끼게 됩니다. 풀 그림 그리기 놀이를 하는 날은 아이가 지저분해지고 집 안이 어질러져도 상관없다는 마음으로 마음껏 놀게 해 주세요. 그러면 아이의 스트레스도 해결되고, 쌓여 있는 부정적인 감정도 풀어낼 수 있습니다.

● 한마디 쏙쏙
신체 놀이로 스트레스를 해소시키면 아이의 공격적인 행동을 예방할 수 있다.

7

위험한 행동을 하는 아이,
어떻게 해야 할까?

#위험 행동 #훈육 #환경 바꾸기

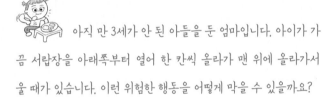 아직 만 3세가 안 된 아들을 둔 엄마입니다. 아이가 가
끔 서랍장을 아래쪽부터 열어 한 칸씩 올라가 맨 위에 올라가서
울 때가 있습니다. 이런 위험한 행동을 어떻게 막을 수 있을까요?

아이들은 위험하다고 혼내면 그때는 말귀를 알아듣는 것 같
다가도 돌아서서 비슷한 사고를 칩니다. 그때마다 부모들은 어떻게 해
야 할지 몰라 난감해집니다.

해결책부터 먼저 말한다면 물리적인 환경을 바꿔 주면 됩니다.
서랍장을 다른 방으로 옮기고 문을 닫아 두거나, 그 방에 둘 수밖
에 없다면 강력 테이프를 붙이는 방법도 있습니다. 물론 보기는
싫겠지만 아이의 안전이 우선입니다.

대부분의 엄마들은 환경은 그대로 유지하면서 아이의 의지만

꺾으려 듭니다. 요즘 엄마들이 너무 허용적이라고 걱정하는 사람들이 많은데, 의외로 '어려서부터 버릇을 잘 잡아야 한다.'고 생각하는 강압적인 엄마들도 꽤 있습니다. 버릇을 잡겠다는 엄마들은 아이를 힘들게 할 뿐만 아니라 부모에 대한 반감을 키울 가능성이 큽니다. 아이를 엄마 말에 복종하게 만들겠다는 생각을 버려야 합니다. 아이가 부적절한 행동을 했을 때 엄마의 엄한 표정과 몸짓, '안 돼!'라는 손 신호만으로도 생후 8개월 영아의 교육이 가능합니다.

미국 유학 시절에 목격한 경험담입니다. 어느 날 저녁, 미국 가정에 저녁 식사 초대를 받았습니다. 저녁 식사 준비로 분주한 틈을 타서 8개월쯤 되는 아이가 엉금엉금 기어서 거실 창가에 놓인 화분 앞으로 갔습니다. 아이는 주방에 있는 엄마를 한번 쳐다보더니 화분 안에 올려져 있는 하얀 돌을 한 움큼 집어서 거실 바닥에 뿌리고 놀았습니다. 뒤늦게 발견한 엄마는 바로 아이에게 달려가 안 된다는 손 신호를 했습니다. 그리고 아이와 함께 바닥에 뿌려진 하얀 돌을 하나하나 주워서 화분 안에 다시 담았습니다. 그 뒤에 아이를 안아 다른 곳으로 이동시켰습니다.

저녁을 먹은 뒤에 아이가 안 보여서 찾아보니 다시 거실로 나가 화분 앞에 있었습니다. 모두 아이의 행동을 주시했습니다. 아이가 다시 화분 안의 하얀 돌을 집으려다가 엄마를 바라보았습니다. 엄마는 손 신호로 안 된다는 사인을 보냈습니다. 분명 그 사인은 하지 말라는 것이었습니다. 하지만 아이는 그대로 돌을 한 움큼 집어 거실 바닥에 뿌렸습니다. 지켜보던 엄마가 달려가 손 신호로 안된다는 사인을 다시 해 보였고, 아이와 같이 바닥의 돌을 주워 담았습니다. 그러고도 아이와 엄마는 똑같은 행동을 한 번 더 반복했습니다. 그런데 그 뒤에 아이는 엄마와 눈이 마주치고 손 신호로 보여 주는 안 된다는 의미를 완전히 알아차린 것처럼 더 이상화분의 돌을 집지 않았습니다. 그 장면을 지켜본 사람들 모두가놀랐습니다. 8개월 된 아기도 손 신호로만 세 번 정도 일관성 있게가르쳤더니 교육이 이루어졌습니다. 훈육은 일관성 있게 세 번만해도 된다는 말입니다. 우리가 그 절묘한 기회 세 번을 놓칠 정도로 바쁘게 사는 것은 아닌지, 아니면 그 세 번의 기회를 방치한 것은 아닌지 고민할 필요가 있습니다.

교육은 의도된 계획입니다. 아직 의도된 계획이 없다면 이제부터라도 만들어야 합니다. "세 살 버릇 여든까지 간다."는 말이 있습니다. 내내 아이 뜻을 다 받아 주다가 세 살이 되자 이제부터 좋은버릇을 들이겠다고 엄하게 가르치는 엄마가 있다면 그 뜻을 잘못이해한 것입니다. 세 살 이전에도 아이를 교육시키는 것이 가능합니다. 그러나 복종만 강요하면 자율적인 아이로 자라는 데 문제가생길 수 있습니다. 부모가 어느 정도까지 개입해서 아이 일에 참견할 것인지, 또는 위험하지 않은 범위에서 아이 혼자 시행착오를 하게 할지는 부모의 선택에 달려 있습니다.

8

따로 재우기,
어떻게 해야 할까?

#수면 습관 #따로 재우기 #양육 태도

두 아이를 키우고 있는 엄마입니다. 둘째를 낳은 후 두 아이를 다 데리고 자기가 벅차서 만 3세 된 첫째 아이를 따로 재우려고 시도하고 있습니다. 다른 방에서 혼자 자게 했더니 아이가 자꾸 우는데, 그래도 괜찮은 건지 알고 싶습니다.

아이를 따로 재우려면 대개 만 3세를 전후해서 시작하는 게 좋습니다. 사람의 모든 것은 유아기에 길들여집니다. 아이가 의존적인 성향으로 굳어지기 전에 따로 자는 데 익숙해지면 좋습니다.

아이가 만 3세 정도 되면 말귀를 거의 알아듣고 의사 표현을 할 수 있으므로 따로 자는 이유를 충분히 이해시킬 수 있습니다. 단, 따로 잘 시기가 됐으니까 무조건 따로 자야 한다는 식으로 강요해서는 안 됩니다. 아이를 따로 재우는 연령은 가정 상황에 따라 차이가 있을 수 있지만, 중요한 것은 아이의 협조와 이해를 얻는 것입니다.

어느 날 갑자기 따로 재우기보다는 단계적으로 서서히 익숙해지도록 하는 편이 좋습니다. 아이의 상태나 수준을 고려해서 아이가 혼자 자는 것을 불안해하지 않도록 배려해 주고, 아이가 찾으면 언제든 엄마 아빠가 달려온다는 신뢰감을 가지도록 해야 합니다. 아이에게 자장가를 들려주거나 동화책을 읽어 주거나 옆에 누워 토닥여 주는 등 아이가 안심하고 잠들 수 있게 해 주십시오. 이런 행위들을 수면과 관련된 일로 아이가 인식하는 것도 중요합니다.

서너 살 정도부터는 따로 자도록 시도하고, 늦어도 아이가 초등학교에 들어가기 전까지는 완전히 혼자 자는 데 익숙해지게 하십시오. 남매끼리도 초등학교에 들어가기 전에 각자의 방을 마련해 주는 게 좋습니다.

생일에 침대를 새롭게 꾸며서 엄마가 자는 안방 건너편 방에 잠자리를 마련하는 방법도 좋습니다. 이때 방문을 열어 두어 자다가도 엄마의 자는 모습을 볼 수 있게 하는 것이 중요합니다. 그러다가 일 년쯤 뒤에 아이가 방문을 닫고 자도록 해서 실질적으로 자기 방에서 자는 단계로 넘어가면 됩니다. 이 모든 과정이 점진적인 과정으로 서서히 진행되어야 합니다.

아이들은 잠을 자면서 신체적, 정신적으로 성장하므로 방해받지 않는 것이 매우 중요합니다. 밤마다 누군가 재워 주지 않아도 스스로 잠들 수 있는 독립적인 아이로 자라야 합니다. 그래야 주

말에 외가나 친가에 가서도, 친구 집에 초대받아 가서도, 캠프에
가서도 아이 혼자 문제없이 잠잘 수 있습니다.

그러나 따로 재운다는 이유로 잠든 아이를 다른 방으로 데려다
눕혀서는 안 됩니다. 이미 잠든 아이를 다른 방으로 옮겨 놓는 것
은 진정한 의미의 따로 재우기가 아닙니다. 특히 잠든 사이에 잠자
리가 옮겨졌다는 걸 알면 아이가 속았다는 느낌을 받아 부모를 불
신할 수도 있습니다.

● 한마디 쏙쏙

따로 잘 시기가 됐으니 무조건 따로 자야 한다고 강요해서는 안 된다.

9

잠투정이 심한 아이,
어떻게 해야 할까?

#잠투정 #수면 습관 #양육 태도

 29개월 된 아들의 잠투정이 심합니다. 절대 혼자 자려 하지 않고 엄마가 재워 주어야 합니다. 잘 놀던 아빠도 자기 전에는 옆에 못 오게 합니다. 또, 잠자리에서 얼마나 칭얼거리고 성질을 부리는지 너무 힘듭니다.

우선 아이의 잠자는 시간과 온 가족의 잠자는 시간을 맞춰야 합니다. 주변이 소란스러우면 잠들기가 쉽지 않습니다. 자녀의 수면 상담을 청해 오는 경우를 보면 대부분 밤에 뭔가를 하는 부모들이 많습니다. 부모가 텔레비전을 보거나 인터넷을 하면서 아이에게는 잘 시간이라고 강요하게 되면 소란스러운 분위기 때문에 아이도 잠자기 어려운 상태가 됩니다.

수면 습관을 위해서는 부모와 아이가 같이 자고 같이 일어나는 방법을 찾아야 합니다. 야행성 부모라면 새벽형으로 바꾸는 것도 검토해 보십시오. 또는 아빠의 귀가가 늦어서 아이가 자다가 깨면 다시 잠들기 어려운 경우도 있습니다. 이런 경우는 부부가 합의하여 조용히 들어와 아이의 자는 모습만 눈으로 확인하고 잠자리에 들도록 하십시오. 밤늦게 귀가해서 자는 아이를 불러대고 뽀뽀하고 안아 주어도 다시 잠드는 데 지장이 없다면 문제될 것은 없습니다. 하지만 그러지 않다면 가족 수면 시간에 맞추어 아빠가 행동을 수정해야 합니다.

아이가 무서워하는 귀신이나 유령을 부모에게 말했을 때 걱정하는 모습을 보이면 아이의 두려움이 더 커집니다. 따라서 귀신이나 유령은 세상에 없다고 확실하게 말해 주고, 결코 무서운 일은 일어나지 않는다고 안심시켜 줘야 합니다.

아이의 잠투정을 줄이고 쉽게 잠들게 하는 임시적인 방법이 있습니다. 아이를 재우기 두 시간 전부터 먹이지 말고 목욕 시간을 보통 때보다 조금 길게 잡습니다. 물속에서 노는 운동량이 늘어나면 피로감을 느끼게 됩니다. 그렇게 배고픈 상태를 유지하다가 잠들기 바로 직전에 우유나 밥을 먹이면 됩니다. 이 방법은 일주일 정도 잠투정을 없애기 위해 총력을 기울일 때 사용하고, 잘 적응하면 서서히 원래 방법으로 돌아가야 합니다. 잠들기 전에 식사를 하면 치아 건강에도 좋지 않고 비만의 원인이 되니까요.

10 몰래 똥 싸는 아이, 어떻게 해야 할까?

#배변 훈련 #습관 #자의식 형성

25개월 된 아이의 엄마입니다. 아이가 똥을 싼 채로 걸어 다니다가 바지 밑으로 똥 덩어리가 떨어지는 일이 있었습니다. 방바닥에 떨어진 똥을 치우면서 "아휴, 더러워라."라고 했고, 엉덩이를 몇 대 때려 줬습니다. 그 일 때문인지 아이가 눈치를 보면서 몰래 똥 싸는 습관이 생겼습니다. 제가 어떻게 해야 할까요?

일반적으로 아이들은 만 3세가 지나면 대소변을 가립니다. 그런데 어떤 아이들은 대소변 가리기를 너무 일찍 서둘러서 오히려 늦게까지 배변 실수를 하기도 합니다. 그럴 때 심하게 야단쳐서는 안 됩니다. 간혹 아이의 똥을 닦아 줄 때 더럽고 냄새난다고 말하는 엄마가 있는데, 그 말을 들은 아이는 똥을 만들어 내는 자기 몸도 더럽고 냄새난다고 생각합니다. 그래서 몰래 구석진 곳에 가서 똥을 쌉니다. 누가 봐도 똥을 쌌다는 걸 아는데, 이 똥 누가 싼 똥이냐고 물으면 자기 것이 아니라고 우기기도 합니다.

엄마가 똥을 더럽다고 말하면서 엉덩이를 때린 일로 인해 아이는 변과 연결해서 자의식에 부정적인 영향을 받아 몰래 똥 싸는 행위를 하게 된 것입니다. 그리고 심리적인 방어 기제를 써서 똥이 자기 것이 아니라며 스스로 위안을 찾는 것입니다. 그러므로 아이가 실수했을 때는 신속히 뒤처리를 해 주되 더럽다거나 냄새가 지독하다거나 왜 똥을 싸고 뭉개고 앉아 있었냐고 말해서는 안 됩니다. 이런 비난이 지속되면 아이가 구석진 곳에 숨어서 똥을 싼다든지, 싸고 나서 큰 잘못을 한 것처럼 운다든지, 내 똥이 아니라고 부정하는 것 같은 이상 행동을 보일 수 있습니다.

이 시기에 아이가 성공적으로 배변했을 때는 부모가 잘 포착해서 이렇게 말해 주어야 합니다.

"변이 바나나 모양이라 예쁘네. 황금색이라 장도 튼튼하고 편하겠다. 냄새도 좋네."

대소변 가리기를 시킬 때 변을 억지로 싸게 하며 키운 아이가 도둑이 되었다는 이야기를 들었는데, 이론적으로 근거가 있습니다. 타인에게 자신의 변을 빼앗긴 아이는 그 박탈감으로 인해 남의 것으로 내 것을 채우려는 심리적 욕구가 생겨 도둑질을 한다는 것입니다. 따라서 아이가 대소변 가리기를 할 준비가 되지 않았는데 억지로 시작한다든지, 시행착오 기간을 인정하지 않고 야단치거나 꾸중하거나 망신을 주는 것은 옳지 않습니다.

11 어린이집에서 소변 실수를 하는 아이, 어떻게 해야 할까?

#배변 훈련 #어린이집 #양육 태도

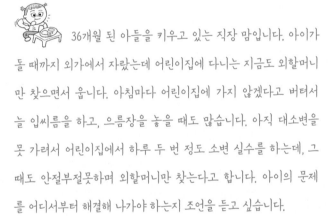
36개월 된 아들을 키우고 있는 직장 맘입니다. 아이가 돌 때까지 외가에서 자랐는데 어린이집에 다니는 지금도 외할머니만 찾으면서 웁니다. 아침마다 어린이집에 가지 않겠다고 버텨서 늘 입씨름을 하고, 으름장을 놓을 때도 많습니다. 아직 대소변을 못 가려서 어린이집에서 하루 두 번 정도 소변 실수를 하는데, 그때도 안절부절못하며 외할머니만 찾는다고 합니다. 아이의 문제를 어디서부터 해결해 나가야 하는지 조언을 듣고 싶습니다.

_____ 아직 어리기 때문에 아이의 기분을 헤아려 주면서 어린이집에 적응할 수 있도록 해야 합니다. 어린이집에 가라고 무조건 강요하기보다는 아이가 좋아서 선택하도록 아이의 눈높이에 맞춰야 합니다. 일반적으로 단체 생활을 하려면 남자아이는 만 4세 이후가 적

당한데 현실적으로 힘들기는 합니다.

처음 어린이집 적응 기간에는 오전에 엄마가 함께 있어 주는 방식도 좋습니다. 그러다가 적응 기간이 지나고 아이가 어린이집에 가기 싫다고 심하게 버티는 날에는 외할머니와 노는 시간을 만들어 주십시오. "다음 주 화요일에는 할머니와 마트 다녀오자."라고 해서 외할머니와 자유롭게 놀 수 있도록 허용해 주는 것이지요. 또, 아빠가 하루 휴가를 내서 "다음 주 수요일에는 아빠랑 공원 가서 자전거 타자."라고 해도 좋습니다. 물론 엄마의 휴가도 적극적으로 활용하십시오.

이런 소소한 계획을 잘 활용하면 아이도 어른도 혼란스러운 시기를 잘 극복할 수 있습니다. 단, 부모가 미리 계획하고 실행할 수 있어야 가능한 일입니다. 어린이집에만 의존하고 있다면, 적응 기간에 아이의 마음을 위로하고 격려하여 혼란스러운 기간을 줄여 주어야 합니다.

대소변 가리기는 36개월을 전후해서 가리는 것이 적당합니다. 그러나 6개월 전후로 여분의 시간을 주기도 합니다. 다시 말해서 30개월에 대소변 가리기가 되어도 정상이고 42개월에 완성되어도 발달상으로는 아무런 문제가 없습니다. 정상 범주에 속한다는 말입니다.

외할머니와 지낼 때와 전혀 다른 어린이집 생활이 아이에게 불안감을 줄 수도 있습니다. 내적 불안감은 외적인 신체 행동으로 나타나는데 대표적인 것이 배변과 배뇨 활동의 어려움으로 실수하는 것입니다.

이 시기의 아이들은 대부분 변기를 두려워합니다. 물 내려가는 소리에 놀라기도 하고, 변기에 빠질까 봐 무서워하기도 합니다. 그런 아이에게 억지로 배변 훈련을 시키면 스트레스를 받아 반항적인 성격이 될 수도 있고, 심하면 변비를 앓기도 합니다.

따라서 지금부터라도 아이를 세심하게 관찰하고 아이의 욕구를 파악하여 하나씩 해결해 주어야 합니다. 어린이집에서 실수하는 경우에는 선생님이 아이의 불안한 마음을 읽어 주도록 부탁해야 합니다. 화장실을 사용하는 데 불편함이 없는지 살펴보고, 아이와 이야기를 나누어 특별히 불안해하는 요소를 없애 주어야 합니다. 아이가 불안해하는 부분에 충분히 공감해 주고 소통만 해 주어도 많은 문제를 줄일 수 있습니다. 아주 서서히 점진적인 과정을 밟아 어린이집 선생님의 도움과 협력을 구하십시오.

● 한마디 쏙쏙

대소변 가리기는 36개월을 전후해서 가리는 것이 적당하다.

12 엄마의 임신으로 불안해하는 아이, 어떻게 해야 할까?

#동생으로 인한 불안감 #퇴행 #양육 태도

만 3세 된 딸아이를 두고 있고 둘째 아이를 임신하고 있습니다. 동생이 생기는 것 때문인지 아이가 무척 예민합니다. 감정이 수시로 변해서 엄마인 저조차 종잡을 수 없을 정도입니다. 어린이집에서는 갑자기 울음을 터뜨리거나 비명을 지르고, 잠시 후에는 깔깔거리는 등 이상 행동을 보인다고 합니다. 점심 식사를 하면서 아기를 가져서 콩을 먹을 수 없다고 엉뚱한 소리를 한 적도 있습니다. 집에서 저에게 끊임없이 질문을 하는데, 정작 대답에는 별 흥미를 보이지 않습니다. 대체 아이가 왜 이러는 걸까요?

───────── 동생이 태어난다는 사실에 아이가 무척 혼란스러운 듯합니다. 아이는 엄마 배 속에서 동생이 자라고 있다는 말은 들었지만 그것이 무엇을 뜻하는지는 정확히 알지 못합니다. 심지어 배가 점

점 커지는 것을 보면서 언젠가 엄마 몸이 터져 버리는 건 아닐까 걱정을 하기도 합니다. 성교육이 이루어지지 않은 경우 아이는 자신이 알고 있는 한정된 지식의 범위 안에서 온갖 상상을 하며 불안해합니다.

동생이 태어나기 전에 아이의 불안감과 두려움을 없애 주어야 합니다. 아기는 엄마 몸속의 특별한 장소에 있고 특별한 경로로 태어난다는 것을 설명해 주십시오. 그리고 아기가 태어나는 것은 무서운 일이 아니라 신비로운 일이라는 것도 이야기해 주십시오. 물론 쉽게 설명해 주어도 아이의 모든 감정이 한꺼번에 정리되지는 않을 것입니다. 여전히 조금은 두려워하고 혼란스러워할 테지만 그것은 부모가 이해해야 합니다. 아이와 시간을 보내면서 많은 대화를 나누어 마음을 안정시켜 주세요.

태어날 동생에 대한 애착이 생기도록 아이와 이런 이야기를 나눠 보는 것도 좋습니다.

"오늘은 동생 이름을 지어 볼까?"

"이름 지었으니까 한번 불러 볼까?"

"동생이 어떻게 생겼을지 그림으로 그려 볼까?"

이렇게 동생 이름도 지어 보고, 배에 대고 이름을 부르거나 소리를 들어 보게 하고, 동생을 상상해서 그림도 그려 보게 하세요. 그런 시간을 충분히 가지다 보면 아이에게 동생에 대한 애정이 조금씩 생길 것입니다.

아이가 동생이 생긴다는 사실을 받아들이게 해야 합니다. 그래야만 아이가 앞으로 겪게 될 무수히 많은 좌절과 상처를 딛고 일어설 수 있습니다. 혼란스러워하고 불안해하던 아이도 실제로 동생이 태어나면 분노나 두려움은 사라집니다. 막상 태어난 동생을 보면 '아기는 혼자서는 아무것도 할 수 없는 그저 귀여운 존재'라고 생각하기 때문입니다. 큰아이들이 동생이 태어나면 처음부터 질투심을 느끼는 것은 아닙니다. 일반적으로는 아기가 어느 정도 커서 자신의 행동을 방해하거나 자기 것을 탐내기 시작하면 그때부터 질투심을 느끼고 행동이 변하기 시작합니다. 아이가 동생을 때린다든지 못 살게 군다면 부모의 관심을 끌기 위한 퇴행성 행동으로 해석해야 합니다. 그리고 큰아이에게 특별한 애정과 관심이 필요하다는 신호로 받아들여야 합니다.

● 한마디 쏙쏙
아이는 엄마 배가 점점 불러 오면 언젠가 터지지 않을까 걱정하기도 한다.

13

양육자가 많이 바뀐 아이,
이대로 괜찮을까?

#애착 #맞벌이 부부 #양육 태도

일 년 육아 휴직이 끝나고 다시 직장에 나가고 있습니다. 아이가 두 돌이 될 때까지는 친정어머니가 저희 집으로 출퇴근하면서 키워 주셨는데, 친정 식구들이 이민을 가게 되면서 시어머니가 아이를 봐 주셨습니다. 그러다 원래 안 좋았던 허리 병이 심각해져서 아이를 어린이집에 보내고 있습니다. 아이는 아직 36개월밖에 되지 않았는데, 어쩌다 보니 양육자가 엄마, 외할머니, 친할머니, 어린이집 선생님으로 여러 번 바뀌었습니다. 그 부분이 자꾸 걱정되고, 어린이집 생활도 잘 적응하고 있는지 신경 쓰입니다. 양육자가 이렇게 많이 바뀌었어도 괜찮을까요?

⎯⎯⎯⎯⎯ **엄마로서 걱정이 될 만한 문제입니다.** 무엇보다 아이가 어리기 때문에 양육자가 여러 번 바뀌는 것에 대한 불편함을 말로

전달할 수 없었던 점이 가장 걱정될 것입니다.

그런데 애착 대상인 주 양육자가 많이 바뀌었다고 해서 그 이유 하나만 가지고 문제가 있다고 단정할 수는 없습니다. 엄마가 출근하기 전에 친정어머니에게 아이의 전반적인 상태를 잘 전달해서 혼란과 불안을 겪지 않았다면 큰 문제가 아닙니다. 그리고 친정어머니가 했던 대로 시어머니가 잘 이어받아서 아이에게 대응했다면 그 또한 걱정하지 않아도 됩니다. 양육자가 바뀌더라도 아이의 울음을 듣고 배고픈 건지, 아픈 건지, 졸린 건지를 허둥대지 않고 잘 대처했다면 아이는 양육자에 대해 신뢰하고 안전함을 느꼈을 겁니다. 그러나 양육자가 자주 바뀌는 동안 한결같기는 현실적으로 어렵습니다.

아이 입장에서 하루 일과가 예측 가능하게 이루어지면 갈등이 벌어질 가능성이 적습니다. 그만큼 일관성 있는 양육은 아이의 애착 형성에 매우 중요합니다. 아이의 일상생활을 되돌아봤을 때 예측 가능한 하루가 아니었다고 생각한다면 아이의 정서 사회성을 중심으로 잘 관찰해야 합니다. 가령, 친구와 어울리기 힘들어 하거나 정서적으로 위축되어 있거나 불안해하는 일이 많다면 만 3세까지 건강한 애착 관계를 형성했다고 보기 어렵습니다.

한편, 아이에게 최악의 경우는 주 양육자가 조울증이나 우울증 같은 정신적인 문제를 겪고 있을 때입니다. 정서가 극도로 불안한 상태여서 자기 기분에 따라 이랬다저랬다 반응하는 변덕스러운 엄마라면 세 명의 양육자를 거쳐 온 환경보다 더 위험하다고 볼 수 있습니다. 양육자의 정서적 일관성은 그만큼 중요합니다.

요즘은 시간제로 아이를 맡길 수 있는 시스템이 있어서 수시로 아이를 맡기는 엄마들이 많습니다. 그런데 그런 시스템을 활용하더라도 같은 보육 교사에게 맡기는 것이 좋습니다. 여러 양육자를 경험하는 것이 아이의 안정 애착에 도움이 되지는 않기 때문입니다.

체중 1.5킬로그램의 미숙아로 태어난 아기들을 관찰한 결과가 있습니다. 인큐베이터에 '아기를 만지지 마세요.'라고 메모를 붙여 놓은 병원이 있었고, 아무런 메모를 붙이지 않은 병원이 있었습니다. '아기를 만지지 마세요.'라는 메모를 붙여 놓은 병원에서는 정말로 아무도 아기를 만지지 않았습니다. 메모를 붙여 놓지 않은 병원에서는 밤에 아기가 울면 간호사들이 가엾다며 등을 토닥여 주기도 하고 안아서 우유를 먹이기도 했습니다. 일정 정도의 시간이 흐른 후 조사 결과를 보니 메모를 붙여 놓지 않은 병원에 있었던 미숙아의 발달이 더 좋았습니다. 간호사들의 신체 접촉이 아기의 애착 욕구를 충족시켰다고 볼 수 있습니다.

아기와 엄마 사이의 애정 어린 신체 접촉은 정서 사회성의 발달과 밀접한 관계가 있습니다. 초기 애착이 소홀하면 정서 사회성의 결핍을 낳아 시간이 흐른 후에 아이가 고생할 수 있다는 것을 유념해야 합니다.

● 한마디 **쏙쏙**

일관성 있는 양육은 아이의 애착 형성에 매우 중요하다.

14 유사 자폐가 의심되는 아이, 이대로 괜찮을까?

#애착 #산만한 행동 #맞벌이 부부

아이를 백일까지 키우고 복직하면서 외가로 보냈습니다. 외가는 서울에서 한 시간 거리에 있고 과수원을 하고 있습니다. 아이는 그곳에서 밭으로 과수원으로 온통 돌아다니면서 잘 지냈습니다. 친정어머니가 낮에 밭일을 할 때는 어린이용 비디오를 틀어서 보게 했는데, 아이가 집중해서 잘 봤고 가끔은 따라 하기도 해서 놀라움을 주기도 했습니다. 그때는 신동 소리도 들었습니다. 아이가 36개월쯤 되었을 때 집으로 데려와 아파트 내의 어린이집에 보냈습니다. 그런데 위험한 행동을 자꾸 해서 몇 번이나 호출을 받았습니다. 지금도 어린이집에서 전화가 오면 심장이 내려앉는 기분입니다. 선생님은 아이가 무분별하고 산만하고 무의미한 행동을 자주 한다고 합니다. 아이는 텔레비전을 볼 때 집중하는 태도를 보이고, 트럭이나 자동차를 좋아합니다. 그런데 선생님은 아이가 자동차를 좋아한다기보다 바퀴를 응시할 뿐이라면서 조심스럽게 유사 자폐의 증세 같다고 하더군요. 정말 유사 자폐의 증세인지 궁금하고, 제가 어떻게 해야 하는지 조언을 듣고 싶습니다.

─────────── **정확한 진단은 검사 후 결과를 봐야 합니다.** 일단 현재까지 아이의 성장 과정을 보면 외가에서 지낼 때 주 양육자가 없었던 것처럼 보입니다. 자유롭게 밭으로 과수원으로 돌아다녔다는 말은 아이를 방치했다는 말로도 들립니다. 또, 아이의 연령에 맞는 그때그때 필요한 자극과 놀이 경험이 부족해 보입니다.

외할머니가 일을 하는 동안 아이에게 비디오를 보여 준 것은 비디오가 베이비시터 역할을 했다고 할 수 있습니다. 트럭이나 자동차를 좋아하는 것은 부모가 사다 준 장난감 자동차나 과수원 주변에서 많이 보았던 트럭에 집착하는 것이 아닐까 싶습니다. 언뜻 유사 자폐처럼 보이지만, 애착이 제대로 형성되지 못한 아이들의 행동 특성이기도 합니다.

어린이집에서 엄마를 호출할 만큼 위험하고 산만한 행동을 자주 하는 것을 보면 충동 조절에도 문제가 있어 보입니다. 가만히 앉아서 우울해하는 아이는 아니지만 결국 한 가지 놀이를 탐색하지 못하고 무의미한 행동을 하는 문제도 있습니다.

전반적으로 아이의 행동을 살펴보면 불안정 애착의 특성으로 보입니다. 엄마가 적극적으로 놀이에 개입하고 어린이집 아이들과 잘 어울릴 수 있도록 사소한 규칙들을 정해 지키도록 해야 합니다. 남과 어울리면서 노는 즐거움은 한순간에 알게 되는 것이 아닙니다. 또래들과 어울려 놀았던 수많은 경험 속에서 깨닫게 되는 것이므로 기회를 만들어 주어야 합니다.

아이는 애착의 결정적 시기라고 할 수 있는 만 2세를 지나쳤습니다. 그렇다고 포기하라는 말이 아닙니다. 지금부터는 양적인 시간보다 아이의 눈높이에 맞춘 질적인 놀이 시간을 가져 애착 형성에 노력하라는 말입니다.

13세기 때 신성 로마 제국의 한 황제가 아기들을 의도적으로 부모와 격리시켜 수녀원으로 보냈다고 합니다. 수녀들에게는 아기와 말도 하지 말고, 만져 주지도 말고, 시간이 되면 우유만 주면서 돌보라는 명령이 떨어졌습니다. 목적은 그렇게 자란 아이들이 어떤 언어를 쓰는지 궁금해서였다고 합니다. 결론이 궁금하다고요? 아이들이 무슨 말을 쓰는지 알 수 없었고, 모든 아이가 다 사망했습니다.

우리 인간은 누군가가 애정을 담아 말 걸어 주고 만져 주고 도닥여 주지 않으면 안 되는 존재로 진화되어 왔습니다. 그 과정을 무시하면 인간으로서의 생존이 어렵다는 것을 보여 준 사례입니다.

● 한마디 쏙쏙
불안정 애착이 형성된 아이는 산만하고 위험한 행동을 한다.

15

주말에만 만나는 아빠,
이대로 괜찮을까?

#주말부부 #역할 분담 #양육 태도

저는 36개월, 15개월 된 두 딸을 두고 있는 아빠입니다. 저희 부부는 주말부부입니다. 아내는 서울에서 한 시간 거리에 있는 장모님 댁에서 두 아이를 키우고 있습니다. 저는 주말에만 가서 아이들과 지내고 옵니다. 저는 아이가 해 달라는 것은 전부 들어주다시피 하는데 요구 사항이 점점 많아져서 힘듭니다. 주말에 해 달라는 걸 안 해 주고 돌아오면 내내 마음에 걸려서 계속 해 주게 되는데, 나중이 걱정됩니다. 그리고 뭐든 다해 줘서인지 모르지만 아이가 매사에 반대로 하는 청개구리가 되었습니다. 추워서 문 닫자고 하면 덥다고 문 열라고 우기는 식입니다. 제가 뭔가 잘못하고 있는 건가요?

─── 주말에만 만나는 애틋함 때문에 아이가 원하는 것을 다해

주고 싶은 아빠의 마음은 이해합니다. 하지만 필요한 경우에는 부드럽지만 단호하게 거절해야 합니다. 아빠의 단호하고 엄격한 표정 속에서 아이는 정의로움과 공정함을 배워 갈 것입니다.

고전에서는 아이들이 아버지를 통해 정의로움과 공정함을 배우고, 어머니를 통해 사랑을 배운다고 하지만, 이 시대에는 부모 모두가 정의로움과 사랑을 느끼도록 노력해야 합니다. 부모의 역할 분담이 아니라 역할 공유의 시대이기 때문입니다. 고전에서는 아버지가 통제하는 역할을 해야 아이의 정서에 도움이 된다고 했습니다. 그 이유는 아버지들은 어머니들처럼 이야기를 길게 늘어놓거나 과거 일까지 들먹이면서 훈육하지 않기 때문입니다. 그래서 아이들은 아버지의 훈육을 깔끔하고 단호하다고 받아들이고, 어머니의 훈육은 길고 지루하다고 느낀다고 합니다.

딸아이가 청개구리처럼 반대로 행동하는 것은 관심을 받기 위해서입니다. 그러니 고민하거나 야단치지 말고 아이에게 관심을 보이면서 이렇게 말해 보세요.

"그렇게 반대로 얘기해서 아빠한테 관심받으려는 거지?"

속마음을 들킨 아이는 아빠와 더 가깝게 느낄 것입니다. 아이의 속마음을 읽어 주는 섬세한 아빠가 되도록 노력하기 바랍니다. 그리고 아이의 청개구리 행동은 주말에만 만나는 아빠로 인해 약간 흥분해서 나타나는 일시적인 현상입니다.

주말부부로 지내면 부부가 서로 주말을 기다리기도 하지만 부담이 된다고들 합니다. 가족은 물 흐르듯이 편안한 마음 상태로 사는 것이 가장 좋습니다. 단지 육아에 도움을 얻기 위해 주말부부로 지내고 있는 상황이라면 네 식구가 모여 사는 것으로 궤도수정을 해 보면 어떨까요? 아빠와 아이들이 아침저녁으로 매일 보면 관심을 받으려는 청개구리 행동은 저절로 해결될 것입니다. 그리고 아이 둘을 함께 키우다 보면 배우자에 대한 고마움과 미안함이 저절로 생기면서 소통하는 부부가 될 것입니다.

● 한마디 **쏙쏙**

필요한 경우에 부모는 부드럽지만 단호하게 거절해야 한다.

16

훈육이 힘든 아이,
어떻게 해야 할까?

#훈육 #체벌 #양육 태도

저는 어린이집 교사입니다. 24개월부터 어린이집에 다니고 있는데 훈육이 힘든 아이가 있어 상담을 청합니다. 처음에 민재는 별 문제 없이 잘 놀았습니다. 그런데 장난감을 가지고 교실 이곳저곳을 다니다가 가끔씩 친구를 툭 치고 지나갔습니다. 단순히 실수인 줄 알았는데 나중에 보니 다분히 의도적이었습니다. 얼마 후부터는 장난감을 친구에게 던지거나 때리는 일이 벌어졌습니다. 바깥놀이를 하다가는 친구를 밀어 넘어뜨리기도 했습니다. 사과를 시키면 미안한 표정 없이 "미안해."라고 말하고, 제가 쳐다보면 무표정한 얼굴로 다른 곳으로 시선을 피하는 일이 다반사입니다.

어느 날, 민재의 등에서 매 자국을 발견했습니다. 어머니에게 물었더니 이렇게 대답했습니다.

"민재가 심하게 떼쓰거나 장난감을 던지면 아빠가 엄하게 혼내요.

자기도 어릴 때 말을 안 들으면 매를 맞았다면서 회초리로 때리죠. 그래서 민재가 아빠 눈치를 많이 봐요. 아빠가 있으면 얌전히 놀아요."

민재가 아빠한테 혼나는 일이 잦기 때문에 엄마는 다 받아 주는 편이라고 했습니다. 그러다 보니 점점 아이의 고집이 세지고 있다며 한숨을 쉬었습니다. 교사로서 제가 민재나 민재 어머니에게 어떤 도움을 줄 수 있을까요?

민재는 정서적으로 열악한 가정 환경에서 자라고 있는 아이입니다. 아빠는 엄한 체벌을 하고 엄마는 정반대로 아이의 요구를 무조건 허용하는 분위기의 환경입니다. 이렇게 일관성 없는 태도로 아이를 양육하고, 기본 생활 교육조차 못 시키는 가정 환경은 아이에게 정서적으로나 교육적으로 아무런 도움이 되지 않습니다. 민재가 어린이집에서 친구들을 때리고, 장난감을 던지는 것은 가정 환경의 영향이 크다고 볼 수 있습니다. 남을 괴롭히는 것은 잘못된 행동이고, 그러면 안 된다는 것을 가르쳐 주는 사람이 없기 때문에 배움의 기회가 없었던 것이지요.

회초리와 엄포로 아이를 훈육할 수는 없습니다. 또, "친구를 때리면 안 돼. 그건 친구를 괴롭히는 거야."라는 말을 한 번 듣고 잘 지키는 아이는 세상에 없습니다. 어른도 쉽지 않은 일을 아이에게 요구할 수는 없는 일입니다. 아이는 잘못된 행동을 다음번에 또

할 것이고 부모는 왜 그러면 안 되는지를 다시 가르쳐야 합니다. 그래도 아이는 다음번에 또 잘못된 행동을 할 것입니다. 그때도 부모는 좋은 말로 왜 그러면 안 되는지를 설명해야 합니다. 그렇게 인내심을 가지고 반복하면 어느 순간 아이의 행동에 변화가 시작됩니다.

회초리 한 번 들지 않고 말만으로 아이를 잘 훈육하는 엄마들이 있습니다. 자세히 관찰해 보면 그 엄마들은 낮은 목소리로 속삭이듯 말하지만 힘이 있고 단호합니다. 목소리가 크고 호랑이 같이 무서운 엄마보다 훨씬 절도가 있습니다. 그 엄마들은 아이의 행동이 한 번에 수정되지 않는다는 것을 알고 있어서 절대 서두르지 않고, 조급해하지도 않습니다. 이런 엄마한테서 자란 아이들은 주먹보다 말의 힘이 크다는 것을 깨닫게 됩니다.

올바른 훈육은 부모의 사랑이 함께할 때 그 효과가 커집니다. 부모 자녀 간의 신뢰 관계가 잘 형성되어 있는 상태에서는 부모가 아이에게 주던 사랑을 잠시 철회만 해도 아이는 민감하게 반응합니다. 요즘 부모와 자녀들은 바쁘다는 이유로 아침저녁에만 잠깐씩 만납니다. 그 짧은 만남 속에서 뭔가를 잘못했다며 아이에게 지적과 훈계를 늘어놓거나 체벌을 해 왔다면 부모로서 깊이 반성해야 합니다. 세상에 공짜로 얻는 것은 없습니다. 특히 자녀 문제는 더욱 그렇습니다. 아이의 긍정적인 변화는 부모의 의도된 계획이 있을 때에만 가능하다는 점을 기억하시기 바랍니다.

17

틱 행동을 하는 아이,
어떻게 해야 할까?

#틱 행동 #양육 태도 #스트레스

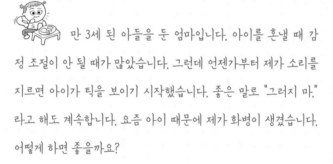 만 3세 된 아들을 둔 엄마입니다. 아이를 혼낼 때 감정 조절이 안 될 때가 많았습니다. 그런데 언젠가부터 제가 소리를 지르면 아이가 틱을 보이기 시작했습니다. 좋은 말로 "그러지 마." 라고 해도 계속합니다. 요즘 아이 때문에 제가 화병이 생겼습니다. 어떻게 하면 좋을까요?

───── **엄마가 자주 화를 낼 경우에 아이의 틱 행동이 나타날 수 있습니다.** 틱은 자신도 모르게 얼굴, 목, 어깨 등의 신체 일부분을 갑작스럽고 빠르게 반복적으로 움직이거나(운동 틱), 이상한 소리를 내는 것(음성 틱)으로 그 증상은 매우 다양합니다. 운동 틱과 음성 틱을 같이 쓰는 경우는 뚜레트 증후군이라고 합니다.

아이에게 틱 증상이 나타났을 때 "너, 왜 자꾸 그러니?"라고 지적하는 것은 옳지 않습니다. 증상을 지적하게 되면 틱은 더 강화됩니다. 그러면 횟수가 더 늘어나거나 다른 형태로 바뀔 수 있습니다.

전문가들은 어릴 때 싫은 자극이 지속적으로 주어지면 아이는 틱을 하면서 나름대로 스트레스를 풀게 된다고 합니다. 아이에게 갑작스럽게 틱 증상이 나타나면 엄마의 양육 태도나 교육 방식에 문제가 없는지 점검해 보고 하루 빨리 고치도록 노력해야 합니다.

틱 장애는 부모의 양육 태도에 많은 영향을 받습니다. 특히 과잉보호가 심한 부모, 통제나 간섭이 심한 부모, 너무 엄하거나 권위적인 부모는 긴장감이나 적대감, 분노, 스트레스를 유발시켜 틱 증상을 표출시킬 가능성이 높습니다. 따라서 아이에게 스트레스를 주는 환경을 개선해 주고, 심리적 안정감을 주어야 합니다. 아이에게 자기감정을 표현할 수 있는 분위기를 만들어 주고, 칭찬과 따뜻한 격려를 하는 긍정적인 양육 태도를 취해야 합니다.

틱 증상은 일시적으로 나타났다가 자발적으로 사라지는 가벼운 경우도 있지만 소아 정신과에서 치료를 받아야 하는 심각한 경우도 있습니다. 치료가 된 후에도 비슷한 스트레스를 경험하면 다른 틱으로 다시 나타나는 경우도 있습니다.

화를 잘 내고 감정 조절이 안 되는 엄마들은 자신이 언제 또 그런 행동을 하게 될지 몰라 두려워합니다. 성격이 하루아침에 변하는 게 아니어서 두려울 수밖에 없습니다. 가족은 혼자가 아니므로 늘 개개인의 역동성과 상호 작용을 생각해서 행동해야 합니다.

18 큰 사고를 겪었던 아이,
어린이집에 가도 괜찮을까?

#과잉보호 #퇴행 #트라우마

26개월 된 아이의 엄마입니다. 아이가 생후 9개월에 침대에서 떨어져 기절한 적이 있고, 자동문에 팔이 끼어 다친 적도 있습니다. 그런 사고를 겪다 보니 어느새 과잉보호를 하게 되었습니다. 아이는 다친 기억 때문인지 모르지만 겁이 많은 편이고 울 때는 땀까지 뻘뻘 흘립니다. 주변에서는 제가 과잉보호를 해서 대소변 가리기도 안 되고 아이가 더 퇴행하는 것 같다면서 어린이집에 보내라고 합니다. 이런 상태에서 아이를 어린이집에 보내도 되는지 알고 싶습니다.

~~~~~~~~~~ 26개월이라면 자라면서 좋아질 수도 있으니 좀 더 시간을 두고 지켜보는 것이 좋겠습니다. 침대에서 떨어지고 자동문에 팔이 끼는 등의 사고를 겪은 아이를 엄마가 과잉보호를 한 면도 있어 보입니다.

36개월부터는 놀이 치료가 도움이 됩니다. 놀이 치료를 받으면서 과거의 경험을 반복적으로 재현하다 보면 두려움이 실제로 많이 감소합니다. 물론 한두 차례 치료받아서는 그 효과를 보기 힘들지만, 꾸준히 놀이 치료를 받으면 서서히 정상으로 회복될 수 있습니다.

대소변 가리기는 36개월까지는 잘 되지 않아도 정상으로 봅니다. 30개월부터 서서히 대소변 가리기를 시도하면 될 것 같습니다.

아기 때부터 여러 번의 사고로 위축되어 있는 아이입니다. 그것을 감안해서 어린이집 생활은 만 48개월 이후에 시작할 것을 권하고 싶습니다. 엄마와 좀 더 친밀해져서 정서적으로 안정을 찾은 뒤에 시작하는 게 아이에게 좋습니다. 지금 상태에서 어린이집 생활을 시작하면 아이들과 어울리는 데서 어려움을 겪을 가능성이 있습니다. 아이에게 의도치 않은 좌절감을 경험시킬 수 있다는 말입니다.

집에서 엄마와 지내는 동안 동네 아이들 중 한두 명과 친한 사이가 되도록 기회를 만들어 주시기 바랍니다. 처음에는 아이의 경계심이 유난히 심할 수 있습니다. 문제가 있어서가 아니라 자기 방어 기제로 스스로 안정감을 유지하기 위해서 그러는 것이니 염려하지 않아도 됩니다.

이럴 때는 부모가 요령 있게 처음 보는 사람과 상호 작용하는 모습을 보여 주면 좋습니다. 물론 계획이 필요합니다. 처음 보는 사람과는 안전거리 60센티미터 정도를 두고 친절하게 대화를 나누는 모습을 보여 줍니다. 서로 음식을 나눠 먹으면서 이야기를 나누는 것도 좋습니다. 어느 정도 시간이 지나면 아이가 그 사람을 안전한 사람으로 생각할 것입니다.

아이한테 하면 안 되는 행동도 있습니다. 예를 들면, 처음 보는 사람인데 아이 얼굴에 예쁘다고 뽀뽀하는 행위라든지, 너무 큰 소리로 이야기해서 아이를 놀라게 하는 행위라든지, 아이 손이나 발을 덥석 만진다든지 하는 행위는 피해야 합니다. 아이 입장에서 보면 받아들일 준비가 안 된 행동들이기 때문입니다.

● 한마디 **쏙쏙**

어린이집 생활은 아이가 정서적으로 안정된 후에 시작하는 게 좋다.

19

말이 느린 아이,
어떻게 해야 할까?

#말이 느린 아이 #상호 작용 #양육 태도

26개월 된 딸아이의 엄마입니다. 아직 '엄마', '아빠', '아파', '치즈', '잘자', '가자', '바이바이', '차' 정도의 단어만 말할 줄 압니다. 말을 잘 못해서 그런지 뭔가 마음대로 안 되면 소리를 지릅니다. 제 마음이 편할 때는 잘 받아 주지만 아닐 때는 무관심하거나 반응을 하지 않을 때도 있습니다. 가끔은 저부터 우울증 치료를 받아야 하는 게 아닌가 하는 생각도 합니다. 아이한테 언어 장애가 있으면 어쩌나 하는 불안감도 있습니다. 아이는 제가 말하면 알아듣지만 대답은 잘 안 하고, 아주 기분 좋을 때에만 간단히 대답합니다. 어디서부터 문제를 풀어 가야 할지 조언을 듣고 싶습니다.

아직 아이가 26개월밖에 되지 않았으니 일단 36개월까지는 **지켜보기 바랍니다.** 일 년 동안 아이와 어떤 상호 작용을 하느냐에 따라 상황은 많이 달라질 것입니다.

아이에게 언어적 자극을 많이 주어야 합니다. 수다쟁이 엄마가 되라는 말입니다. 책을 읽어 주다가도 아이가 질문하면 좋은 생각이라고 칭찬하면서 대화를 이어 가십시오. 엄마의 질문에 아이가 답을 하면 왜 그런 생각을 하게 되었는지도 물어보십시오. 아이가 무슨 말로 어떻게 대답하든 관심을 기울여 주고 호응해 주어야 합니다. 그동안 아이에게 "틀렸어.", "안 돼.", "조용히 해." 같은 부정적인 말로 무안을 주었다면 앞으로는 절대 그러지 마십시오.

말이 느린 아이에게 제일 중요한 것은 엄마의 '집중'입니다. 아이가 무엇을 보고 말하는지, 기분은 어떤지 잘 관찰해야 합니다. 그 다음은 아이가 보고 느끼는 것에 대해 교류해야 합니다. 예를 들면, 아이가 꽃을 보고 코로 냄새를 맡는 행동을 하면 "어떤 냄새가 나니?"라고 하면서 아이 행동을 따라 해 보는 것입니다. 아이가 고개를 내저으면 엄마도 따라 하면서 "잘 모르겠구나?"라고 말하면 서로 소통이 되는 것입니다. 이런 식으로 자기 마음과 기분을 알아주면 아이도 엄마를 좋아하게 되면서 말이 늘기 시작합니다.

또, 말이 느린 아이에게는 길게 말하는 것보다 짧고 명료하게 말하는 게 좋습니다. 가령, 아이가 "엄마! 밥."이라고 말한다면 "밥 줄게!" 혹은 "밥 줘요?"라고 짧고 명료하게 말해야 합니다. 아이가 냠냠 먹는 행동을 보인다면 엄마도 냠냠 먹는 행동을 따라 하면서 "배고프구나?"라고 반응해 주세요. 이런 경험이 쌓이는 동안 아이는 말이 소통의 수단임을 알게 됩니다. 그리고 자기 기분을 알아주는 엄마와 얘기하고 싶어질 것입니다.

그러나 엄마에게 우울증이 있다면 아이와 정서적으로 긴밀한 상호 작용을 하기 힘듭니다. 따라서 전문가에게 상담을 받아 보기 바랍니다. 소아 우울은 100퍼센트 엄마의 우울증에서 옵니다. 아이 입장에서 보면 집 안의 분위기는 엄마에게 달려 있습니다. 얼마나 밝고 활기찬 생활을 하는지는 엄마 자신이 잘 알고 있을 것입니다. 엄마들은 아이를 위해서라도 자신을 사랑해야 합니다. 남들에게는 이기적으로 들릴지 모르지만 그것만이 해답입니다. 엄마가 신나면 그 가정이 신납니다. 그런 분위기에서 아이들은 건강하게 자랍니다. 삶의 답은 멀리 있지 않습니다. 엄마가 자신을 사랑하면 결국 아이와 가족이 건강해집니다.

가족은 이타주의적인 마음을 가지고 늘 베풀고 기다려야 합니다. 그런 과정에서 엄마가 지치거나 우울해지면 모든 것이 어긋나게 됩니다. 엄마 자신이 '난 행복한 사람'이라는 자기 최면을 걸고 사는 것이 이타주의적인 마음 자세일 수 있습니다.

생각이 바뀌면 모든 것이 다르게 보입니다. 그런데 생각을 바꾸는 것은 누구나 쉽게 할 수 있는 일이 아닙니다. 모든 엄마들이 아이를 돌보고 집안일을 합니다. 그런데 어떤 엄마는 즐거운 마음으로 하고 어떤 엄마는 마지못해 합니다. 같은 일을 하지만 어떤 사람은 결과물로 병을 얻기도 합니다.

즐겁게 일하는 사람의 뇌에서는 세로토닌이 나와서 행복해지고, 스트레스를 받으면서 억지로 일하는 사람의 뇌에서는 코티졸이

나와서 몸에 나쁜 영향을 준다는 보고가 있습니다. 따라서 엄마가 일단 행복해지려고 노력하고 아이와 일상생활을 즐겁게 보내기 바랍니다. 요즘은 우울증이 예전보다 흔한 병이 되었습니다. 감기처럼 조금만 방심해도 우울감에 빠질 수 있습니다. 어느 날 갑자기 누구에게나 찾아올 수 있는 만큼 스스로 자기의 마음 상태를 들여다보는 노력이 필요합니다.

● 한마디 **쏙쏙**

말이 느린 아이에게는 짧고 명료하게 말해야 한다.

20

스킨십이 부족한 아이,
어떻게 해야 할까?

#스킨십 #어린이집 #교사 상담

만 3세 반을 맡고 있는 어린이집 교사입니다. 학기 초에 한 어머니가 부탁을 했습니다. "선생님, 하루에 세 번만 저희 아이를 안아 주면서 사랑한다고 말해 주세요." 그 이유는 자신이 누구에게 속마음을 잘 표현하지 못하는 성격이라 아이한테도 사랑한다는 말을 잘 못한다는 것이었습니다. 그냥 어머니의 부탁을 들어 주는 게 맞는지요? 혹은 교사로서 제가 어머니에게 다른 조언을 해야 할까요?

스킨십이 아이에게 매우 중요하다고 생각하는 부모도 있고, 그렇지 않다고 생각하는 부모도 있습니다. 스킨십을 매우 적극적으로 하는 부모가 있는 반면, 마음이 있어도 스킨십을 어려워하는 부모도 있습니다. 그런데 이유를 불문하고 스킨십은 적극적으로 자주 하는 것이 아이의 성격 발달에 좋습니다. 스킨십을 많이 받은 아이는 정서적으로 안정되어 있기 때문입니다.

아이가 세 살까지는 부모가 야단을 치기보다 안아 주고 토닥여 주어야 정서가 안정됩니다. 안아 주고 쓰다듬어 주면 촉각을 통해 아이의 뇌에서 세로토닌, 즉 엔도르핀 같은 물질이 분비되어 기분이 좋아지고 마음이 안정됩니다. 그때 분비된 세로토닌은 어디엔가 비축되어 있다가 아이에게 위기 상황이 닥치면 그 위기에 대처할 수 있는 힘으로 작용합니다. 따라서 아이를 위기 대처 능력자로 키우고 싶다면 꾸짖고 야단치는 대신 칭찬해 주고 자주 안아 주십시오.

아이가 여덟 살이 되어 초등학교에 들어가면 유치원과 달리 지켜야 할 규칙이 많아집니다. 또, 생활이 교과 중심으로 바뀌기 때문에 학교생활에 혼란을 느낍니다. 간혹 학교생활이 마음에 안 드는 아이는 학교를 바꿔 달라고도 합니다. 학원을 바꾸듯이 학교도 바꿀 수 있다고 생각해서지요. 이런 시기일수록 학교생활의 긴장감을 덜어 줄 수 있는 엄마의 따뜻한 스킨십과 위로가 필요합니다.

스킨십을 부탁받았던 선생님에게 이렇게 조언하고 싶습니다.

"아이 인생에서 결정적인 시기인 만큼 선생님이 힘들더라도 적극적으로 안아 주고 사랑한다고 말해 주세요. 어머니의 간절한 부탁 때문이 아니라 아이의 인생을 위해서 말이지요."

어렸을 때 부모의 스킨십이 부족하면 아이에게 심리적 허기가 생깁니다. 심리적 허기를 달래기 위해 아이들은 게임 중독, 스마트폰 중독에 빠집니다. 아이의 중독을 들여다보면 부모의 무관심이 원인일 때가 많습니다. 사랑의 반대 개념이라 할 수 있는 무관심은 사람을 병들게 합니다. 연구 결과에서는 아이의 중독도와 가정 기능 장애의 연관성이 크다고 지적합니다. 중독성이 심각한 아이들은 한 부모 가정, 엄마와 시간을 적게 갖는 가정, 아이들과 TV를 함께 보는 시간이 적은 가정, 유년기부터 스마트폰 영상을 많이 본 가정으로 밝혀졌습니다. 결론적으로 중독 예방을 위해서는 아이가 어렸을 때부터 원하는 것을 쉽게 주기보다는 함께하는 시간을 늘리는 것을 고민해야 합니다.

예를 들면 토요일 오전에는 온 가족이 동네 뒷산에 가서 운동을 하고, 중간 지점에서 가져간 책을 30분 정도 읽고 이야기를 나누거나, 한 주 동안 좋았던 것, 싫었던 것, 고민거리를 얘기하고 내려오는 것입니다. 혹은 아이들이 좋아하는 식당에 가서 점심을 먹고 집에 돌아오기와 같은 가족 프로그램을 만드는 것입니다. 일요일 오후에는 동네 책방이나 대형 서점에 가서 책 사기와 학용품 사기를 해도 좋습니다. 또 몇 달에 한 번은 캠프장에 가서 게임도 하고 바비큐 파티도 하고 라면도 끓여 먹으면서 가족 간의 돈독한 시간을 만들어 보십시오. 이런 시간들 속에서 아이들에게 충분한 스킨십을 해 주고 따뜻하게 안아 주기, 눈 마주치며 웃어 주기, 토닥토닥 등 두드려 주기, 사랑한다고 말해 주기 등을 생활화한다면 그것이 중독 예방의 첫걸음이 될 것입니다.

3장

{ 거짓말하거나
잔소리를 부르거나
4~5세 아이들 }

1

잔소리하는 엄마, 이대로 괜찮을까?

#잔소리 #경청 #양육 태도

만 4세 아들을 둔 엄마입니다. 저는 아이가 천천히 말하는 것을 인내심을 가지고 끝까지 듣지를 못합니다. 주변에서는 제가 아이의 말이 끝나기도 전에 예측해서 말하는 편이라고 합니다. 그리고 정말로 인정하기 싫은데, 제가 아이에게 잔소리를 많이 한다는 지적도 받습니다. 저한테 문제가 있는 걸까요?

만 3세를 전후해서 아이들의 말수가 부쩍 늘어납니다. 말잘하는 아이로 키우고 싶다면 먼저 아이 말을 잘 들어 주어야 합니다. 잘 들어 주고 싶지만 할 일이 많고 아이 말이 거의 뻔한 내용이라 미리 예측해서 말하게 된다는 엄마들이 있습니다. 그런 엄마들은 아이 말의 앞부분만 듣고서 습관처럼 대화를 마무리하는 경우가 많습니다. 그러나 아이가 말이 다소 느리고 서툴더라도 하고자 하는 말을 끝까지 다 들어 주고 나서 적절하게 대답해야 합니다. 이것이 의사소통의 기본이고 시작입니다.

먼저 아이 말에 귀 기울이고 끝까지 잘 들어 주는 연습이 필요합니다. 현대인들이 과거보다 더 외롭고 고독한 이유가 남의 말을 잘 듣지 않고 자기 말만 하는 데 급급해서라는 말을 들은 적이 있습니다. 아이든 어른이든 자기 말을 귀담아 들어 주지 않으면 답답하기는 매한가지입니다. 아이 말을 끝까지 들어 주지 않고 상호 작용하다 보면 아이도 부모의 말을 귀담아 듣지 않습니다. 결과적으로 부모 자식 간의 대화가 겉돌 수밖에 없습니다. 그러다 보면 부모들이 잔소리해야 하는 일이 자주 생깁니다. 물론 아이 말에 귀 기울이고 믿어 주는 것으로 모든 일이 해결된다는 말은 아닙니다.

가장 중요한 것은 아이 말에 귀 기울이는 부모의 태도입니다. 요즘은 유창한 말로 남을 설득하는 능력보다 남의 말에 귀 기울이며 공감하는 태도를 더 높게 평가합니다. 공감은 남의 말을 잘 듣는 데서 시작됩니다. 공감이 되면 상대방의 말을 지지하게 되고, 어느 순간 서로의 관계가 아주 가까워집니다.

상대방의 의견이 내 생각과 다르다면 인내심을 가지고 끝까지 경청하는 태도가 더 중요합니다. 반론은 경청한 뒤에 해야 효과적입니다. 그러면 두 사람의 관계가 크게 나빠지지 않습니다. 대화나 토론은 잘 듣는 데서 시작해야 결과도 좋습니다.

유대인들은 세 살 때부터 토론을 시작한다고 합니다. 유대인 부모는 『탈무드』에서 아이들의 눈높이에 맞는 토론 주제를 매일매일 찾습니다. 아이들은 그 주제에 대한 자신의 생각을 이야기하고, 다른 사람의 생각을 듣습니다. 이런 과정 속에서 아이들은 자기 생각의 옳고 그름을 떠나 상대방에게 불쾌감을 주지 않으면서 편안하게 토론하는 문화를 배우게 됩니다.

어릴 때부터 키워지는 유대인들의 듣기 문화가 부럽다는 생각이 듭니다. 우리 아이들도 듣기 능력을 키울 수 있는 기회를 만들어 주기 바랍니다.

● 한마디 **쏙쏙**

귀 기울이고 끝까지 들어 주는 것도 연습이 필요하다.

2

자꾸 거짓말을 하는 아이, 어떻게 해야 할까?

#거짓말 #상상력 #양육 태도

만 5세 된 딸아이가 자꾸 거짓말을 합니다. 거짓말이 습관으로 굳어질까 걱정입니다. 어린이집을 다닐 때는 하루 일과 도 얘기하고 선생님 흉내도 내고 활발했는데, 유치원에 가서는 말 수도 없고 소극적이 되었습니다. 인사도 잘했었는데 이제는 고개 만 까닥입니다. 유치원 적응에 문제가 있어서 거짓말을 하는 건가 싶은 생각도 듭니다. 가끔 아침에 유치원에 가기 싫다고 떼쓰며 울 기도 합니다. 무슨 문제가 있는 걸까요?

아이가 거짓말을 한다고 걱정하는 부모들이 꽤 있습니다. 그러나 네댓 살 아이가 하는 거짓말은 어른들이 생각하는 만큼 나쁜 것이 아닙니다. 아이의 풍부한 상상력을 언어가 뒷받침해 주 지 못해 자신의 생각을 얘기하다 보니 말이 길어지고 과장이 섞이

6

게 되는 것입니다.

간혹 "너 거짓말하는 거 다 알아. 자꾸 거짓말하면 다시는 네 말 안 믿어 줄 거야."라고 말하는 부모들도 있습니다. 그렇게 불신하는 태도를 보이면 아이는 부모의 관심을 얻기 위해 또 다른 거짓말을 하게 됩니다. 그러니 아이의 거짓말을 너무 심각하게 받아들이거나 필요 이상으로 반응하지 마십시오. 거짓말이 왜 나쁜지를 이해시키면 아이 스스로 책임감을 느껴 점점 하지 않게 될 것입니다.

부모가 거짓말하는 모습을 보고 아이가 배우는 경우도 있습니다. 가령, 아이가 무엇을 사 달라고 졸랐을 때 "내일 사 줄게."라는 말로 그 상황을 넘길 때가 있습니다. 또, 전화를 받기 귀찮다는 이유로 "엄마 지금 바쁘다고 해."라고 아이에게 거짓말을 시키는 경우도 있습니다. 이런 경험이 쌓이다 보면 아이는 거짓말하는 것에 대해 아무런 죄의식을 느끼지 않게 됩니다.

아이가 어떤 잘못을 했을 때도 조심해야 합니다. "누가?", "왜?"라고 다그쳐 물어보면 아이가 또 다른 거짓말을 할 수도 있기 때문입니다. "넌 가만히 있는데 우유가 쏟아졌다고? 그랬구나."라고 말하는 게 오히려 아이의 거짓말을 막을 수 있는 방법입니다.

아이가 유치원에 잘 적응하지 못하는 것은 재미를 못 느껴서라고 생각합니다. 재미가 없으니 유치원에 가기 싫다고 우는 것이지요. 이런 일이 지속된다면 아이가 유치원에서 불쾌한 경험을 했거나 억울한 일이 있었거나 기분 상하는 일이 있었는지 알아보기 바랍니다. 만약 그런 일이 있었는데 아무도 위로해 주지 않았다면 감정이 쉽게 풀리지 않을 테니까요.

이런 경우라면 4단계의 절차를 밟아 보십시오.

첫째, 아이와 대화해서 문제의 원인이 어디에 있는지 대충이라도 찾아내도록 하십시오.

둘째, 문제 원인이 기분 나쁜 경험이라면 원장 선생님이나 담임 선생님에게 상담을 신청하여 함께 대책을 강구하십시오.

셋째, 두 가지 경우가 다 아니라면 사전에 유치원의 동의를 얻어 참관을 반나절 정도 해서 문제의 원인을 찾아보십시오. 이때 유치원의 도움을 구해 선생님의 의견 외에 아이와 친하게 지내는 아이들의 이야기도 들어 보면 좋습니다.

넷째, 아이마다 개인차가 있지만 유치원 적응은 6개월에서 1년 정도의 시간을 두고 지켜봐야 합니다. 요즘은 어린이집을 다니다가 유치원에 들어오기 때문에 6개월 정도만 지켜봐도 아이가 받는 스트레스의 원인을 알아낼 수 있습니다.

● 한마디 쏙쏙
아이가 잘못했을 때 다그쳐 물으면 거짓말을 할 수도 있다.

3 뻔한 거짓말을 하는 아이, 어떻게 해야 할까?

#거짓말 #애정 결핍 #양육 태도

38개월 된 딸아이의 엄마입니다. 아이가 얼마 전부터 몰래 립스틱을 바르며 장난을 칩니다. 안 된다고 해도 소용없습니다. 요즘 뻔히 보이는 거짓말도 많이 합니다. 거짓말이라기보다 아는 것도 모른다고 할 때도 많습니다. 뭐가 문제일까요?

아이에게 너무 많은 제약을 하고 있는 것은 아닌지 살펴보십시오. 이 시기의 아이들은 이것저것 만지고 탐색하고 궁리합니다. 그런데 하루 종일 아이를 돌봐야 하는 엄마들은 그런 행동을 성가신 일로 보는 경우가 많습니다. 그럴 때마다 "그러면 안 돼."라고 제재한다면 아이가 힘들어집니다. 정말 만지면 안 되는 화장품은 아이 손이 닿지 않는 곳에 두십시오. 그리고 아이가 가지고 놀아도 되는 것들은 그대로 두십시오. 아이가 립스틱을 바르면서 마음껏 탐색하고 놀게 했다가 엄마가 지워 주는 것도 나쁘지 않습니다.

어떤 엄마는 다 쓴 화장품 용기를 키 순서대로 진열해 두었다고 합니다. 예상했던 대로 아이는 그 앞에 한참을 앉아서 뚜껑을 열고 닫는 데 집중했습니다. 그리고 드디어 뚜껑을 열게 되었을 때 엄청나게 흥분한 얼굴로 엄마에게 달려와 자랑했습니다.

"엄마! 이거 내가 열었어!"

"어머나, 세상에! 이걸 네가 어떻게 열었니? 대단하구나!"

엄마는 미리 준비했던 대로 아이를 칭찬해 주었습니다.

이 시기의 아이들은 늘 마음속으로 뭔가를 하고 싶어 합니다. 그런데 하고 싶은 대로 했다가는 엄마한테 야단맞을 게 뻔합니다. 그래서 자꾸만 거짓말을 하게 되는 것입니다.

내적인 소원이 실제로 충족되지 않는 아이들은 거짓말을 하여 무의식 속에서 충족시키는 경우가 있습니다. 예를 들면, 아이가 정말로 갖고 싶어 하는 인형이 있다고 칩시다. 그런데 엄마가 절대로 사 주지 않을 것이 확실해지면 그 다음부터 거짓말을 하게 됩니다. 가정에서 부모에게 억압된 아이들은 그 기간이 길어지면 거짓말하는 성격으로 자리 잡을 수 있습니다.

아이가 들을 때 특히 힘든 꾸중이 있습니다. 꾸중할 일이 있더라도 이 방법들을 피하기 바랍니다.

첫째, 부모의 권위로 위협하는 위협형 꾸중입니다. 예를 들면 "또 한 번 그러면 집에서 쫓아낼 거야.", "다시 또 그러면 너만 두고 할머니 집에 가 버릴 거야."라고 협박하는 경우입니다.

둘째, 가장 흔히 쓰는 비교형 꾸중입니다. 형제자매끼리 비교하거나 아이의 친구와 비교하면서 "너는 왜 못해?"라고 다그치는 경우지요. 이런 꾸중은 아이를 위축시키고 열등감을 키웁니다.

셋째, 차분한 성격의 엄마들이 많이 하는 나열형 꾸중입니다. 아이가 뭔가를 잘못했을 때, 그동안의 잘못을 하나하나 끄집어내어 지적하는 경우지요. 이런 꾸중을 받은 아이는 자신이 문제만 일으키는 문제라고 느낄 수 있습니다.

넷째, 비웃듯이 하는 조소형 꾸중입니다. 예를 들면 "백 점은 기대도 안 해. 재시험이나 보지 마."라고 말하는 경우입니다. 이런 꾸중을 들으면 자극을 받을 거라고 오해하는 엄마들이 많습니다. 단언컨대, 아이와 관계만 나빠질 뿐입니다.

다섯째, 똑같은 잘못을 저질러도 부모가 기분이 좋은 날에는 괜찮다고 하고, 기분이 나쁜 날에는 야단치고 벌을 세우는 변덕형 꾸중입니다. 부모의 정서가 변덕스러운 경우에 일관성 없는 태도를 보이는데, 아이에게는 혼란만 주게 됩니다.

세상에 완벽한 부모는 없습니다. 아이에게 완벽하게 모범을 보이는 부모도 찾아보기 힘듭니다. 하지만 아이를 힘들게 하는 꾸중을 피하기만 해도 좋은 부모가 되는 길에 들어설 수 있습니다.

● 한마디 쏙쏙

부모에게 억압된 아이들은 거짓말하는 성격이 될 수 있다.

4

말 더듬는 아이,
어떻게 해야 할까?

#말 더듬 #조기 점검 #양육 태도

 만 5세 된 아들의 엄마입니다. 아이가 성격이 급해서인 지 말을 더듬습니다. 다른 집 아이들은 재잘재잘 떠들면서 웃기도 하는데 우리 아이는 늘 심각하고 조금이라도 다그친다 싶으면 눈치를 보면서 입을 닫습니다. 답답해서 제가 소리를 지를 때도 있는데 그러면 말을 더 더듬고 눈치를 살핍니다. 가만히 보면 대답할 말이 없어서 그러는 것 같지 않은데 왜 그렇게 말하는 걸 힘들어하는지 모르겠습니다. 주변에서는 아이에게 심리적인 문제가 있는게 아니냐고 조심스럽게 묻기도 합니다. 그러다 보니 아이와 있다가 답답함이 커지면 호되게 야단칠 때도 있습니다. 가끔은 제가 아이의 마음을 병들게 하는 건 아닌가 하는 고민도 됩니다. 조언을 부탁드립니다.

아이가 말을 더듬는 데는 몇 가지 이유가 있습니다. 아이의 성격이 급할 수도 있지만, 부모나 가족들이 서두르지 않았는지 점검해 보십시오. 아이의 성격이 급해서 말을 더듬는 경우, 실상을 들여다보면 말을 끝까지 들어 주지 않고 주변 사람들이 대신 말을 이어가는 것이 원인일 때가 많습니다. 따라서 아이가 천천히 말할 수 있도록 기다려야 합니다. 말 더듬는 버릇이 차츰 나아질 것이라는 믿음과 서두르지 않는 인내심을 가져야 합니다. 간혹 말 더듬는 것이 답답하다고 야단을 치는데 그러면 점점 더 고치기 힘듭니다.

한편, 장애가 원인이 되어 말을 더듬는 경우도 있습니다. 그러므로 병원에 데려가서 아이의 발음에 문제가 있는지 점검해야 합니다.

아이의 능력보다 부모의 기대가 큰 것도 말 더듬는 원인이 될 수 있습니다. 첫아들인 경우나 시험관 아기로 10년 만에 얻은 아이의 경우를 예로 들 수 있습니다. 다자녀 가족의 첫째 아이는 아들이든 딸이든 부모의 기대가 커서 그 부담감에 말을 더듬기도 합니다. 심리적인 문제의 경우에는 아이의 마음을 읽어 주고 눈높이에 맞는 기대와 사랑으로 부담을 덜어 주기만 해도 서서히 좋아집니다. 아이의 말은 마음을 대변하는 최종적인 결과물이기 때문에 먼저 부모가 아이의 마음을 읽어 주는 과정을 잘해야 합니다. 아이의 마음에 불안감이 없고 편안하다면 서둘러 말할 필요도 없고 더듬을 일도 없을 것입니다.

부모는 아이의 상태를 총체적으로 살펴야 합니다. 부모가 보고 싶은 대로 보거나 기대하는 대로 보지 말고 아이의 진짜 모습을 봐야 한다는 말입니다. 가끔 실상을 인정하기 싫어 피하는 경우가 있는데, 시간이 지나고 나면 그 실상을 받아들이는 게 정답이었다고 후회합니다. 가끔 "내 아이는 부모인 내가 제일 잘 안다."라고 말하며 의사 역할을 하려는 부모들이 있는데 절대 조심해야 할 태도입니다.

 제대로 알기 · 3 ─────────────

아이에게 해서는 안 되는 말 습관 TOP 8

1. "너는 왜 그렇게 머리가 나쁘니?"

이런 말을 자주 듣게 되면 '난 머리가 나빠서 되는 일이 없어.'라고 자기 암시하는 경향이 생깁니다. 결국 무슨 일이든 중간에 의욕을 잃을 가능성이 커집니다.

2. "너 같은 아이는 내 자식이 아니야.'

이런 말을 들으면 부모로부터 버림받았다는 느낌이 듭니다. 아이에게는 치명적인 말입니다. 또 '언젠가 부모님한테 버림받는 게 아닐까?', '부모님한테 사랑받지 못하면 어떡하지?'와 같은 불안감이 생길 수 있습니다. 어른이 생각하는 것보다 훨씬 더 치명적인 타격을 주는 말이라는 것을 기억하십시오.

3. "너는 아무 짝에도 쓸모없어."

아이의 가능성을 부정하면 부모 자녀간의 신뢰 관계가 완전히 무너집니다. 그런 상태에서 교육 효과를 기대하는 것은 어불성설입니다.

4. "초등학생이 꼭 유치원생 같잖아."

아이가 나잇값을 못한다며 이렇게 비아냥거리는 부모가 있습니다. 그러면 아이는 그 유치함에서 빠져나오지 못합니다. 다른 곳에서 그런 말을 듣고 오더라도 "엄마는 그렇게 생각하지 않아. 엄마는 널 믿어."라고 격려하고 위로해 주십시오.

5. "지금은 공부 중이니까 나중에 놀아라."

친구가 놀자고 왔는데 이렇게 말하면 아이는 굴욕감을 느낍니다. 특히 초등학생인 경우에는 자기 집에서 독립된 인격체로 인정받지 못하는 것을 친구가 알게 되었다고 창피해합니다.

6. "별일이네. 오늘은 해가 서쪽에서 뜨겠구나."

가벼운 농담이라도 아이의 노력을 깎아내리는 말을 하면 안 됩니다. 아이는 무시당했다고 생각해 마음에 상처를 입습니다.

7. "엄마 마음을 모르겠니?"

아이에게 애정을 확인하려고 강요하지 마세요. 아이는 감사함보다는 오히려 성가시고 귀찮다고 여깁니다. 엄마가 이런 말로 다그치면 아이는 애정의 대가를 요구한다고 생각해 반발심이 더 커질 수 있습니다.

8. "아까는 너무 심하게 꾸짖어서 미안해."

한 번 꾸짖은 것에 대해 사과하지 않도록 노력하십시오. 야단맞고 풀 죽어 있는 모습이 안쓰럽다고 생각해 바로 직전의 일을 사과하면 아이는 부모의 행동이 이치에 맞지 않다고 생각합니다. 오히려 부모는 정말로 아이의 행동에 화가 나서 꾸짖었다는 자세로 일관해야 합니다. "네 잘못한 행동이 싫은 거지 네가 미운 건 아니야."라고 나중에 말해 줄 수는 있습니다.

● 한마디 쏙쏙

말 더듬는다고 야단치면 점점 더 고치기 힘들어진다.

5 난폭하게 행동하는 아이,
어떻게 해야 할까?

#난폭한 행동 #강압적인 부모 #양육 태도

만 4세 된 딸아이의 엄마입니다. 아이가 어린이집에만 가면 행동이 과격해집니다. 툭하면 친구를 꼬집고 때리고 친구가 가지고 노는 장난감을 빼앗는다고 합니다. 집에서는 얌전한데 왜 어린이집에만 가면 난폭해지는 걸까요?

아이들이 싸우는 것은 자연스러운 일입니다. 학교에 들어가기 전의 아이들은 자기중심적인 사고를 하고, 자기 기분에 따라 행동하기 때문에 싸움이 자주 일어납니다. 아이들 싸움에 어른들이 지나치게 개입할 필요는 없습니다. 단, 공격적인 행동으로 진행되지 않도록 적절히 중재해 주고, 싸우고 화해하는 과정을 통해 서서히 친사회적 성향을 키울 수 있도록 지도하면 됩니다.

약간 변덕스럽고 욕심이 많아지는 것도 발달의 한 과정입니다.

그러나 공격적인 성향이 너무 심하다면 고쳐 주어야 합니다. 공격적인 성향은 분노의 강한 표현으로 아이의 욕구 불만에서 나오는 경우가 많습니다. 가령 부모의 통제가 심한 경우, 집 안에서는 얌전한 아이가 부모의 통제를 벗어난 밖에서는 친구를 때리면서 불만을 터뜨리는 경우가 있습니다. 자기가 원하는 것을 얻기 위해서는 화를 내고 난폭해져야 한다고 생각하기 때문입니다. 집에서 강압적인 통제만 받아서 건전하게 욕구를 표현하는 방법을 배울 기회가 없어서 그렇습니다. 아이가 난폭하게 행동한다고 부모가 혼내거나 심하게 다루면 상황은 점점 더 악화됩니다. 그러니 아이 앞에서 말과 행동을 조심하고, 부모의 스트레스를 아이에게 함부로 푸는 일이 없도록 해야 합니다.

아이의 난폭한 행동이 도를 지나칠 때는 야단치거나 달래는 것보다 무관심한 척하는 것도 좋은 방법입니다. 아이들이 난폭한 행동을 하는 목적은 대부분 부모의 관심을 얻기 위해서입니다. 예컨대 애정 결핍이 지속되어 오다가 자신이 감당할 수준을 넘어서면 난폭한 행동을 하게 됩니다. 야단치거나 달래 주면 아이 입장에서는 부모의 관심 끌기에 성공했다고 볼 수 있는데, 그보다는 무관심한 척하면서 결핍된 애정을 채워 줄 수 있는 다른 뭔가를 계획하는 편이 더 좋습니다. 그 즉시 안아 주고 달래는 것으로는 충족되지 않을 수 있으므로 무심한 척하다가 아이가 갖고 싶어 하던 운동화를 사 준다든지, 좋아하는 식당에서 음식을 사 준다든지, 같이 여행을 떠나서 흠씬 놀아 주는 것이 공격성과 난폭한 행동을 줄이는 데 효과적입니다.

한편, 요즘 아이들이 텔레비전이나 인터넷을 통해 폭력적이고 공격적인 장면을 많이 접해서 슬프거나 화가 났을 때, 충동을 잘 다스리지 못할 때, 어린이집이나 유치원에서 제재를 당했을 때 무의식중에 공격적인 행동을 하기도 합니다. 이런 경우, 일단은 공격적인 행동을 중지시키기 위해 총력을 다하고 가해 어린이가 더 많은 아이들을 위협하지 않도록 격리시켜야 합니다. 다그치고 혼내기보다는 격리된 장소에서 마음을 안정시키면서 조용히 생각하게 해야 합니다. 일반적으로 원장실을 격리 장소로 사용합니다. 이때 원장님이나 원감 선생님이 공포 분위기를 조성해서 훈육하면 안 됩니다. 원장실을 훈육 공간이 아니라 자기 행동을 조용히 돌아보는 공간으로 사용하면 대부분의 아이들은 자기 잘못을 뉘우칩니다. 다른 한편에서는 더 많은 인력이 맞은 아이를 보살펴 줘야 합니다. 피해 아이가 상처를 입었다면 병원 치료를 받게 하고 의사 소견도 부모에게 곧바로 전달해야 합니다.

이런 일은 어린이집이나 유치원에서 흔히 벌어지는 일입니다. 그러나 가해 아이나 피해 아이 모두 한두 번 비슷한 일을 겪었다고 해서 상대방 입장을 이해하기에는 발달상 어려운 일입니다. 학령전 시기에는 타인의 입장을 이해하기가 쉽지 않기 때문에 주변 사람들이 그런 환경에 처하지 않도록 각별히 주의해야 합니다. 그럼에도 불구하고 지속적으로 사고를 내고 행동 수정이 어렵다고 판단된다면 놀이 치료를 해야 할 것입니다.

아이들에게 흔히 나타나는 문제 행동
TOP 9

1. 지나치게 깔끔한 아이

부모가 지나치게 청결함을 강조하면 아이가 새로운 환경에 적응하기 힘들어집니다. 아이의 실수를 허용하는 분위기를 만들어 줘서 찰흙 놀이, 물놀이, 손그림 놀이 등을 통해 정서적 해방감을 느끼게 하면 좋습니다.

2. 겁이 많은 아이

겁이 많아서 혼자 엘리베이터도 못 타는 아이가 있습니다. 보통 아이들에게도 약간의 공포심은 있지만 혼자 엘리베이터를 못 탈 정도라면 심각한 수준입니다. 특히 이런 아이들은 자신의 소질을 충분히 발휘하지 못하므로 성장 과정에서 많은 문제를 일으킵니다. 전문가들은 지나친 과잉보호를 주원인으로 꼽는데, 조부모 밑에서 자란 아이들이 많습니다.

또는 엄마의 공포증이 그대로 아이에게 전달되는 경우도 있습니다. 엄마가 소심하면 아이가 엄마를 닮아 사람을 피하게 됩니다. 이런 경우는 엄마가 공포심을 없애려고 노력하고 침착한 태도를 보이면서 아이 교육에 임해야 합니다. 결코 쉬운 일이 아니고 극복하기도 어렵습니다.

3. 신경질적인 아이

선천적으로 과민하고 예민한 체질의 아이도 있지만 지나치게 관심을 많이 받고 자란 경우가 많습니다. 늘 과중한 부담에 시달리는 아이는 짜증을 수시로 내고 습관처럼 신경질적인 태도를 보입니다. 원인 없는 결과는 없는

법입니다. 이런 경우도 원인은 부모입니다. 이를 해결하기 위해서는 우선 가족들의 태도가 많이 바뀌어야 합니다. 지나친 관심이나 엄격한 분위기보다는 명랑하고 포근한 분위기를 만들어 주고, 바깥 놀이를 할 때도 아이가 자유롭게 선택해서 놀게 해야 합니다.

4. 말을 잘 하지 않는 아이

늘 무표정하고 남 앞에서 발표하기를 꺼려하며 수줍음이 많고 사회성이 없는 경우입니다. 부모가 아이의 말에 귀 기울이지 않고 거부하는 태도를 보이면 이런 성격이 형성됩니다. 부부 사이가 안 좋아 늘 이혼을 하네 마네 하는 가정의 아이에게 많이 나타납니다. 이런 상황의 부부는 가정생활이 귀찮기 때문에 아이의 말이나 행동에 부정적인 태도를 보이기 쉽습니다.

5. 잘 우는 아이

지적인 면보다 정서적인 면이 발달된 아이들이 잘 웁니다. 감정을 말로 표현하지 않고 울음으로 나타내는 것이지요. 이런 아이들은 울 때마다 부모가 요구를 들어주었기 때문에 울음으로 모든 것을 해결하려고 합니다. 그러므로 아이가 운다고 해서 아이의 요구를 무조건 들어주어서는 안 됩니다. 아무리 울어도 안 되는 것이 있다는 것을 알게 해야 합니다. 울보는 대부분 부모의 작품일 가능성이 높습니다.

6. 거짓말하는 아이

내적인 소원이 충족되지 못할 때 아이는 거짓말을 합니다. 자신이 정말 가지고 싶은 것을 형편상 가질 수 없으면 그 다음부터는 거짓말을 하게 됩니다. 물론 아이가 상상과 현실 세계를 구분하지 못하는 것일 수도 있고, 언어 능력이 부족해 자기표현을 정확히 하지 못하는 것일 수도 있습니다. 그러나 거짓말을 하는 아이는 내적인 소원이 실제로 충족되지 않기 때문에 거짓말로 무의식 속에서 충족시키는 경우가 많습니다.

7. 산만한 아이

잠시도 가만히 있지 못합니다. 집중하지 못하고 한 가지 일에 몰입하지도 못합니다. 물건을 잘 잃어버리고 무슨 일이든 금방 싫증을 내며 주변의 작은 간섭에도 쉽게 자세가 흐트러집니다. 항상 불안해하고 초조해하는 이런 아이들은 다른 사람에게 신뢰받지 못합니다.

정서가 불안한 아이는 뇌에 질환이 있는 경우도 있지만, 가정 환경이 원인인 경우가 많습니다. 특히 집에 손님이 많이 드나드는 집의 아이가 산만한 경향이 높습니다. 손님이 한꺼번에 몰려왔다가 가고 나면 집이 텅 빈 것 같아 어쩔 줄 몰라 합니다.

부부 싸움이 잦은 집의 아이 역시 산만합니다. 늘 불안한 분위기 탓에 아이가 마음 붙일 곳을 찾지 못해 산만해지는 것입니다. 형제간 비교를 지속적으로 하는 경우에는 열등한 쪽의 아이가 산만해집니다. 과잉보호하는 경우도 산만해지기 쉽고, 아이와 대화할 때 끝까지 들어 주지 않는 경우도 마찬가집니다.

8. 공격적이고 난폭한 아이

툭하면 싸우고 난폭한 성향의 아이는 부모의 과잉보호나 아동 학대가 원인이라고 지적합니다. 부모가 난폭한 경우는 부모를 그대로 따라 하게 됩니다. 극한 상황에서는 자신이 학대받은 대로 행동하게 됩니다. 맞으면서 공격성을 배우는 것이지요. 공격적인 영상 매체도 원인이 됩니다. 뚜렷한 이유 없이 서로 때리고 죽이는 폭력물을 보고 자란 아이들은 폭력을 오락쯤으로 여기고 난폭한 일을 그냥 합니다. 따라서 영상 매체 시청 시간을 엄격하게 규제해야 합니다. 난폭한 성격을 고치려면 아이와 많은 시간을 같이하면서 마음을 감싸 주고, 따뜻한 관심과 사랑을 주어야 합니다.

9. 무엇이든 제멋대로 하는 아이

자기감정을 억제하지 못하고 짜증 내고 괴팍한 행동을 보이는 경우입니다. 가정에서 이런 행동이 묵인된 아이들은 밖에서도 아무렇지 않게 똑같이 행동하기 때문에 가정에서 바로잡아 주어야 합니다. 백화점에서 난동 부리는 아이에게 즉시 장난감을 사 줄 수도 있지만, 한 번 제동을 걸고 참고 인내해 보는 일도 해야 합니다. 아이가 조르는 대로 다 사 주는 버릇을 들이면 갖고 싶은 욕망을 참지 못하는 아이로 자랍니다. 아주 어려서부터 부모가 제멋대로 하는 것을 묵인해 왔기 때문에 자기감정을 억제하지 못하는 것입니다. 욕구가 한 번 충족되면 계속 그런 식으로 욕구를 충족하려는 나쁜 습관을 가지게 됩니다.

●한마디 쏙쏙

난폭한 행동의 원인은 부모의 관심을 얻기 위해서인 경우가 많다.

6 친구가 괴롭혀도 참기만 하는 아이, 어떻게 해야 할까?

#참기만 하는 아이 #규칙 #양육 태도

만 4세 된 딸아이의 엄마입니다. 아이들이 노는 모습을 지켜볼 때가 있는데, 친구가 힘들게 해도 놀이를 그만두지 못하고 계속합니다. 나중에 친구들이 괴롭혀도 참기만 할까 봐 걱정입니다. 제가 어떻게 하면 좋은지 조언을 부탁드립니다.

형제나 자매 사이에 싸움이 벌어져도 힘든데 친구와 다툼이 벌어지는 걸 보면 더 힘듭니다. 친구와의 싸움으로 아이가 피해 의식에 빠지거나 공격성을 배울 수 있기 때문에 부모의 지도가 필요합니다.

먼저 규칙을 세워서 놀도록 가르쳐 주십시오. 가령, 인형을 가지고 놀다가 싸움이 나면 가위 바위 보로 순서를 정해 놀기로 합니다. 또, 아무리 화가 나더라도 물건을 던지거나 때리지 않기로 약속하는 식입니다. 서로 정해 놓은 규칙을 어기면 이틀 동안 친구랑 놀지 못하는 것과 같이 아이들이 힘들다고 느낄 만한 것으로 규칙을 만드십시오.

둘 중 누가 잘못했는지가 모호한 경우에는 싸움을 중지시키고 각자의 얘기를 잘 들어 줍니다. 이때 아이들의 말을 잘 들어 주고 공감만 해 주세요. 어른의 눈으로 판단하지 말고 아이들끼리 해결하도록 과제를 주는 게 좋습니다. 조금 더 잘못한 아이가 사과하고 서로 안아 주도록 하는 것도 방법입니다.

이런 규칙을 만들어 놓지 않으면 그때그때 상황에 따라 아이를 야단치게 됩니다. 가끔은 아이들 싸움이 부모 간의 싸움으로 번지기도 합니다.

규칙으로도 싸움이 해결되지 않으면 당분간 그 친구와 노는 것을 피하는 것도 방법입니다. 매일 만나서 노는 사이였다면 일주일에 한 번만 놀게 하는 것입니다. 아울러 기질적으로 비슷한 아이나 공격적이지 않은 아이와 놀 수 있는 기회를 적극적으로 만들어 주십시오.

이렇게 규칙을 정해서 잘 노는 것 같은데, 가만히 들여다보면 친구가 힘들게 해도 놀이를 그만두지 못하는 모습이 보일 수 있습니다. 그럴 때는 아이들이 다 가고 난 후에 딸아이와 대화를 나눠서 무슨 이유 때문에 참으면서 놀이를 했는지 알아내야 합니다. 아이가 친구는 고집이 세서 때때로 자신이 참아야만 놀이를 계속할 수 있다고 생각해 조금씩 참다 보면 그게 습관이 될 수 있습니다.

이럴 때는 딸아이에게 알려 주십시오.

"친구랑 같이 노는데 너도 재미있어야 하니까 친구한테 네 생각도 말해 봐."

그래도 달라지지 않는다면 둘 중 하나로 종결 났다고 봐야 합니다. 첫째, 딸아이가 친구에게 여러 번 얘기했지만 소용없었기 때문에 포기했을 수 있습니다. 둘째, 자기 생각보다 친구 생각이 더 옳다고 생각해서 친구의 말을 따르려고 포기했을 수 있습니다.

더 심한 경우, 즉 놀이 속에서 친구의 괴롭힘과 놀림이 있어도 참기만 한다고 판단되면 그 친구들과는 당분간 놀 수 없게 격리시키는 것이 바람직합니다. 아이들은 이런 환경 속에서 자신의 자아를 확정 짓기도 합니다. 그래서 이 시기에는 부모와 놀이 친구, 형제자매 사이에 오가는 상호 작용의 질이 성격 형성의 중요 변수가 될 수 있습니다. 자기가 좋아하는 것, 싫어하는 것, 하고자 하는 것이 분명한 아이는 어린 시절의 환경에서부터 씨앗이 생깁니다. 아이의 성장 과정은 그 씨앗이 서서히 발아하고 꽃을 피우고 열매를 맺는 과정이라고 생각합니다.

뭐든 시작이 반이라고 말합니다. 시작이 좋아야 나머지 반도 예측 가능하다고 볼 수 있습니다. 이 시기를 생의 시작이라고 본다면 부모의 개입은 아주 중요한 일입니다.

● 한마디 쏙쏙
규칙이 없으면 그때그때 상황에 따라 아이를 야단치게 된다.

7 유치원에서만 말썽 부리는 아이, 어떻게 해야 할까?

#문제 행동 #스트레스 #교사 상담

만 4세 반을 맡고 있는 유치원 교사입니다. 유치원에 오면 가방을 벗어 던지고 곧장 장난감 있는 곳으로 달려가는 아이가 있습니다. 스스로 수첩을 꺼내고 가방과 옷을 정리한 적이 한 번도 없습니다. 친구가 가지고 노는 블록을 빼앗기도 합니다. 위험한 행동을 해서 "왜 그랬어?"라고 물으면 웃거나 "안 그럴게요."라며 그 상황을 피하려고만 합니다. 아이가 하원한 후에 어떻게 시간을 보내는지 어머니한테 물어본 적이 있습니다.

"뛰어다니는 것을 좋아해서 유치원이 끝나면 태권도 학원에 보내요. 맞벌이 부부다 보니 아이와 함께 보내는 시간이 많지 않아요. 아빠가 공부를 많이 시키는 편이라 저녁에는 한글, 한자, 영어, 수학 학습지를 풀어야 해요."

어머니는 유치원에서 아이가 말썽 부리는 걸 알면 아빠한테 크게 혼날 거라면서 잘 타이르겠다고 했습니다. 집과 유치원에서 이렇게

────────── 맞벌이 가정의 경우, 부모가 퇴근해서 집에 돌아와 저녁 식사를 하고 나면 금세 잠자리에 들 시간이 되어 버립니다. 그 짧은 시간에 아빠가 놀아 줘도 모자랄 판에 지나치다 싶을 정도의 공부를 시키고 있는 가정입니다. 이 아이는 집에서 받는 학습 스트레스와 체벌 스트레스를 유치원에서 풀고 있다고 봐야 합니다.

이 시기에 공부를 강요하는 것은 잘못된 일입니다. 아이들은 준비가 되었을 때 공부를 시작해야 오래 기억하고 지식도 잘 습득합니다. 일찍 공부를 시작한 아이들은 정작 공부할 시기가 되었을 때 오히려 집중하지 못할 수 있습니다.

이 시기의 아이들에게 필요한 것은 학습지를 푸는 것이 아니라 기본 생활 교육입니다. 그래야 아이답게 자라고 마음의 병도 들지 않습니다. 무엇보다 생활 습관을 통한 교육이 필요합니다. 특히 식사 예절, 인사 예절, 공공질서 예절은 가정에서 해야 할 교육의 기본이며 반드시 부모가 솔선수범해야 합니다.

스트레스를 받은 아이는 그것을 해소하기 위한 방법을 찾고 행동으로 옮깁니다. 이 아이는 무서운 아빠가 없는 유치원을 스트레스 푸는 곳으로 선택했다고 볼 수 있습니다. 가정에서 받는 스트레스를 없애지 않으면 유치원에서의 문제 행동은 고치기 어렵습니다. 부모는 한글, 한자, 영어, 수학 학습지를 내려놓고 아이와 함께 놀이를 하면서 허기진 자극을 채워 주어야 합니다.

아이와 놀아 주다가 몰랐던 재능을 발견하면 곧바로 칭찬을 하거나 등을 두드려 주십시오. 말로만 "잘하네!"라고 하는 것보다 머리를 쓰다듬어 주거나 엉덩이를 토닥여 주거나 하이파이브 같은 스킨십을 해 주면 아이의 허기진 자극을 적극적으로 채워 줄 수 있습니다.

하루 10분만이라도 이런 시간들이 쌓이면 아이에게는 엄청난 애착 경험이 됩니다. 그러면 정서적으로 안정된 아이로 자랍니다. 가장 중요한 것은 부모와 아이가 같이 보내는 시간이 많아야 문제가 줄어든다는 사실입니다. 같이 산책도 하고 운동도 하면서 아이의 마음을 따뜻하게 감싸 주는 부모의 따뜻한 배려가 필요합니다.

● 한마디 **쏙쏙**

지나친 공부 스트레스는 문제 행동을 일으킨다.

8

갑자기 욕을 하는 아이,
어떻게 해야 할까?

#욕하는 아이 #대안 알려 주기 #세심한 관찰

만 5세가 된 아들의 엄마입니다. 요즘 아이가 갑자기 욕을 합니다. 깜짝 놀라 그런 말 하지 말라고 했더니 오히려 더 심해지는 것 같습니다. 이럴 때는 제가 어떻게 해야 할까요?

―――――― 아이들이 욕하는 것은 대개 어디선가 들은 것을 그대로 모방하는 경우입니다. 그래서 뜻을 모르고 욕하는 경우가 대부분입니다.

아이가 갑자기 욕을 하면 부모들은 눈물이 쏙 빠질 정도로 야단을 치거나 희한하다는 반응을 보입니다. 아이들에게는 둘 다 바람직하지 않은 반응입니다. 엄마가 깜짝 놀라는 모습을 본 아이는 욕을 하면 엄마의 관심을 받을 수 있다고 생각합니다.

아이가 안 하던 욕을 갑자기 하면 무시하는 게 가장 좋습니다. 그래도 반복적으로 하면 "엄마는 그런 말 하는 사람과 말할 수 없어."라고 분명하게 지적해야 합니다. 혹은 "그건 좋은 말이 아니야. 대신 이렇게 말해 볼까?"라고 좋은 표현을 가르쳐 주는 기회로 만드십시오.

아이가 정말로 화가 많이 났는데 달리 표현하지 못해서 욕을 하는 경우에는 욕하는 대신 북을 치게 하거나, 큰 곰 인형을 때리게 하거나, 신문지를 찢으면서 화를 풀게 하십시오. 그래도 계속 욕을 한다면, 요즘 아이가 즐겨 보는 TV 프로그램이나 유튜브 등에서 욕이 나오는지 점검하십시오. 아울러 부모가 부부 싸움을 할 때나 아이들을 야단칠 때 욱 하는 감정에 생각 없이 욕이 튀어나왔던 것은 아닌지도 점검해야 합니다. 그 밖에도 아이의 전반적인 생활 환경이 달라지면서 스트레스를 받는지도 살펴보십시오. 가령, 풀어야 할 학습지가 과도하게 많아졌는지, 친구들에게 따돌림을 당해 애태우고 있는 건 아닌지, 누군가와 비교 대상이 되면서 긴장과 갈등 관계에 있는 건 아닌지를 살펴야 합니다.

아이가 처음으로 욕하는 시기를 보면 빠른 아이들은 만 3세 정도부터 시작합니다. 만 5세가 되면 욕을 일종의 '새로운 세상'으로 받아들이면서 죄의식 없이 쓰기도 합니다. 욕하는 아이들을 세심하게 관찰해 보면 자기표현이 서툴거나 친구와 싸울 때 자기감정을 이기지 못하는 상황에서 할 때가 많습니다. 아이의 성격, 자주 접하는 매체나 친구 관계, 집 안 분위기 등을 총체적으로 고려하여 지도하기 바랍니다.

9

어린이집에서 욕을 배워 온 아이, 어떻게 해야 할까?

#욕설 #비속어 #언어 습관

만 4세 된 아들이 어린이집에 다니기 시작하면서부터 욕을 배웠습니다. 자기가 욕을 하고 나서 어른들의 반응을 보면 기분이 좋은 것 같습니다. 욕하는 것이 습관이 되지 않을까 걱정입니다. 어떻게 하면 좋을까요?

———— 아이가 어린이집에서 욕을 배워 오면 부모들은 크게 당황합니다. 그렇다고 아이를 집 안에서만 키울 수도 없는 노릇이니 큰일이 맞습니다.

자신의 의사 표현을 하는 데 어색하지 않을 만큼 말이 늘어나면 아이들은 바깥에서 들은 비속어에 큰 매력을 느낍니다. 특히 텔레비전을 통해 빠르게 비속어를 습득합니다.

아이는 욕에 대한 사회적 평가를 알지 못합니다. 그런데 부모가 큰일이라도 난 것처럼 반응하면 특유의 반발심에서 더 많이 할 수 있습니다.

아이가 계속해서 욕을 사용한다면 이렇게 주의를 주십시오.

"엄마는 네가 그런 말로 얘기하면 무슨 뜻인지 몰라."

"이제부터는 엄마한테 그런 말 쓰지 마."

그러고 나서도 욕을 하면 모르는 척하십시오. 일정 시기가 지나면 아이도 욕하는 습관을 버리게 됩니다. 아이가 욕하는 습관을 자연스럽게 배웠듯이 자연스럽게 버리게 된다는 말입니다.

부모는 아이가 바깥에서 배우는 언어 습관보다 가정에서의 언어 습관에 신경을 써야 합니다. 아이에게 생긴 나쁜 언어 습관의 대부분은 가정에서 부모의 언어를 듣고 배운 것입니다. 인간은 누구나 가치관과 생각이 다르기 때문에 똑같은 상황이나 모습을 보고도 전혀 다르게 해석하고 반응합니다. 욕이나 거짓말, 도벽에 관한 것도 부모마다 천차만별로 반응합니다. 하지만 내 아이에게 벌어진 문제이니만큼 보다 객관적이고 이성적인 판단이 필요합니다. 아이가 나쁜 언어 습관을 고칠 수 있는 결정적 시기를 놓치지 않도록 노력해야 합니다.

● 한마디 **쏙쏙**

나쁜 언어 습관은 부모에게 배우는 경우가 많다.

10 친구 물건을 몰래 가져오는 아이, 어떻게 해야 할까?

#훔치는 버릇 #애정 결핍 #양육 태도

만 5세 된 딸아이의 엄마입니다. 아이가 친구들 장난감을 자꾸 가져와서 그러면 안 된다고 혼을 냈습니다. 그랬더니 친구 장난감을 가져와 몰래 숨겨 둡니다. 이러다가 도벽이 되지 않을까 너무 걱정입니다. 제가 어떻게 해야 할까요?

〜〜〜〜〜 **만 4세가 지나면 아이들은 해도 되는 일과 안 되는 일을 구분하기 시작합니다.** 하지만 다른 사람의 물건을 가져오는 것이 도덕적으로 잘못된 일이라는 것을 모르기 때문에 자기 마음에 드는 물건을 아무 생각 없이 가져오는 경우도 있습니다.

아이가 친구의 장난감이나 가게의 물건을 허락 없이 가져오면 자신의 물건과 남의 물건에 대한 소유 개념을 확실히 심어 줘야 합니다. 어릴 때 훔치는 버릇을 고쳐 주지 않으면 훗날 크게 망신

당하는 경험을 할 수 있습니다.

그렇다고 해서 친구의 장난감을 가져왔다고 무조건 나무라서는 안 됩니다. 먼저 아이에게 왜 그런 행동을 했는지를 묻고, 친구의 장난감을 허락 없이 가져오는 것은 나쁜 행동이라고 분명하게 설명해 주십시오.

특히 아이에게 도덕적인 잣대를 들이대서는 안 됩니다. 다시 말해, 물건을 훔쳤다고 해서 그 이유를 알아보지도 않고 함부로 "넌 도둑이야!", "이 나쁜 놈 같으니라고!", "넌 범죄자야!"라며 행위의 결과에만 초점을 맞춰 아이를 비난해서는 안 됩니다.

아이가 물건을 훔쳤다는 걸 확인하면 그 자리에서 즉시 혼내야 하지만 협박해서 안 됩니다. 부모가 너무 심하게 꾸짖으면 아이에게 죄의식을 키워 성격 형성에 좋지 않은 영향을 줄 수 있습니다. "남의 물건을 훔치면 경찰 아저씨가 잡아갈 거야."라고 공포심을 심어 주기보다는 "네가 물건을 돌려주는 걸 잊었나 보구나."라고 부드럽게 표현해 주십시오.

일단 아이가 자신의 잘못을 납득하면 그 문제에 책임을 지게 해야 합니다. 예를 들어 가게의 물건을 그냥 들고 왔다면 아이와 함께 그 가게에 가서 값을 치르게 하고 사과를 하게 하십시오. 잘못하면 사과를 해야 한다는 것뿐만 아니라 가게의 물건은 반드시 돈을 지불하고 가져와야 한다는 것도 가르칠 수 있습니다. 만약 물건이 불필요한 것이라면 굳이 구입하지 않아도 됩니다.

아이에게 물건을 잃어버린 사람의 입장을 이야기해 줘서 스스로 반성하게 만드는 것도 방법입니다. 어릴 때부터 자기 물건과 남의 물건을 구분해서 쓰게 하고 다른 사람의 물건을 사용할 때에는 반드시 주인의 허락을 받고 사용하는 태도를 길러 줘야 합니다.

때로는 부모가 아무 데나 놓아 둔 돈을 아이가 가져가서 갖고 싶은 것을 사는 경우도 있습니다. 그런데 이런 일도 아이가 재미를 붙이면 같은 행동을 반복하다가 습관이 될 수 있습니다.

열 살 이후에도 훔치는 행동이 나타난다면 훔치는 행위 그 이상의 뜻이 있다고 볼 수 있습니다. 초등학생의 도벽은 결핍과 연관됩니다. 예컨대, 물건을 훔치는 행동이 부모로부터 사랑과 관심을 받고자 하는 욕구의 표현일 수 있습니다. 또는 친구들에게 대담하고 겁이 없다는 것을 과시하기 위해 물건을 훔치기도 합니다. 일부 청소년의 경우에는 사회의 기존 규칙을 시험하기 위해 물건을 훔치기도 합니다. 간혹 정신적인 어려움을 겪는 아이들이 훔치는 행동을 보이기도 합니다. 말하자면 우울증, 주의력 결핍 과잉 행동 장애, 품행 장애, 약물 장애, 인격 장애, 정신 지체, 학습 장애가 있는 아이들에게 도벽이 나타날 수 있습니다. 심각한 경우라면 당연히 전문가와 상담해야 합니다. 그렇지 않다면 부모가 먼저 자신을 돌아보고 아이의 문제 행동에 원인을 제공한 것은 아닌지 점검해야 합니다.

● 한마디 쏙쏙
아이가 남의 물건을 훔친 것을 납득하면 그 책임을 지도록 한다.

11

도벽이 의심되는 아이,
어떻게 해야 할까?

#훔치는 버릇 #애정 결핍 #양육 태도

만 5세, 만 2세인 두 아이를 둔 엄마입니다. 얼마 전에 큰아이가 유치원에서 물건을 가져와 친구가 주었다고 하는데 조금 미심쩍었습니다. 그 주말에 여러 가족과 캠핑을 갔는데 아들이 다른 아이의 물건을 바지 주머니에 넣는 걸 보게 되었습니다. 바로 조용한 곳으로 데려가 야단을 쳤는데, 그 후 혼내는 횟수가 늘면서 아이가 신경질을 자주 부리고 기죽어 지냅니다. 아이에게 도벽이 생긴 게 아닐까 걱정되고 눈앞이 캄캄합니다. 어떻게 하면 아이가 상처도 받지 않고 손버릇도 고치게 할 수 있을까요?

정도의 차이는 있지만 아이를 키우다 보면 한두 번쯤 치르는 일입니다. 심각하게 걱정하지 않아도 됩니다. 그렇다고 내버려 두어도 괜찮다는 말은 아닙니다. 아이가 친구의 물건을 주머니에 넣는 행동을 보았다면 바로 그 자리에서 고쳐 주고, 같은 일이 반복되지 않도록 세심하게 관찰해야 합니다. 간혹 동생이 생기면서 엄마의 사랑을 빼앗겼다고 생각해 그런 행동을 하는 경우도 있습니다. 일시적 퇴행 현상으로 엄마의 주의 집중을 받기 위한 것이지요.

도벽은 일반적으로 애정 결핍에서 비롯된다고 봅니다. 따라서 그동안 큰아이에게 소홀했던 것은 아닌지 돌아보고, 어느 때보다 각별한 애정과 관심을 기울여 주십시오. 큰아이와 더 많은 시간을 함께 보내고, 사랑한다는 말과 스킨십을 자주 해 주십시오. 이럴 때 체벌이나 꾸중을 하게 되면 오히려 더 몰래 할 수 있습니다. 도벽 문제에서 가장 중요한 것은 부모가 아이를 포기하지 않고 사랑으로 보살피면서 서서히 교정될 수 있다고 믿는 마음입니다.

우리아이 제대로 알기 · 5

자신을 존중하는 아이로 키우는 9가지 방법

첫째, 아이와 공감대를 형성하세요. 상을 타 왔다면 바로 인정해 주고 아이의 행동을 지켜보고 있음을 느끼게 해 주세요.

둘째, 아이를 격려해 주세요. "엄마는 네가 해낼 줄 알았어."와 같이 자신감을 불어넣어 줄 수 있는 말을 자주 하세요.

셋째, "오늘 표정이 별로네. 무슨 일 있었니?", "친구가 그런 말을 했다고? 속상하겠네." 등의 말로 아이의 감정이나 의사를 자연스럽게 표현하게 하세요. 그러면 아이에게 스트레스가 덜 쌓이고 스스로 문제를 해결할 수 있는 힘이 생길 것입니다.

넷째, 아이 말에 귀 기울여 주세요. 아이는 자신의 이야기를 엄마가 집중해서 들어 주고 반응해 주기를 기대합니다. 문제 해결을 원한다면 끝까지 잘 들어 주는 것이 시작입니다.

다섯째, 커서 어떤 사람이 될지 물어보세요. 아이가 어떤 특정 분야에 소질이나 흥미를 보이면 "넌 커서 화가가 되어도 되겠다.", "넌 커서 작가가 되어도 되겠다."라고 말해 주십시오. 부모가 자신에게 관심을 갖고 있음을 알게 되고, 자신의 미래에 대해 구체적으로 생각하는 계기가 될 것입니다.

여섯째, 매사에 호기심을 가질 수 있도록 유도하세요. 아이에게 정답을 바로 알려 주기보다는 "넌 어떻게 생각하니?", "그럼 어떻게 하면 좋을까?"와 같이 호기심을 일으킬 수 있는 질문을 하는 것이 좋습니다. 아이는 질문에 대답하는 과정을 통해 폭넓게 생각하는 법을 배울 것입니다.

일곱째, 롤모델을 제시해 주세요. 위인전을 읽고 링컨처럼 되고자 할 수 있습니다. 성장기 아이에게 구체적인 롤모델을 제시하면 동일시 대상으로 자아상을 구축하기도 합니다.

여덟째, 아이를 인격체로 존중하세요. 부모가 일방적으로 훈계

할 때보다 자신의 생각을 존중해 줄 때 아이들은 사랑받는다고 느낍니다.

아홉째, 부모가 살아온 이야기를 들려주세요. 특히 힘들 때 어려움을 헤쳐 나갔던 이야기를 들려주면 자신의 삶을 개척하는 데 좋은 모델로 받아들입니다. 자신도 엄마 아빠처럼 잘 해결해 나갈 것 같은 긍정적 자기 암시도 하게 될 것입니다.

● 한마디 **쏙쏙**

도벽은 일반적으로 애정 결핍에서 비롯된다.

12

언어 발달이 늦은 아이,
어떻게 해야 할까?

#언어 발달 #공격적 행동 #교사 상담

만 4세 반을 맡고 있는 유치원 교사입니다. 비교적 활발한 성격인데 언어 발달이 늦어 의사소통에 어려움이 있는 아이가 있습니다. 집중하는 시간이 짧은 편이고, 문제는 친구들을 때리거나 상처를 입히는 일이 잦다는 것입니다. 갑자기 자신의 손등을 깨물기도 하고 미끄럼틀 위에서 친구가 밀지 말라고 하자 미끄럼틀 쇠에 자신의 머리를 박은 일도 있습니다. 어머니에게 병원에서 발달 진단 검사를 받아 보면 어떠냐고 조심스럽게 말씀드린 적이 있습니다. 어머니는 단지 말이 좀 더딜 뿐이라며 곧 괜찮아질 거라고 하더군요.

아이는 재혼 가정의 막내인데 위로 터울이 많은 고등학생 형과 누나가 있습니다. 어머니는 아이를 데리고 재혼해서 지금의 남편과 그의 두 아이들과 함께 산다고 하셨습니다. 어머니는 고사들 앞에서는 아이가 너무 예쁘다고 말하면서도 늦게 데려가는 일이 잦습니다. 가끔 교실에서 아이는 "아빠가 엄마 때렸어", "아빠가 엄마를 발로 찼어!"라는 말을 했습니다. 상담 시간에 어머니는 남편이 평소에는 자상한데 화나면 아이와 자신에게 폭력을 쓴다는 이야기를 했습니다. 교사로서 제가 어머니나 아이한테 어떻게 해야 할지 조언을 부탁드립니다.

───────── 아이의 공격적이고 폭력적인 행동은 언어 발달 지체로 의사소통이 잘 이루어지지 않는 것이 가장 큰 원인이라고 생각됩니다. 엄마의 돌봄 부족과 아동 학대를 하는 아빠와도 연관성이 있습니다. 아이 입장에서 보면 지금 자신에게 관심을 가져 주는 사람이 아무도 없는 상황입니다.

엄마는 재혼한 남편의 큰 자녀 둘을 돌보면서 새로운 생활에 적응하느라 아이를 어린이집에 맡기는 것으로 생각됩니다. 아이가 유치원에서 벌이는 문제 행동은 주의 집중을 받기 위한 시도로 보입니다. 이런 일 앞에서는 교사들도 어려워합니다.

연구 보고에 따르면 9세 미만의 아동은 큰 아동보다 계부를 더 잘 받아들이고, 좀 더 따뜻한 관계를 형성한다고 합니다. 일반적으로 계부가 겪는 문제는 새로 생긴 자녀와의 의사소통입니다. 아이의 새 아빠는 아빠로서의 역할에 많은 권위를 부여하고 강압적으로 제압하려는 흔적이 보입니다. 아이나 아내에게 폭력을 행사하는 것을 보고 그 폭력성을 배운 아이가 그대로 유치원에서 행동하는 것으로 해석할 수 있습니다. 따라서 연관된 검사와 함께 놀이 치료가 꼭 필요하고, 부모에게는 부모 교육이 절실합니다.

조심스럽지만 아이에게 ADHD와 유사 자폐 진단이 내려질 가능성이 있습니다. 더 늦기 전에 적극적으로 대처해야 합니다. 아이가 초등학교에 들어가서 공부를 못 따라가고 여러 문제 행동이 복합적으로 나타난 뒤에 병원을 찾아가면 결정적인 치료 시기를 놓쳐서 학습 부진으로까지 이어지게 됩니다.

만 3세 이후에는 여러 진단 검사를 통해 아이의 상태를 점검할 수 있습니다. 예방한다는 마음으로 병원 문턱을 넘어야 합니다. 진단받고 치료에 집중하면서 엄마와 새 아빠의 사랑과 관심으로 잘 지도하고 보살피면 초등학교를 들어가기 전에 회복할 수 있습니다.

● 한마디 쏙쏙
치료의 결정적 시기를 놓치면 더 큰 문제가 생긴다.

13

너무 산만한 아이, 어떻게 해야 할까?

#산만한 아이 #규칙 #양육 태도

만 4세 된 아들을 둔 엄마입니다. 아이가 아직 말이 정확하지 않습니다. 어린이집 선생님은 아이가 친구들을 괴롭히고 귀찮게 한다고 합니다. 친구가 장난감을 가지고 놀면 빼앗고, 블록 놀이를 하면 발로 차서 망가뜨리기도 한다고 합니다. 수업 시간에도 너무 돌아다녀서 방해가 되고, 반 친구들이 아이를 싫어한다고 합니다. 제가 어디서부터 문제를 해결해 나가야 할지 모르겠습니다. 조언을 부탁드립니다.

부모의 양육 태도를 먼저 점검하십시오. 부모가 아이가 하자는 대로 다해 주는 허용적인 양육 태도를 가졌는지, 가정 내에 만들어 놓은 규칙을 아이가 잘 지키고 있는지도 생각해 보십시오. 아이에게 이래라저래라 지시나 간섭은 안 했는지, 자랑거리를 찾아서 칭찬을 많이 하는 편인지도 생각하십시오. 아이에게 문제가 있을 때 설명하고 설득하고 타일렀는지, 그럴 때 때리거나 거칠게 상호 작용을 했는지도 생각해 보십시오. 같이 놀아 줄 때 아이가 놀이에 집중하고 재미를 느끼도록 노력했는지, 총력을 다해서 노는 집중력을 보였는지 떠올려 보십시오.

부모가 하루 종일 아이와 노는 것은 불가능합니다. 따라서 또래 친구와 어울릴 수 있는 기회를 만들어 줘야 합니다. 그 속에서 아이는 점차 말도 늘고 친구들과 집중해서 놀게 될 것입니다. 또래와 놀이 시간을 가지게 되면 꼭 지켜야 할 한두 개의 규칙을 정해 주십시오. 단, 규칙이 너무 많으면 없는 것과 다를 바 없습니다. 아이가 규칙을 잘 지켰을 때에는 아낌없이 칭찬을 해 주십시오.

부모들의 잘못된 양육 태도는 크게 7가지로 나누어 볼 수 있습니다. 이것들을 참고해서 자신의 양육 태도를 점검해 보기 바랍니다.

첫째, 과보호형 부모입니다. 사랑도 지나치면 해가 됩니다. 사랑한다는 이유로 부모의 생각을 강요하는 것은 옳지 않습니다. 과보호형 부모 밑에서 자란 아이는 창의성이 부족하고 의존적이거나 수동적이며 인내심이 부족하고 신경질적인 아이가 되기 쉽습니다.

둘째, 냉담형 부모입니다. 이 유형의 부모들은 감정 교류를 하지 않고 아이를 그저 '기르는' 대상으로 여깁니다. 때문에 부모와 아이 사이에 거리감이 있고 강한 결속력이 없습니다. 냉담형 부모 밑에서 자란 아이는 자신이 사랑받지 못한다는 것을 알고, 그 속에서 분노와 증오를 키우게 됩니다.

셋째, 사육형 부모입니다. 무엇이든 다해 주어야 한다는 생각에 아이가 요구하기도 전에 챙겨 주는 유형입니다. 아이는 시행착오에서 얻을 수 있는 성취감이나 성장의 기회를 빼앗기게 되어 혼자서는 아무것도 할 수 없는 아이로 자라게 됩니다.

넷째, 순종 요구형 부모입니다. 위험하다는 이유로 아이의 호기심과 의욕을 꺾어 놓는 유형입니다. 또, 부모 말에 순종해야 착한 아이라고 생각합니다. 이런 부모 밑에서 자란 아이는 다른 사람에게 의존하고, 자기 뜻대로 되지 않으면 남을 원망합니다.

다섯째, 독재형 부모입니다. 부모가 아이 뒤를 졸졸 따라 다니면서 무슨 일이든 처리해 주기 때문에 아이는 다른 아이와 어울릴 기회가 없습니다. 독재형 부모들은 아이가 친구한테 맞고 들어오면 자신이 나서서 혼을 냅니다. 때문에 아이는 스스로 대처할 수 있는 능력을 키우지 못하고, 원만한 인간관계도 형성해 가기 어렵습니다.

여섯째, 강제 교육형 부모입니다. 부모가 교육에 지나치게 매달리면 아이는 긴장감과 불안감을 느낍니다. 부모에 대한 적대감과 불신을 갖게 될 수 있습니다.

일곱째, 애정 흥정형 부모입니다. 부모가 이만큼 애쓰고 있다는 것을 자꾸만 아이에게 알리는 유형입니다. 자녀에 대한 사랑은 거래나 흥정의 대상이 아닙니다. 자신이 해 준 만큼 보답이 있기를 바라거나 계산할 수 있는 게 아니기 때문입니다.

14 어린아이하고만 노는 아이,
어떻게 해야 할까?

#또래 놀이 #양육 태도 #루소의 소극 교육

만 5세 아들을 둔 엄마입니다. 자기보다 나이가 어린 아이하고만 놀려고 하는데 문제가 없는 건지 궁금합니다. 또래들과 경쟁적으로 노는 것을 무서워하는 것은 아닐까요? 앞으로도 내내 그럴까 봐 걱정입니다.

부모들은 아이가 많은 것을 빨리 배우기를 바라는 마음에서 나이가 한두 살 더 많고 똑똑한 아이와 놀게 하고 싶어 합니다. 그러나 나이 어린 동생들을 돌봐 주는 경험은 양보, 배려, 경청, 공감을 통해 성숙한 아이로 만들어 주고, 리더십도 키워 줍니다. 따라서 부모들이 생각을 바꿔야 합니다.

네덜란드에서는 학년 구분 없이 만 7세부터 만 12세까지의 아이들이 한 반에서 수업을 받습니다. 큰 아이들이 동생들을 돌보면서 태블릿으로 공부를 합니다. 공부만 하는 게 아니라 동생들을 도와주고 배려도 하기 때문에 리더십이 향상됩니다. 이런 상호 작용은 결국 공부에도 도움이 됩니다.

요즘 부모들에게 루소가 말한 소극 교육을 말해 주고 싶습니다. 소극 교육은 적극 교육의 반대 개념으로, '기다리는 교육'을 말합니다. 부모가 인내하고 기다리면 아이가 터득한다는 의미입니다. 루소의 소극 교육을 '교육하지 않는 교육'이라고 표현하는 사람도 있는데, 그보다는 기다리는 교육이라고 표현하는 게 맞습니다.

소극 교육은 미리 이것저것 통제하고 영향을 주는 적극 교육과 상반됩니다. 적극 교육은 교육의 효과를 얻기보다는 아이를 지치게 하는 경향이 있습니다. 결국 아이에게 학습은 지루하고 재미없는 것이라는 부정적인 인식을 심어 줄 수 있습니다.

요즘 부모들은 왜 소극 교육을 하기 힘들까요? 뭐든 바로 해결해 주지 않으면 참을 수 없고, 기다릴 수 없기 때문입니다. 아이 스스로 할 때까지 기다리면 저절로 해결됩니다. 아이에게 숙제하라고 재촉하고 싶은 마음이 굴뚝같아도 꾹 참아 보십시오. 다음날 학교에 가서 다른 친구들이 숙제해 온 것을 보고, 또 선생님에게 꾸중을 듣기라도 하면 '나도 이제부터 숙제를 해 와야지!' 하는 생각을 하게 됩니다. 그리고 이런 일이 반복되면 스스로 숙제에 대한 필요성을 느껴 혼자 알아서 하게 됩니다. 이런 소극 교육이 오래가고 바람직합니다.

15

아이 눈높이에 맞는 교육, 어떻게 해야 할까?

#놀이 활동 #재능 #조기 교육

만 4세 된 아이의 엄마입니다. 아이의 친구들이 뭔가를 많이 배우러 다닙니다. 저희 아이도 학원에 보내야 하는 게 아닌가 싶은데, 어디서부터 어떻게 시작하는 게 좋은지 모르겠습니다. 또, 아이의 눈높이에 맞는 교육을 시키라는 말을 들었는데 그 의미를 잘 모르겠습니다.

아이들은 저마다 특성과 재능이 다릅니다. 또, 재능이 일찍 나타날 수도 있고, 늦게 나타날 수도 있습니다. 부모의 섣부른 욕심이 오히려 아이의 재능을 죽이기도 합니다.

아이의 노는 모습을 잘 관찰하면 아이의 눈높이에 맞는 교육이 어떤 것인지 알 수 있습니다. 활동적으로 뛰어노는 것을 좋아하는 아이가 있는가 하면, 한쪽에서 조용히 책 읽는 것을 좋아하는 아이가 있습니다. 아이의 성향은 놀이하는 모습을 지켜보면 잘 드러납니다. 아이가 호기심을 보이는 때가 언제인지를 살펴보고 그 성향을 파악하십시오. 성향에 맞는 놀이를 찾아주고, 자연스럽게 그 분야로 이끌어 주면 충분한 교육 효과를 거둘 수 있습니다. 또, 아이가 재능을 보일 때는 적극적으로 격려하고 잘할 때마다 칭찬해 주십시오. 눈높이 교육은 놀이를 관찰하는 데서 해답을 얻을 수 있습니다.

그렇다면 우리 현실은 어떨까요? 요즘은 아이가 준비되기 전이나 요구하기 전에 부모가 학습지나 학원 등 모든 것을 준비하고 계획합니다. 과연 이것들이 부모의 역할일까요? 피아노, 수영, 태권도, 미술 등 이것저것 가르치는 게 중요한 것은 아닙니다. 아이가 정말 하고 싶어서 하는 것과 부모가 시켜서 어쩔 수 없이 하는 것은 효과 면에서 하늘과 땅 차이입니다.

부모가 앞장서서 끌고 가다 보면 아이는 자칫 부모를 위해 공부한다는 생각을 할 수 있습니다. 그러면 쉽게 싫증을 내어 교육적 효과가 떨어집니다. 지금 부모들이 하고 있는 조기 교육은 나중에 학교에 가서 배울 것을 미리 배워서 다른 아이들보다 월등한 위치를 선점하는 데 목적이 있습니다. 그러다 보니 조기 교육의 실상을 들여다보면 학원에서의 주입식 교육이 전부입니다.

진정한 조기 교육은 아이의 특정 능력을 미리 가르치는 게 아닙니다. 발현되지 않은 잠재 능력을 놀이를 통해 개발하여 유연한 두뇌를 가진 아이로 만들어서 학교에 가서 차근히 잘 배우도록 하는 것입니다. 그러나 사교육 현장에서는 주입식으로 아이들을 훈련합니다. 그렇게 훈련된 두뇌는 내용 이해보다는 일단 외우고 암기하면서 배웁니다. 이런 억지 과정이 초등학교 4, 5학년부터는 학업에 흥미를 잃게 하고, 결국은 공부를 싫어하게 만듭니다.

상담을 온 엄마들로부터 많이 듣는 푸념이 있습니다.

"어려서부터 이것저것 많이 시켰는데 뭐 하나를 잘하는 게 없어요."

너무 일찌감치 인지적, 언어적 자극을 주면 해마 신경 세포의 과부하로 신경 세포가 잘려 나갑니다. 그러면 오히려 학습을 하지 못하는 결과를 초래합니다. 이것저것 많이 시키는 당시에는 잘 모릅니다. 그런데 학년이 올라가면서 심각성이 드러나기 시작합니다. 심각한 상태가 되면 소아 정신과 치료를 받아야 하는 경우도 생깁니다.

● 한마디 쏙쏙

눈높이 교육은 놀이하는 모습을 관찰하는 데서 시작된다.

16

친구와 어울리지 못하는 아이, 어떻게 해야 할까?

#수동적인 아이 #애착 #인지 발달

만 4세 반을 맡고 있는 유치원 교사입니다. 온순한 성격의 소극적이고 수동적인 아이가 있습니다. 뭔가를 물어도 단답형으로 대답하고 친구에게도 먼저 말을 거는 일이 없습니다. 아이들에게 가장 인기 없는 장난감을 가지고 놀고, 그마저 다른 아이가 탐내면 싫다는 말도 못하고 빼앗깁니다. 아이는 만 3세가 되기 전부터 한글과 수학 공부를 시작했고, 많은 유아 교육 프로그램에 참여했다고 합니다. 요즘은 유치원이 끝나면 태권도와 피아노 학원에 다닙니다. 저녁에는 한글, 수학 학습지를 풀고 컴퓨터로 영어 공부를 한다고 합니다. 엄마의 열성에 비하면 아이의 인지 발달 속도는 평범한 것 같습니다. 아이의 사회성을 키워 주고 싶은데 교사로서 어떤 노력을 해야 할까요?

가정에서는 엄마가 아이와의 애착 형성에 신경 쓰고, 유치원에서는 교사가 친구들과 잘 놀 수 있도록 도와야 합니다. 지금 아이에게는 한글이나 수학 공부보다 부모와 즐거운 놀이를 하면서 자신이 사랑받고 있다고 느끼는 것이 중요합니다.

학령 전 아이를 키우는 엄마는 인지 발달보다 정서 사회성 발달에 관심을 기울여야 합니다. 남들보다 서둘러서 한글, 수학, 영어를 시작하면 다른 아이들보다 인지 발달도 빠르고 똑똑하게 키울 수 있을 거라고 생각하지만, 실상은 그 반대입니다. 학습을 너무 일찍 시작한 아이는 배우는 것 자체를 힘겨운 과제로 받아들이고 공부를 지겨워해서 흥미를 잃기 쉽습니다.

아이가 자라는 동안에는 엄마의 관심과 칭찬, 격려, 위로, 용기가 꼭 필요합니다. 아이들은 엄마 아빠의 칭찬을 먹고 자랍니다. 하지만 이렇게 과도한 학습을 하면 아이는 일상에서 칭찬받기가 어렵습니다. 부모의 눈높이가 달라져야 아이의 일상이 변하고 칭찬받는 하루 일과를 보낼 수 있습니다. 그러면 친구와 어울리는 데서도 즐거움을 찾게 됩니다. 친구들에게 자기 생각을 주장하기도 하고, 무언의 대화 속에서 통용되는 규칙도 배우면서 상호 작용을 하게 되는 것이지요.

여러 가지를 일찍 가르쳐도 소용없다고 느낄 때는 이미 늦은 때입니다. 아이는 정서 사회성 발달을 우선시해야 합니다. 지금부터라도 원칙을 정해서 노력하면 좋아질 수 있습니다. 도움될 수 있는 몇 가지 원칙을 제안합니다.

첫째, 아이의 마음을 잘 읽어 주세요. 가령, 장난감 자동차가 작동되지 않는다고 아이가 내던졌다고 합시다. 이럴 때 "그렇다고 장난감을 던지면 어떡해? 또 그러면 안 돼!"라고 하지 말고 "자동차가 작동되지 않아서 밉구나, 속상하겠네."라고 말해 주십시오. 무조건 혼내지 말고 아이의 기분을 이해하고 공감해 주십시오.

둘째, 아이의 생각과 의견을 존중해 주세요. "레고 놀이 그만 하고 퍼즐 맞추기 하자. 엄마 따라서 해 볼래?"라고 하지 말고 "레고 놀이가 재미있다고? 엄마도 같이해 볼까?"라고 말해 주십시오. 부모가 의견을 존중해 주면 아이는 자신감을 갖게 됩니다.

셋째, 아이에게 문제를 지적할 때도 무조건 꾸짖지 마세요. 예를 들어, 아빠가 통화 중인데 아이가 자꾸 말을 건다고 합시다. 이럴 때 "말 시키지 마! 저리 가."보다는 "아빠가 통화하는데 네가 자꾸 질문하니까 화가 나려고 해. 통화하는 아저씨 목소리가 들리지 않거든."이라고 말하세요. 그러면 아이는 아빠의 상황을 금세 알아차립니다. 무조건 꾸짖기부터 하면 마음에 상처를 입고 아빠에게 반항할 수도 있습니다.

넷째, 아이의 작은 도전도 격려해 주고 구체적으로 칭찬해 주세요. "그림 그리니? 그런데 무슨 집이 이렇게 생겼니? 이상하게 그리려면 그리지 마."와 같이 핀잔을 주어서는 안 됩니다. 그리고자 하는 대상의 표현이 정확하지 않더라도 "집이 파란 지붕이라 시원해 보이는구나."라고 아이만의 표현 방식을 인정해 주십시오. 아이는 자신감을 가지고 재미있게 그림 그리기에 열중할 것입니다.

17 만 5세에 대소변을 못 가리는 아이, 어떻게 해야 할까?

#배변 활동 #스킨십 #양육 태도

만 5세 된 아들을 둔 엄마입니다. 아들이 소극적이고 내성적이며 상처를 많이 받습니다. 저희 부부는 하루도 싸우지 않는 날이 없는데, 아이가 아빠한테 많이 맞습니다. 남편은 아이를 제대로 못 키울 거면 보육원에 데려다 주라면서 상처 주는 말도 서슴지 않습니다. 남편은 퇴근하면 게임만 하고 아이와 놀아 주지도 않고 어쩌다 아이가 아프다고 해도 상관없는 사람처럼 굽니다. 아이를 귀찮아하고 방임하는 아빠라고 할 수 있지요. 그래서 그런지 아이가 아직까지 대소변을 못 가립니다. 제가 어떻게 해야 하는지 조언을 듣고 싶습니다.

만 5세 된 아이가 아직 대소변을 가리지 못한다면 발달 지연으로 볼 수 있습니다. 아이들은 사랑을 먹고 자라는 존재입니다. 신체적, 정서적으로 학대를 받거나 방임된 상태에서는 정상적인 성장을 기대하기 어렵습니다.

요즘 학대받는 아이들이 늘어서 많은 조사가 이루어지고 있습니다. 아이들에게 가해지는 신체 학대의 86퍼센트가 부모에 의해 이루어진다는 보고는 그 심각함을 보여 줍니다. 학대하는 아버지들 중에는 자녀한테서 자신들의 부끄러운 과거가 떠올라서 때리고 괴롭히는 경우가 있습니다. 어떤 아버지들은 바깥에서 받는 스트레스를 집 안의 자녀에게 화풀이해도 된다고 생각합니다. 또, 어떤 아버지들은 자녀에게 어떻게 대해야 하는지를 몰라서 자신이 생각하고 자라 온 대로 학대를 대물림하기도 합니다. 모두 바람직하지 않습니다. 부모는 누구나 되지만 부모 교육을 받을 기회가 거의 없기 때문에 이런 일이 반복적으로 이루어진다고 생각합니다.

이 가정에서 가장 우선시해야 할 일은 부모의 양육관을 새롭게 바꾸는 것입니다. 말처럼 쉬운 일이 아님을 잘 알고 있습니다. 하지만 조금씩 실천해 간다면 불가능한 일은 아닙니다.

첫째, 아이 앞에서 부부 싸움 하지 않는 것을 기본 원칙으로 삼으십시오. 싸울 일이 있을 때는 동네 학교 운동장으로 나가서 싸우고 돌아오는 규칙을 만드는 것도 좋습니다.

둘째, 엄마는 아빠 앞에서 아이가 잘한 일을 하루에 한 가지 이상 칭찬해 주세요. 그리고 아이가 칭찬 들을 수 있는 기회를 포착해서 기분 좋게 칭찬해 주세요.

셋째, 아이가 엄마 아빠의 사랑을 느낄 수 있도록 스킨십을 자주 해 주십시오. 하루에 세 번씩 스킨십을 시작만 해도 서서히 좋아지고, 가족 내 분위기가 달라집니다. 스킨십은 아이의 정서에도 도움을 주고 위기 대처 능력도 좋아집니다.

이 가정은 지금부터 다방면으로 노력해서 분위기를 바꾸어야 합니다. 그렇지 않으면 아이가 더욱 심각한 상태로 발전될 가능성이 큽니다. 그러므로 아이를 위한 노력을 더 열심히 실천해야 합니다. 여러 가지를 모두 실행하기 어렵다면 지금 상태에서 정부나 소속 기관의 도움을 받으십시오. 부모 교육을 받고 아이 상태와 발달을 자세히 공부한다면 대소변 가리기와 같은 기본적인 문제는 간단히 해결될 수 있습니다. 지금 시기를 놓치지 말고 적극적으로 개입해야 합니다. 정서적으로 위축되고 방임된 일상에서 부모가 사랑으로 상호 작용을 시작하면 아이는 가정을 안전지대로 생각할 것입니다.

● 한마디 쏙쏙

정서적으로 학대를 받으면 정상적인 성장 발달이 어렵다.

18

지나치게 산만한 아이, 어떻게 해야 할까?

#산만한 아이 #언어 발달 #양육 태도

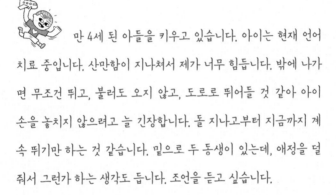

만 4세 된 아들을 키우고 있습니다. 아이는 현재 언어 치료 중입니다. 산만함이 지나쳐서 제가 너무 힘듭니다. 밖에 나가면 무조건 뛰고, 불러도 오지 않고, 도로로 뛰어들 것 같아 아이 손을 놓치지 않으려고 늘 긴장합니다. 돌 지나고부터 지금까지 계속 뛰기만 하는 것 같습니다. 밑으로 두 동생이 있는데, 애정을 덜 줘서 그런가 하는 생각도 듭니다. 조언을 듣고 싶습니다.

아이의 언어 미숙으로 부모의 훈육이 힘든 상황인 것 같습니다. 만 3세 이후부터는 진단이 가능하므로 산만성 검사를 받아보라고 권하고 싶습니다.

아이와 밖에 나가기 전에 절대로 뛰지 않기로 약속을 하십시오. 그리고 약속을 어길 경우에는 즉시 집으로 돌아오십시오. 아이에게는 약속을 지키지 않아서 집으로 돌아오는 경험이 필요합니다. 약속을 지키지 않으면 불이익을 얻는다는 것을 경험으로 알게 해야 합니다. 이런 경험을 두세 번만 해도 아이들은 자신의 행동 결과가 주는 의미를 깨닫습니다. 엄마와 약속한 규칙이 이제껏 말뿐이었고 한 번도 실천하지 않았다면 아이에게 그 규칙은 아무 의미가 없었을 것입니다.

약속을 지키지 않은 벌칙으로 아이가 좋아하고 즐겨 먹는 것을 못 먹게 하는 방법도 효과가 있습니다. 예를 들면, 동생을 때리면 젤리를 이틀 동안 못 먹게 하는 식입니다. 이틀 동안 젤리를 못 먹은 아이는 그 이후 행동이 다소 달라질 것입니다. 이런 일이 몇 번 더 반복되면 동생 때리는 횟수가 점점 줄어들게 됩니다.

엄마가 동생을 돌보느라 큰아이에게 신경을 덜 쓰면 아이는 엄마의 관심을 끌기 위해 더욱 더 산만하게 행동하는 경향이 있습니다. 이런 경우 아빠가 특별히 큰아이와 함께하는 활동을 구상하여 둘만의 시간을 가지면 좋습니다. 그 속에서 아이의 칭찬거리를 찾아 칭찬하고 "사랑한다."는 말을 해 주고 시선을 맞추며 자주 안아 주십시오. 적극적으로 말을 걸고, 사랑 표현을 구체적으로 하라는 말입니다.

아이가 무슨 말을 하면 아빠는 관심 있는 어조로 "좋은 생각인데!", "만약에 그런 일이 벌어지면 넌 어떻게 할 거니?"라고 묻고 답하는 말 걸기가 매우 중요합니다. 지금 언어 치료를 받고 있는 상황이므로 그 중요성은 더 큽니다. 일상생활에서 지속적인 관심과 사랑을 받으면서 아빠와 놀고 칭찬받고 인정받은 아이는 자극 허기가 채워지면서 자신감도 생깁니다.

상담 결과 산만성으로 판정되더라도 너무 걱정하지 마십시오. 부모가 적극적으로 놀아 주기만 해도 많이 나아집니다. 물론 한두 번 놀아 줘서 효과를 기대할 수는 없습니다. 학교 가기 전까지라도 집중해서 놀아 주면서 말 걸기를 하십시오. 말 속에서 부모의 사랑을 느낀 아이는 기대에 부응하려고 노력할 것입니다. 실천은 오로지 부모의 몫입니다.

● 한마디 쏙쏙
약속을 지키지 않으면 불이익을 얻는다는 경험이 필요하다.

19 아이에게 자꾸 핀잔을 하게 되는데,
어떻게 해야 할까?

#미술 교육 #창의성 #고정 관념

아들, 딸 두 아이의 엄마입니다. 아이들을 미술 학원에 보내고 있는데 그린 그림을 보면 칭찬보다 핀잔을 주게 됩니다. 그러지 말아야지 다짐해도 다른 아이의 그림을 보고 나면 좋은 소리가 안 나옵니다. 아이가 그림을 그릴 때 부모가 도와줄 일이 따로 있을까요? 아니면 하지 말아야 하는 행동이 있을까요?

아직도 미술 교육이 그리기라고 생각하는 부모들이 많습니다. 아이들에게 미술은 그리기뿐만 아니라 만들기, 꾸미기, 빚기, 감상하기 등 여러 가지를 시도해 볼 수 있는 분야입니다.

특히 아이의 그림이 마음에 들지 않거나 부족해 보인다고 부모가 나서서 그림을 고쳐 주는 경우가 있는데, 아이의 창의성 발달을 망치는 지름길입니다. 예를 들어 보겠습니다. 동물원에 다녀온

후 만 5세 아이에게 토끼를 그려 보라고 했습니다. 아이는 큰 동그라미 안에 작은 동그라미 하나만 달랑 그렸습니다. 토끼라면 커다란 귀가 있어야 한다고 생각한 부모는 크게 실망했습니다. 그리고 "우리 애는 그림에 소질이 없네."라고 판단했지요.

자, 부모의 판단은 과연 옳았을까요? 사실 그 반대일 가능성이 높습니다. 아이는 두 마리 토끼가 뛰어가는 모습을 그린 것이었습니다. 두 개의 동그라미는 토끼의 뒷모습인 것이지요.

그렇습니다! 부모는 어른의 고정 관념을 깨고 아이의 창의적인 생각과 발상을 발견해 주고 즐겨야 합니다.

아이가 다니고 있는 학원을 언제까지 보내야 하느냐를 놓고 고민하는 부모들도 많습니다. 아이들이 지겨워할 때가 그만 보내도 되는 시기가 아닐까 싶습니다. 또, 화가로 키우기 위해 미술 학원에 보낸 것이 아니므로 학년이 올라가면서 학교 공부의 비중이 높아지면 그때 판단해서 중단해도 됩니다. 그동안 여러 방법으로 그림을 그려 본 아이는 자신감을 갖게 되었을 것입니다. 그림 그리기 대회에 나가 상을 받은 적이 있다면 그 자신감은 꽤 오래갑니다.

초등 저학년까지의 아동이 그린 그림을 분석한 자료를 보면 그림을 통해 아이의 마음, 생각, 느낌을 알 수 있습니다. 그림은 아이의 마음을 보는 좋은 도구가 됩니다. 아이의 그림을 보고 부모가 느끼는 대로 얘기해서 본의 아니게 상처를 주는 경우를 종종 봤습니다. 아이가 그린 그림을 이해하려면 먼저 무엇을 그렸는지 이야기를 들어야 합니다. 아이의 솔직한 이야기를 끌어낼 수 있도록 유도하는 것이 중요합니다.

유치원을 다니는 아이가 엄마 얼굴을 그렸는데 입 모양이 크기도 했지만 입술과 입 안을 빨간색으로 마구 덧칠해 놓았습니다. 선생님이 너무 궁금해서 물었습니다.

"엄마 입이 왜 이런 거야? 말해 줄 수 있어?"

"우리 엄마는 잔소리가 많아요. 그림에서는 입이 없는 거예요."

아이는 입 모양을 그린 곳에 덧칠해서 아무것도 없는 것으로 표현한 것입니다. 그 아이는 6개월이 지난 뒤에 입을 없애지 않고 엄마를 그렸습니다. 그리고 "이제 엄마가 좋아요."라고 했다고 합니다. 그림을 통해 엄마에 대한 마음이 6개월 전과 달라졌음을 알게 된 셈입니다.

●한마디 쏙쏙
어른의 고정 관념을 깨고 아이의 창의적인 발상을 발견해야 한다.

20 말하지 않고 울기부터 하는 큰아이, 어떻게 해야 할까?

#손톱 물어뜯기 #퇴행 #애정 결핍

만 4세 아들과 만 2세 딸을 키우고 있습니다. 요즘 큰 아이의 우는 횟수가 늘었습니다. 의사 표현도 하지 않고 울기부터 하는데, 저는 그냥 놔두는 편입니다. 저희는 네 식구가 한 방에서 자는데, 큰아이가 자다가 고함을 쳐서 놀란 적이 많습니다. 손톱을 물어뜯어 혼낸 적도 있습니다. 발음이 부정확해서 최근에 치료를 받기 시작했습니다. 아이한테 무슨 문제가 있는 걸까요?

―――――― **아이가 보이는 전반적인 행동의 원인은 애정 결핍입니다.** 동생이 생기면서 이런 증상이 더 심해졌다면 퇴행성 행동으로 볼 수 있습니다. 이런 경우 울 때마다 아이가 바라는 대로 문제를 해결해 주었다면 자신이 울보가 되어야 원하는 것을 얻을 수 있다고 생각했을 것입니다. 즉, 울보는 만들어지는 것입니다. 따라서 울지

않고 말로 표현하도록 지도하고, 아이와 좀 더 세심하게 상호 작용하여 신뢰감을 쌓아야 합니다.

아이가 잠을 자다가 고함을 치는 문제는 낮에 격렬한 놀이를 했는지, 심하게 놀란 적이 있는지를 알아보기 바랍니다.

손톱을 물어뜯는 것은 욕구 불만으로 나타나는 행동입니다. 꼭 안아 주기, 뽀뽀하기, 사랑한다고 말해 주기, 둘만의 산책 즐기기, 동생 앞에서 야단치지 않기, 큰아이 앞에서 동생을 예뻐하거나 칭찬하지 않기 등 큰아이가 엄마의 애정을 충분히 느낄 수 있도록 배려해야 합니다. 동생으로 인한 퇴행성 행동을 하는 큰아이에게는 각별한 사랑이 필요합니다.

아이의 성격이나 행동은 지금부터 엄마가 어떻게 하느냐에 따라 달라질 수 있습니다. 부정확한 발음은 조기에 교정을 받으면 치료 기간을 단축할 수 있습니다.

우리는 모두 그날의 감정이나 정서로 살아갑니다. 따라서 하고 싶은 말이 있으면 자유롭게 할 수 있도록 허용하는 분위기를 만들어 주십시오. 아이가 속상한 마음을 털어놓고 엄마로부터 공감을 받는다면 의사 표현도 자유롭게 하게 될 것입니다.

아이의 부정적인 감정을 풀 수 있는 놀이가 있습니다. 바로 신문지 찢기 놀이입니다. 언제든 신문지 찢기 놀이를 할 수 있을 정도로 신문지 양을 모아 두십시오. 빈방에서 신문지를 방 가운데에 놓고 가족이 모두 해도 좋고, 큰아이가 원하는 대로 셋이나 둘이서만 해도 좋습니다.

우선 아이와 함께 앉아서 신문지를 접은 결대로 찢습니다. 아이는 신문지를 찢을 때 나는 소리를 들으면서 긴장감을 풀고, 손의 소근육을 활발하게 움직이면서 정서적인 해방감을 맛보게 됩니다. 찢어진 신문지가 어느 정도 방에 쌓이면 공중에 던져 보고 그 속에서 온몸을 구르며 놀게 하십시오. 엄마, 아빠도 함께 즐기시기 바랍니다.

충분히 놀고 나서는 찢어진 신문지들을 뭉쳐서 공을 만드십시오. 축구공, 야구공, 배구공 등 다양한 크기로 단단한 공 모양을 만들면 테이프로 고정시키십시오. 공 만드는 데 작업 시간이 꽤 걸리는데, 오랜 시간 작업을 같이하다 보면 공동체 의식도 생길 것입니다.

나중에는 방구석 모퉁이에 한 명씩 자리를 잡고 공을 굴려서 상대방에게 골인시키면서 노십시오. 그러고 나면 아빠와 눈만 마주쳐도 그 방에 가서 놀자고 할 것입니다. 신문지 찢기 놀이는 놀이 치료의 기능도 있어서 여러 번 하다 보면 가족애도 돈독해지고 많은 문제가 해결됩니다. 오늘부터 신문지를 모아서 주말에 한번 시도해 보기 바랍니다.

● 한마디 쏙쏙
울보는 태어나는 게 아니라 만들어진다.

21

화장실을 자주 가는 아이,
어떻게 해야 할까?

#소변을 자주 보는 아이 #애정 결핍 #양육 태도

만 4세 된 딸아이의 엄마입니다. 아이가 예전부터 음료수를 마시면 곧바로 화장실에 가곤 했습니다. 요즘에는 그 정도가 심해져서 5분 간격으로 화장실을 들락거립니다. 병원에서는 별 이상이 없다고 하는데, 이대로 둬도 괜찮을까요?

─────── **아이가 뭔가에 시달리고 있는지 살펴보십시오.** 생리적인 문제라기보다 심리적인 문제로 보입니다. 음료를 마신 양에 비례해서 화장실을 가는 것이 아니라 엄마의 눈치나 소변 실수에 대한 염려, 말할 수 없는 힘든 상황 때문에 나타나는 강박적인 행동인 것 같습니다. 무의식적인 불안감에 시달리면 이런 행동을 반복하면서 스스로 자기방어를 하게 됩니다.

아이는 자기 행동을 합리화하기 위해 정말로 소변이 나올 것 같아서 화장실을 가는데 실제로 아주 적은 양의 소변을 눕니다. 아마 그냥 화장실을 다녀오는 경우가 더 많을 것입니다. 생리적인 문제가 아니기 때문에 그렇습니다.

엄마가 아이를 크게 야단친 다음에 그런 행동이 잦아졌다면 아이에게 진심으로 미안하다고 말하십시오. 아니면 아이 나름대로 감정이 눌려 있거나 해결할 수 없는 사건으로 힘들어하는지 살펴보십시오. 부모의 이혼이나 별거로 엄마와 살아야 한다든지, 혹은 아빠와 살아야 한다든지 같은 문제로 아빠나 엄마를 그리워하는 문제가 있다면 찾아서 해결해야 합니다. 또, 동생이 생겨 부모로부터 애정 결핍을 느껴 그런 행동을 하는지도 살펴야 합니다.

 우리 아이 제대로 알기 · 6

아이에게 배변 · 배뇨가 가지는 의미

1. 스스로 조절하면서 얻는 성취감

아이가 먹고 자고 운동하는 것은 성장하고 있다는 증거이기도 하지만 아이 스스로에게 커다란 즐거움이기도 합니다. 여러 가지 신체 활동이 그렇지만 특히 대장의 움직임으로 변을 보는 것은 신기하고 뿌듯한 경험입니다. 아이가 자기 뜻대로 대뇌에 지령을 내려 괄약근을 조절하여 배설할 수 있다는 것은 무척이나 의미심장한 일입니다.

2. 세상에 대처하는 능력의 첫걸음

아이는 생후 24개월이 지나면 자기 몸의 많은 부분을 통제할 수 있습니다. 즉, 통제 능력뿐만 아니라 자기 몸을 자유자재로 움직일 수 있는 운동 능력도 갖게 되고, 주어진 상황에 수동적으로 만족하던 수준에서 벗어나 적극적으로 고통을 피하고 즐거움을 찾아낼 수 있습니다. 성공적인 배변 훈련은 아이들에게 만족감과 성취감을 안겨 주고, 나아가 창조적인 아이로 커가는 기틀을 마련해 줍니다. 배변 훈련을 서두르지 말고 점진적인 과정이 되도록 도와주십시오.

● 한마디 쏙쏙

화장실을 자주 가는 것은 심리적인 문제일 때가 많다.

22

성기를 만지작거리는 아이,
어떻게 해야 할까?

#자위 #성적 호기심 #양육 태도

만 5세 딸아이의 엄마입니다. 아이가 엎드려서 자는 편
인데 자다가 성기 쪽을 비비곤 합니다. 작년까지는 가끔 방에 들
어가서 혼자 그러기도 했습니다. 아이에게 알아듣게 설명했더니
그런 행동이 나타나지 않았는데 요즘 들어 잠결에 비비는 모습을
보입니다. 제가 어떻게 해야 하는지 조언 부탁드립니다.

우연히 자신의 신체 일부를 접촉하면서 즐거움과 만족감을
얻는 경우, 아이들은 습관적으로 그 접촉 행위를 하게 됩니다. 대표적으로
손가락 빨기, 머리카락 꼬기, 이 갈기 등이 있는데, 성기를 만지는
행위도 이에 해당됩니다.

일반적으로 성에 대한 호기심이 많아지는 시기는 사춘기지만
3~6세 사이에도 성에 대한 관심이 높습니다. 그래서 이 시기의 남

자아이는 손으로 성기를 만지거나 옷이나 방석에 성기를 문지르고, 여자아이는 손가락으로 성기를 자극하거나 장난감 등을 질 속에 넣기도 합니다. 아이들의 이러한 행동은 특별히 어떤 의미가 있다기보다는 자신의 신체에 관심을 보이는 행위 중 하나입니다. 발가락이나 귓불을 만지는 것과 마찬가지로 성기 역시 자신의 손에 닿는 신체의 일부분으로 알고 만지작거리다가 그곳에 특별한 쾌감이 있다는 것을 알게 되는 것이지요.

아이가 좋은 기분을 느끼려고 자꾸 성기를 만지는 것은 지극히 정상적인 자기 발견의 과정입니다. 그러나 대부분의 부모들은 아이가 자위행위하는 것을 보면 매우 당혹스러워합니다. 자위행위가 비도덕적이고 건강을 해치는 행위라고 생각하는 부모들은 "너 뭐 하는 거니? 그러면 안 돼!"라고 기겁하거나 야단칩니다. 어른들의 이러한 반응은 자칫 아이가 자신의 몸을 탐구하며 즐기는 행위에 대해 죄의식을 느끼게 할 수 있습니다. 엄마 아빠가 놀라는 모습이 재미있어서 성기 만지는 행동을 계속하는 아이도 있습니다. 따라서 아이가 자위행위하는 걸 보았을 때 부모가 부정적인 반응을 보이지 않는 것이 중요합니다. 부모의 과잉 반응은 아이가 수치심을 느끼게 할 뿐 자위행위를 막는 데 아무런 도움이 되지 않습니다. 오히려 역효과를 내게 할 가능성이 큽니다. 부모가 싫어하는 걸 알게 된 아이는 숨어서 자위행위를 하게 되고, 그러면서 자신의 행동에 대해 죄의식을 갖게 됩니다.

그러므로 아이가 자위행위하는 모습을 보았을 때는 당황하는 기색을 보이지 말아야 합니다.

"성기는 아주 중요한 곳인데 만지다가 세균이 들어가면 안 되겠지?"

이렇게 말하면서 자연스럽게 위생상 좋지 않은 행위임을 알려 주거나 아이가 평소 좋아하는 놀잇감을 주어 관심을 다른 데로 돌리는 것이 좋습니다. 아이가 성기에 관심을 가질 기회를 주지 않는 방법도 있습니다. 예를 들어 아이 혼자 화장실에 너무 오래 있지 않게 하거나 아침에 일어나면 바로 이불 속에서 나오게 하는 것입니다. 잠들기 전에 혼자 있는 시간이 없도록 하는 것도 좋습니다.

서양에서는 아이가 가족들 앞에서 자위행위를 하면 창피를 주거나 혼내지 않습니다. 대신에 "네가 재미있어 하는 거 아는데 여기는 가족들이 함께 있는 거실이잖니?"라고 말하여 자연스럽게 자위행위가 사적인 행위라는 것을 알게 해 줍니다. 아이들의 자위행위가 자연스러운 성장 과정에 있는 행동이라는 인식을 가지고 있기에 가능한 일일입니다. 자위행위는 정상적인 행위이며, 지나치지만 않다면 자연스러운 성적 자기 발견의 과정입니다. 그러므로 부모들은 아이의 행동을 정상적인 성장 발달의 과정으로 받아들이며 슬기롭게 대처해야 합니다.

● 한마디 쏙쏙

아이가 성기를 만지작거리는 것은 정상적인 성장 발달 과정이다.

23

우울증에 시달리는 엄마,
아이는 괜찮을까?

#애착 #우울증 #양육 태도

만 4세 된 아들을 둔 엄마입니다. 저는 산후 우울증이 있었는데, 지금도 시부모님과 함께 살면서 재택근무를 하다 보니 종일 스트레스를 받습니다. 빌라 위층에는 고모가 사는데 매일 아이와 함께 우리 집으로 내려옵니다. 저희 아이랑 고모 아들이 수시로 싸우는데, 눈치가 보여 아들을 더 야단치게 됩니다. 요즘은 산후 우울증이 우울증으로 이어진 것 같아 아이를 돌보기도 힘듭니다. 아이는 "엄마, 심심해."라는 말을 입에 달고 사는데, 아무것도 하지 않고 제 곁에만 있으려 합니다. 이런 환경에서 아이를 키워도 문제가 없는지 궁금합니다.

먼저 아이의 상황을 얘기하면 안타깝게도 그 누구에게도 기댈 수 없는 환경입니다. 지금 아이에게는 부모도, 세상도 두려움의 대상입니다. 가정에서도 엄마는 안전지대가 아닙니다. 엄마의 힘없고 우울한 모습은 아이에게 불안정 애착의 원인이 되었을 것으로 보입니다.

상담을 청한 엄마는 재택근무를 하고 시부모님을 모시면서 스트레스 속에 살고 있습니다. 시부모님이 짬짬이 아이를 봐 줘서 아이와 단둘이 놀며 시간을 보내는 게 아니라 회사 일과 식사 준비 등을 하면서 쉴 새 없이 노동으로 하루를 보낼 것으로 추측됩니다. 아이들끼리 싸움이 났을 때 집안이 편하려니 아들만 혼내게 되는 상황은 이해됩니다. 하지만 아이 입장에서 보면 엄마가 자신을 위로해 주기는커녕 상처를 더 주는 상황입니다. 그래서 아이에게는 엄마도, 고모도, 할머니도 안전지대가 아니고 두려움의 대상입니다. 아이는 위로의 경험보다는 야단과 방치, 꾸중으로 매일을 보내는 상황입니다. 불안정 애착인 아이는 세상이 두렵기 때문에 아무것도 안 하는 것이 가장 좋은 선택이라고 생각할 것입니다.

"심심해."라고 말은 해도 탐색을 하지 않으면 수동적인 아이로 자라게 되어 혼자 주도적으로 뭔가를 해야 할 때 어려움을 겪습니다. 불안감이 많은 아이들은 자신의 불안을 다루는 데 온 힘을 쓰느라 다른 기능의 발달이 늦어집니다. 이와 정반대로 여기저기를 들쑤시고 다니면서 지나치게 산만한 아이는 두서없이 행동하는 것일 뿐 집중하여 놀이나 관찰을 한다고 할 수 없습니다. 이 경우도 불안정 애착된 경우입니다.

엄마의 우울 정서는 아이가 그대로 보고 배웁니다. 거울 뉴런에 따르면 분노와 우울감, 슬픔은 그대로 전염된다고 합니다. 남들이 웃거나 우는 모습을 보고 있어도 우리의 얼굴이 웃거나 우는 것처럼 활성화된다고 합니다. 이런 모방 행동은 우리의 의지와 관계없이 신경 뉴런에 의한 자동적 기능입니다. 옆 사람이 하품하면 따라서 하품하고, 조는 모습을 보면 나도 졸리는 것이 그 예입니다. 부부가 오래 살수록 닮는다는 말도 거울 뉴런과 관련 있습니다. 20년간 5,000명을 추적 연구한 결과, 1.6킬로미터 이내에 거주하는 주변 사람들이 긍정적이고 행복감을 느끼면 자신도 긍정적이고 행복감을 느끼면서 살고, 주변 사람들이 우울하고 부정적으로 살면 자신도 우울하고 부정적인 정서로 산다는 연구 결과도 있습니다. 엄마가 느끼는 우울 정서는 아이의 우울 정서로 바로 이어집니다. 엄마가 행복해야 아이와 가정이 행복해진다는 점을 기억하기 바랍니다.

● 한마디 **쏙쏙**

엄마의 우울한 모습은 불안정 애착의 원인이 된다.

24

분노 조절이 안 되는 엄마,
아이는 괜찮을까?

#이혼 #경제적 빈곤 #양육 태도

만 5세 된 아이의 엄마입니다. 이혼하고 피아노 레슨을 하며 생계를 꾸리고 있습니다. 일하러 갈 때는 아이를 아래층에 맡기고 다녀오는데, 돌아오면 아이가 울거나 울다 지쳐 쓰러져 자고 있습니다. 그 모습을 보고 많이 울기도 했습니다. 그런데 아이가 말대꾸를 심하게 해서 마구 때린 적이 있는데, 그날은 미안한 마음이 들지 않았습니다. 이런 제가 정상적인 엄마의 모습인지 묻고 싶습니다.

─────── 매일의 삶이 얼마나 고달프고 힘든지 짐작됩니다. 실제로 육아를 하면서 아이를 돌볼 수 있는 인적 자원도 물적 자원도 없는 상황에서 모든 것을 혼자 한다고 할 때, 아이에게 잘하기는 정말 어렵습니다. 연구 보고에 따르면 이혼으로 한 부모 가족이 맞게

되는 가장 큰 장애 가운데 하나가 한 부모 혼자서는 부모 노릇을 잘하지 못할 것이라는 부정적인 생각이라고 합니다.

이 상담 사례를 보면 하루하루 고달픈 상황이 눈앞에 그려질 정도입니다. 일하러 갈 때마다 아이를 아래층에 맡기고 나간 것만 봐도 힘든 상황임을 알 수 있습니다. 어쩌다 아이를 한두 번만 때려도 신체 학대인데, 마구 때리고도 미안한 마음이 없다면 엄마가 극도로 좌절된 상태입니다. 엄마의 가사 활동과 생계 부양자 역할, 결핍된 부모 역할 등으로 어려움과 좌절을 겪는 경우입니다.

엄마에게 전문가 상담이 필요합니다. 또한 아동 학대에 노출되고 있는 아이의 보호를 위해 근처 어린이집을 활용하여 아이와 엄마 모두에게 국가의 도움이 필요한 상황입니다. 엄마의 이미 고장 난 분노 조절 장치로 인해 아이에게도 분노를 그대로 줄 가능성이 높습니다. 감정은 적절하게 표현하면 해소되지만, 자신의 감정을 무시하거나 억압하여 내면에 쌓이게 되면 폭발할 일만 남습니다.

6세 이전의 아이와 엄마와의 관계에서 감정 교류에 문제가 있으면 분노 조절 장치가 고장 납니다. 이런 경우 분노가 평생 동안 내면에 자리 잡게 되어 성인이 되어서도 분노 조절이 안 되는 사람이 될 수 있습니다. 그러면 스스로 우울해하거나 분노 조절 장애로 타인에게 지속적으로 상처를 주게 됩니다. 엄마가 적극적으로 상담을 받아 분노를 조절해야만 아이에게도 전이시키지 않을 수 있습니다.

25 이혼했는데 아빠를 찾는 아이, 어떻게 해야 할까?

#이혼 #지속적 관계 #양육 태도

얼마 전에 이혼한 두 아이의 엄마입니다. 만 4세 된 큰 아들은 시댁에서, 만 3세 된 딸아이는 제가 키우고 있습니다. 딸아이가 아빠가 어디 갔는지 자꾸 물어보는데 그때마다 뭐라고 대답해야 할지 모르겠습니다. 그냥 "아빠는 회사에 갔어. 아빠도 널 사랑하고 많이 보고 싶어 해."라고 했는데, 앞으로가 더 걱정입니다. 어떻게 답을 해야 아이가 상처받지 않고 이해할 수 있을까요? 큰 아이도 보고 싶은데 잊을 만하면 엄마가 나타나 상처를 주는 게 아닌가 싶어 만나지 못하고 있습니다. 조언을 부탁드립니다.

부부가 이혼을 했더라도 두 아이에게는 여전히 엄마 아빠입니다. 따라서 지속적인 관계를 가져야 아이들이 정서적으로 안정을 찾습니다. 아이들끼리도 서로 만날 기회를 마련해 주어야 훗날 자랐을 때 남매로 지낼 수 있습니다.

아이들과 만날 때 한 번은 아빠가 두 아이를 모두 만나서 공원도 데려가고 식사도 같이하면서 시간을 보내고, 한 번은 엄마가 두 아이를 모두 데리고 영화도 보고 식사도 하는 것이 좋습니다. 이때 아빠 엄마가 아이들 듣는 데서 상대방을 비방하는 말은 하지 말아야 합니다. 예를 들면, 아이들에게 "아빠는 지금도 술 많이 마시니?" 또는 "넌 저녁은 제대로 먹니?"와 같은 말로 상대 배우자를 흉보듯이 물어서는 안 됩니다. 오직 아이들의 성장과 발달에 지속적인 관심을 보여 주어야 합니다.

만 5세 이전에 부모가 이혼하는 경우, 어린아이들은 엄마 아빠의 이혼이 자기 때문이라고 생각하는 경향이 있습니다. 그래서 부정적인 자아상을 가질 수 있으므로 이혼하기 전처럼 정서적으로 편안하게 해 줄 필요가 있습니다.

딸아이가 아빠를 찾을 때 전화로 욕구를 채워 주거나 주말에 만나 무엇을 할지 상의하여 늘 아빠와 뭔가를 할 수 있다고 느끼도록 해야 합니다. 딸아이에게 이혼 사실을 숨기고 거짓으로 포장하기보다는 아이들 수준에 맞게 사실적으로 말해 주는 것이 앞으로 생길 문제를 줄일 수 있습니다. 가령, "친한 친구도 가끔 싸우고 말하기 싫을 때 있잖아. 엄마 아빠도 지금 그런 상태야. 그래도 엄마 아빠는 너희들을 사랑하고 늘 보고 싶어 해."라고 말해 주세요. 이런 말을 할 수 없는 경우라면 엄마의 보살핌과 도움을 예전보다 더 많이 쏟아서 아이의 허전함을 채워 주어야 합니다.

현실적으로 따로 혹은 같이 지내면서 아이들이 보이는 감정 뒤의 감정, 즉 초감정을 잘 읽을 수 있는 5단계가 있습니다.

1단계는 아이들의 감정을 잘 인식하는 것입니다. 아이의 현재 감정이 어떤지, 왜 이런 감정으로 표현하는지 이해하는 것입니다.

2단계는 아이들의 감정과 좀 더 가깝게 되는 시간 혹은 교육의 기회로 삼는 것입니다.

3단계는 아이들이 느끼는 감정을 언어로 표현하는 것입니다. 즉, "지금 화가 났구나.", "오빠 때문에 짜증났구나."라는 식으로 말이지요.

4단계는 아이들이 느끼는 감정을 비난하지 않고 충분히 표현하도록 격려하는 것입니다.

5단계는 이런 과정들을 통해 아이들 스스로 자신의 문제를 해결하도록 돕는 것입니다.

이 과정은 아이들의 내면과 감정을 살피고 인정해 주는 일을 반복하는 것입니다. 그러다 보면 스스로 문제를 해결할 정도로 마음이 가벼워지는 효과가 있습니다. 상황은 달라진 것이 하나도 없지만, 말하고 이야기하고 또 말하다 보면 마음이 가벼워지면서 나름의 해결책을 찾게 됩니다.

● 한마디 쏙쏙

어린아이들은 엄마 아빠의 이혼이 자기 때문이라고 생각한다.

4장

싸우거나
말 안 듣거나
6세 아이들

1

늘 치고받고 싸우는 형제,
어떻게 해야 할까?

#형제 싸움 #화해 #양육 태도

두 살 터울의 형제를 둔 엄마입니다. 아이들이 끊임없이 싸워서 머리가 아픕니다. 싸움을 말리다 보면 큰아이를 더 나무라게 되는데, 그럴 때 작은아이가 형을 우습게 보는 것 같습니다. 제가 혹시 잘못하고 있는 건지 궁금합니다.

──────── **둘이나 세 아이를 키우는 집은 조용할 날이 없습니다.** 두말할 것도 없이 가장 큰 소란은 형제자매끼리의 크고 작은 싸움이 벌어졌을 때입니다.

성장 과정의 아이들에게는 형제나 또래 친구가 부모만큼이나 중요한 존재입니다. 아이들은 서로를 흉내 내면서 놀고, 자기들끼리 울타리가 되어 주기도 했다가 치고받고 싸우기도 합니다.

성장 과정에서 아이들의 싸움은 매우 자연스러운 현상입니다.

아이들은 싸우면서 남과 어울리는 법을 배웁니다. 이 시기 아이들은 자기중심적 사고를 하기 때문에 다른 사람의 입장을 고려하지 못하고, 그때그때 기분에 좌우되어 행동하는 경향이 있습니다. 특히 다른 아이에게는 양보도 잘하고 사이좋게 지내는데 유독 동생에게만은 한 치도 양보하려 하지 않고, 오히려 적을 대하는 듯한 태도를 보이기도 합니다. 심한 경우 친구와 한편이 되어 동생과 대적하기도 합니다.

아이들끼리의 싸움에 매번 어른이 개입할 필요는 없습니다. 그러나 결론이 나지 않을 것 같을 때는 부모가 개입하되 어느 한쪽 편을 들어주는 재판관이 아니라 중재자가 되어야 합니다.

아이들은 아직 감정이 즉흥적이고 일시적이기 때문에 한동안 서로 떼어 놓기만 해도 금세 다투기 전의 관계를 회복합니다. 그러니 아이들을 떼어 놓아 어느 정도 감정을 가라앉힌 후에 한자리에 불러 각자의 의견을 들어 주면 됩니다. 감정이 격해진 상태에서는 서로의 말을 듣지 못했을 수 있으므로 이런 과정을 통해 자신의 생각을 상대방에게 충분히 전달할 수 있게 하는 것입니다.

어떤 부모는 아이의 호소를 건성으로 들으면서 "무조건 네가 잘못한 거야."라거나 "네가 사과하는 게 맞아."라고 결론을 내리기도 합니다. 그러면 아이는 힘에 의한 복종을 학습하게 됩니다. 특히 큰아이만 야단치는 경우 자칫 작은아이가 형을 우습게 볼 수 있습니다. 가장 좋은 방법은 큰아이에게 책임을 주어 동생을 다스리게 하는 것인데, 두 살 터울인 경우에는 동생 다스리기가 사실상 불가능합니다.

형제 싸움에 사사건건 끼어들어 말리다가 결국에는 "엄마가 너희들 때문에 속상해서 못 살겠어."라고 한탄조로 말하는 것은 아이들에게 아무 도움이 되지 않습니다. 최소한의 규칙을 정해 주고 싸운 뒤에는 아이들이 스스로 화해할 시간과 기회를 주십시오. 단, 어느 한쪽의 나쁜 습관이 다툼의 원인이라면 그 아이의 나쁜 습관을 고쳐 주는 것이 우선입니다. 또한, 너무 심한 몸싸움이나 공격적인 행동에 대해서는 부모가 적절히 개입해서 지도할 필요가 있습니다.

부모 입장에서는 원칙을 가지고 객관적으로 중재한다고 해도 두 아이 중 하나는 "왜 맨날 나만 혼내요?"라고 서럽게 울어댈 것입니다. 아이들은 싸우면서 자라는 게 당연하지만 부모가 어떻게 대처하느냐에 따라 결과는 크게 달라집니다. 특히 아이들의 성품에 결정적인 영향을 미칩니다.

동생이 어리다는 이유로 큰아이를 야단치게 되면 자신의 마음을 몰라준다고 생각하는 큰아이는 늘 엄마의 사랑이 부족하다고 느끼게 됩니다. 동생이 엄마의 사랑을 독차지한다거나 엄마의 사랑을 나누어 갖고 싶다고 생각하는 순간 큰아이는 외로움을 느끼게 됩니다. 반대로 동생을 야단치게 되면 형제간의 위계는 세울 수 있을지 몰라도 작은아이는 '엄마는 늘 형만 좋아해.', '엄마는 언제나 형 편만 들어.'라고 생각하게 됩니다. 결론적으로 큰아이, 작은아이 모두에게 행복한 중재법은 지구상에 없습니다. 그럼에도 불

구하고 아이들이 느끼는 슬픔과 외로움을 덜어 줄 수 있는 방법은
있습니다.

첫째, 싸움을 즉시 중단시키고 치고받는 아이들을 떼어 놓으십
시오. 각각 다른 공간으로 이동시켜 감정을 가라앉히고 침착해질
수 있는 잠깐의 시간을 만들어 주는 것이지요. 이때 엄마의 목소
리 톤은 낮으면서 단호해야 합니다.

둘째, 두 아이 모두에게 왜 싸우게 되었는지 설명할 기회를 줍니
다. 아이가 이유를 설명하거나 변명할 때 지레짐작하면서 끼어들
어 확인하거나 야단치지 않도록 주의하십시오. 두 아이의 이야기
를 전부 들어 주되 누가 잘못했는지 판단을 내려서는 안 됩니다.
그저 아이들의 심정을 각각 엄마의 말로 다시 말해 주고 "엄마는
누가 더 잘못했는지 정말 판단하기 힘들구나. 누가 더 잘못했는지
너희들끼리 이야기해 보렴."이라고 숙제를 내주십시오. 아이들이
다시 다툴 것 같지만 우려하는 것과 달리 자기들끼리 쉽게 결론을
내리고 미안하다고 사과하면서 다시 놀이에 빠집니다.

이 방법은 싸움을 쉽게 해결할 수 있을 뿐만 아니라 아이들 스
스로 부모의 사랑을 골고루 받았다고 느끼게 합니다. 아이들은 싸
움이 왜 일어나고 어떻게 된 상황인지를 엄마에게 이야기하면서
이미 많은 위로를 받습니다. 또한 서로 상대방의 입장을 들으면서
좀 더 미안한 쪽이 생기게 되어 쉽게 화해가 이루어집니다.

2 친구와 어울리지 못하고
혼자 노는 아이, 어떻게 해야 할까?

#사회성 발달 #또래 친구 #칭찬

유치원에 다니는 만 6세 아들을 둔 엄마입니다. 아이는 어른에게는 애교도 많고 친근하게 행동하지만, 친구와는 사이가 별로 좋지 않습니다. 장난감을 빼앗거나 친구를 속상하게 하는 말을 거침없이 합니다. 친구들이 놀아 주지 않는다며 유치원에 가기 싫다고도 말합니다. 그런데 막상 친구들이 있는 곳에 가면 머뭇거리면서 끼지 못하고 혼자 놉니다. 대체 뭐가 문제일까요?

유치원을 다니는 아이는 교사의 지도에 따르면서 친구와 노는 법을 배워야 합니다. 놀이를 할 때는 규칙이 필요하고 어겼을 때는 불이익을 경험해야 합니다. 예를 들면, 친구에게 바보라고 놀릴 경우에는 놀이를 중단시키거나 좋아하는 장난감을 가지고 놀 수 없다는 규칙을 만드는 것입니다. 약속대로 아이들에게 바보라고 놀리는 일 없이 잘 놀았다면 반드시 칭찬해 주십시오. 칭찬을 많이 들은 아이들은 점진적으로 달라집니다. 아이보다 나이 어린 아이를 돌보게 해서 잘 돌보면 칭찬받는 횟수를 늘리는 것도 방법입니다.

또래 아이들끼리의 문제는 그들만의 언어와 느낌으로 서로를 읽으면서 여러 놀이 상황에서 타협해 가도록 해야 합니다. 그런데 자기 생각만 주장한다든지 자기가 싫은 아이하고는 절대 놀지 않겠다든지 하여 또래 안에서 미움을 받게 되면 아이들과 어울리는 것보다 혼자 있는 것을 더 편하게 느끼게 됩니다. 그런 문제가 생기면 아이가 친구들과 만날 수 있는 기회가 만들어지도록 친구 엄마들과 커피 타임을 가질 필요가 있습니다.

아이의 발달을 크게 보면, 늘 정상 곡선으로 상승만 하는 게 아닙니다. 어느 시기에는 제자리에 머문 듯 평행을 유지할 때도 있습니다. 부모들은 이런 시기가 되면 걱정을 하는데, 다시 상승 곡선을 타기 위한 휴식기이므로 여유를 가지고 지켜봐야 합니다.

사회성이 능숙한 아이일수록 전 단계인 미성숙한 단계를 꼭 거칩니다. 옆에 친구와 잘 놀고 싶다는 표시로 머리카락을 잡아당긴다든지, 옷자락을 잡고 놓지 않아 옷이 늘어지게 하는 식이지요. 그러다가 점차 세련된 방법을 찾게 됩니다. "오늘 끝나고 우리 집에 가서 놀래?"라고 말을 건네는 식이지요. 이 정도로 의사소통을 하는 아이는 사회성이 상당히 발달했다고 볼 수 있습니다. 어떤 아이가 되었든 사회성은 유치함에서 시작된다는 것을 기억하기 바랍니다.

책임감이 너무 강한 아이, 어떻게 해야 할까?

#애착 #다자녀 가족 #양육 태도

저는 유치원 교사입니다. 반에 키도 작고 몸집도 작은 아이가 있는데 무슨 일이든 가장 먼저 나서서 열심히 합니다. 선생님을 돕는 도우미 역할을 자청하고, 친구의 잘못을 대신 책임지려 할 때도 있습니다. 제가 그러지 말라고 해도 친구들이 싸우거나 혼날 일을 저지르면 나서서 책임지려고 합니다. 리더십도 있고 책임감도 강하지만 고집도 무척 세고 모든 일에 완벽을 추구합니다. 가령, 미술 시간에 동물 그리기를 할 때 다른 아이들은 한두 마리 그리고 다 그렸다고 하는데, 이 아이는 여백이 없을 정도로 동물을 빽빽하게 그려 채웁니다. 다른 활동 시간이 되어 나가자고 해도 여백을 다 채워야 해서 못 나간다고 할 정도입니다. 어머니는 아이가 세 명의 동생을 챙기는 버릇 때문에 책임감이 강한 것 같다고 하십니다. 괜찮다고만 생각하는 어머니에게 교사로서 제가 어떤 조언을 할 수 있을까요?

━━━━━━━━ 선생님의 이야기로 짐작해 보면 칭찬과 관심에 굶주린 아이로 보입니다. 친구들의 잘못까지 대신 짊어지고 애써 책임지려는 것은 관심받기 위한 행동입니다. 너무 어려서부터 아이가 감당할 수 없는 수준의 책임을 떠안고 자란 것이 원인으로 보입니다.

첫째 아이라는 명분으로 너무 많은 책임을 떠안기는 것은 부모의 직무 유기입니다. 엄밀히 따지면 첫째 아이에게 요구하는 일 모두 부모가 할 일입니다. 형제자매는 책임을 질 상대가 아니라 서로 사랑을 나누는 존재입니다. 아이는 주어진 환경과 부모의 요구에 못 이겨 부담스런 역할을 해 온 것 같습니다. 아이를 계속해서 이런 과중한 책임감 속에서 자라게 한다면 동생들을 '어려서부터 나를 괴롭히고 힘들게 했던 존재'라고 생각할 수 있습니다. 또, 뭐든 참고 착하게 행동해야 사랑받을 수 있다고 믿으면서 과도하게 자신을 몰아붙이면서 살 수 있습니다. 그 어느 쪽도 옳지 않습니다.

다자녀 가정에서의 첫째 아이는 어느 정도 희생을 강요받는 게 사실입니다. 싫지만 어쩔 수 없이 해야 하는 역할을 강요받으면서 성장하지요. 어쩌면 다자녀 가정의 첫째 아이들이 심리적으로 비슷한 성향을 보이는 이유가 여기에 있을지 모릅니다.

애착 이론에서 말하는 내적 작동 모델은 누구나 가지고 있습니다. 이 아이의 내적 작동 모델은 우선적으로 동생들을 잘 돌보고 자기 일도 잘해야 한다는 책임감과 함께 경쟁적인 경향도 보이고, 칭찬으로 보상 체계를 이미 구축한 아이로 보입니다.

첫째 아이가 가정을 안전지대로 생각하느냐 아니냐는 어려서부터 엄마와의 관계를 통해 얼마나 위로받았는지, 동생들과 잘 화합해서 부모로부터 얼마나 인정받았는지에 따라 결정됩니다. 그것을 기초로 하여 타인에 대한 내적 작동 모델이 긍정적이 되기도 하고, 부정적이 되기도 합니다. 그 모델의 확장으로 세상을 향한 내적 작동 모델이 만들어집니다. 그 결정적 시기는 태어나서 3세까지인 1차 애착 시기와 6세까지인 2차 애착 시기로 나누어집니다. 따라서 늦었지만 이제부터라도 이 아이에게 더 이상의 과도한 기대와 책임감을 부여하지 말고 하고 싶은 일을 편하게 할 수 있도록 배려해야 합니다.

유치원에서의 그림 활동에 대해 잠깐 얘기하면, 아이가 또래들과 달리 과도하게 그림에 집착한다기보다는 다소 경쟁적으로 그림에 완벽을 추구하는 것으로 보입니다. 이때 교사나 부모는 "너 유치원생 맞아? 이렇게 많은 동물을 다 그리는 건 2학년 형들도 표현하기 어려운데……. 대단하다!"라고 격려해 주는 것이 바람직합니다. 그래서 조금은 위로받고 한 템포씩 쉬면서 여유로운 내적 작동 모델이 만들어질 수 있도록 도와주어야 합니다.

● 한마디 쏙쏙

형제자매는 서로 책임질 상대가 아니라 사랑을 나누는 존재이다.

4

낯가림이 심한 아이,
어떻게 해야 할까?

#소심한 아이 #사회성 발달 #과잉보호

 만 6세인 딸아이의 엄마입니다. 아이가 숫기가 너무 없어서 바깥에 나가면 말수가 확 줄어듭니다. 그 때문인지 유치원 가기도 싫어하는데 나중에 학교 가서도 적응하지 못하면 어쩌나 걱정입니다.

그리고 제가 몇 년 전에 정신과 치료를 받다가 중단했는데 너무 힘들어서 다음 달에 다시 병원에 가기로 했습니다. 혹시 아이가 저한테 영향을 받은 것은 아닌지 고민됩니다. 조언 부탁드립니다.

아이가 또래 아이들보다 소심하고 소극적이라고 생각하시는데, 지금 나타나는 모습이 그렇다고 해서 단정적으로 생각할 필요는 없습니다. 그렇게 단정해 버리면 부모도 아이도 힘들어집니다.

유난히 부끄러움을 많이 타고 낯가림이 심한 아이들이 있습니다. 이런 아이들은 초기 유치원 생활에 어려움을 겪을 수 있는데, 그렇다고 아이에게 장애가 있는 것은 아닙니다. 소심하고 소극적인 아이도 친구와 자꾸 접하다 보면 사회성을 키울 수 있습니다.

교육학에서는 낯가림의 원인을 아이가 유난히 예민한 경우, 어릴 때 많이 아파서 과도하게 보호받은 경우, 이사를 많이 해서 양육 환경이 여러 번 바뀐 경우, 부모의 손길을 제대로 못 받아 방임된 상태가 어느 정도 지속된 경우를 꼽습니다. 생후 6개월부터 시작해서 만 2세, 3세까지 지속되기도 하는데, 이 사례의 경우는 유치원 시기까지 연장된 것으로 봐야 합니다.

아이가 유치원에 가기 싫어하는 것은 엄마의 과잉보호나 지나치게 엄격한 훈육이 원인일 수 있습니다. 아이를 과잉보호하는 것도 피해야 하지만, 엄마가 일방적으로 사회성을 강요하는 것도 주의해야 합니다. 예를 들면 "엄마가 여기서 보고 있는데 왜 못 들어가?"라든가, "넌 도대체 왜 못하는데?"라는 말을 조심해야 합니다. 조바심이 나더라도 아이가 준비될 때까지 기다리고 인내하는 게 최선입니다.

부모가 우울증을 앓았다면 이웃과의 교류가 거의 없었을 것입니다. 그러면 아이가 집에서만 자라서 낯가림이 더 심할 수 있습니다. 이럴 때는 아이들끼리라도 노는 기회를 만들어 주도록 노력해야 합니다. 꼭 여러 명의 아이가 어울리지 않아도 괜찮습니다. 단 한 명의 친구도 좋으니 아이가 누군가와 어울려 놀 수 있는 기회를 만들어 주십시오. 하루는 우리 집에서, 하루는 이웃집에서 놀 수 있는 방법을 고민하셔도 좋습니다.

아주 가끔 오시는 이웃 할머니를 보고도 아이가 인사를 못 하고 시선을 피하면서 엄마 뒤에 숨는다고 합시다. 이럴 때 억지로 인사를 시키기보다는 엄마와 할머니가 거실에 앉아 대화를 나누면서 맛있는 음식을 먹는 시간을 가져 보세요. 시간이 조금 지나면 아이는 할머니를 친절한 타인으로 생각하게 됩니다. 할머니가 주는 과일을 받아먹고 시선을 마주 보면서 미소를 보인다면 아이가 어느 정도 받아들였다고 볼 수 있습니다. 그런데 할머니가 억지로 잡고 뽀뽀를 시도한다면 아이는 친절한 타인으로 받아들이지 않고 낯가림을 계속하게 될 것입니다. 낯가림을 줄여 가기 위해서는 어느 정도의 시간이 꼭 필요합니다. 아이의 인식이 바뀔 수 있도록 단계적으로 접근한다면 낯가림을 떨쳐 낼 수 있습니다.

● 한마디 쏙쏙

아이에게 일방적으로 사회성을 강요해서는 안 된다.

5

아직 대소변을 못 가리는 아이,
어떻게 해야 할까?

#배변 훈련 #어린이집 #양육 태도

만 6세 된 딸아이를 둔 엄마입니다. 아이가 아직 대변을 잘 처리하지 못합니다. 제가 직장을 다니고 있어 친정 언니와 시어머니가 같이 아이를 양육했습니다. 딸아이가 17개월 때 둘째가 태어나면서 어린이집에 다니기 시작했습니다. 잘 적응하는 것 같았는데 요즘 대변이 속옷에 많이 묻어 있습니다. 아이가 선생님에게 말하는 것을 어려워하는 줄로만 알았는데, 저와 있을 때도 속옷에 대변을 많이 묻힙니다. 조용히 저를 불러 한참 뜸들이다가 말을 합니다. 아이는 화장실에서 대변보는 것을 무척 어려워합니다. 제가 어떻게 해야 하는지 조언을 부탁드립니다.

대소변 가리기 훈련은 생후 18개월부터 시작하여 36개월이 되면 어느 정도 조절할 수 있게 됩니다. 이 아이의 경우는 그 시기에 어린이집을 다니게 되면서 제대로 훈련되지 않은 것으로 보입니다. 대소변 가리기가 늦어지면서 배변 실수를 하면 아이가 수치심을 느끼게 되어 문제가 됩니다. 그 문제가 심각해져 지금 상태에 이른 것 같습니다.

방법은 지금이라도 대소변 가리기 훈련을 제대로 하는 것입니다. 아이가 지나치게 긴장하거나 눈치를 보지 않도록 배려하면서 실수에 대한 불안을 줄여 주면 됩니다. 실수를 하더라도 야단을 치거나 무안을 주지 않아야 합니다. 아이가 심리적으로 편안한 상태가 되도록 노력하는 것이 무엇보다 중요합니다. 대소변 가리기 훈련의 결정적 시기는 놓쳤지만 지금부터라도 집중적인 관찰과 관심, 사랑으로 시작하면 가능한 일입니다.

무엇보다 안타까운 것은 대소변 가리기의 결정적 시기를 놓쳐서 아이가 수치심을 숨긴 상태로 긴 시간을 낭비한 점입니다. 그 시기에 아이가 필요로 했던 의존적 욕구를 부모나 교사가 잘 읽어 내어 적절한 상호 작용을 했다면 대소변 가리기가 지체되지 않았을 것입니다. 여기서 말하는 아이가 필요로 하는 의존적 욕구는 "엄마, 나 어린이집 가기 무서워. 똥 싸면 나한테 냄새 난대. 그래서 안 갈래. 나하고 같이 가 줘."라는 말을 편하게 하는 것을 말합니다. 아이가 이런 말을 한다면 어른은 그에 대응해 주고 문제를 해결해 주기 위해 노력해야 합니다. 이런 과정을 거친 아이들은 의존적 욕구가 어느 정도 채워져 대소변 가리기가 잘 안 되는 것에 대한 불안 지수가 점차로 낮아집니다. 그래서 서서히 혼자 수행할 만한 내적인 힘이 생깁니다. 이 과정이 생략된 것은 아이가 소심한 탓도 있지만, 친정 언니와 시어머니가 함께 양육하면서 중요한 시간을 그냥 지나친 것이 아닐까 싶습니다.

대소변 가리기 훈련에 실패한 경우, 초등학교에 들어가면 또 다른 문제가 생깁니다. 최근 보고에 따르면, 아이들은 냄새 나는 아이를 기피하고 싫어하여 집단 따돌림을 형성한다고 합니다. 자칫하면 아이가 학교생활을 제대로 할 수 없습니다. 지금부터라도 제대로 대소변 가리기 훈련을 시작하면 됩니다. 급한 마음으로 서둘지만 않으면 짧은 시간에 성공할 수 있을 것입니다.

● 한마디 **쏙쏙**

대소변 가리기 훈련을 할 때는 실수하더라도 야단치면 안 된다.

6

오줌싸개라고 놀림받는 아이,
어떻게 해야 할까?

#소변 훈련 #수치심 #양육 태도

만 6세 딸아이의 엄마입니다. 아이를 생후 5개월부터 변기에 앉혀서 오줌 누는 연습을 시켰습니다. 그게 너무 빨랐던 걸까요? 당시에는 신통한 공주님이라고 칭찬을 많이 했는데, 어린이집에 다닐 때 가끔 실수를 했습니다. 그래서 다른 아이들이 기저귀를 떼고 지낼 때 우리 아이는 기저귀를 하고 낮잠을 자기도 했습니다. 그러다가 큰 유치원으로 옮기게 되었는데 아이가 소변이 급하다고 말을 못해서 교실에서 싼 적도 있고, 화장실에 가다가 싸는 일도 있어 오줌싸개라고 놀림받고 있다는 말을 들었습니다. 아이에게 큰 상처가 될까 봐 걱정입니다. 또, 제대로 소변 가리기를 하려면 어떻게 해야 하는지 조언 부탁드립니다.

_____ 너무 이른 시기에 소변 훈련을 시작해서 아이가 성공보다는

실패 경험을 많이 한 경우입니다. 이런 아이들은 소변 누는 행위와 꾸중을 연합시켜 뇌 속에 스트레스로 저장합니다. 그래서 아이에게 소변은 스스로 보기 힘든 작업이 된 것입니다.

자율적으로 소변보는 힘이 생기지 못한 아이가 유치원생이 되어서도 소변 실수를 하는 경우는 가끔 볼 수 있습니다. 수치심을 경험한 아이는 유치원에서도 말을 못하고 참는 것으로 문제를 해결하다가 결국 오줌싸개라는 말까지 듣게 됩니다. 이 상태가 초등학교까지 연결되면 아이들에게 집단 따돌림의 대상이 될 수 있습니다. 이제부터라도 소변 실수를 해도 절대 야단치지 마십시오. 그냥 실수할 수 있다고 하면서 신속하게 뒤처리를 해 주십시오. 그리고 제대로 혼자서 소변을 본 경우에는 칭찬을 과도할 정도로 해서 '나도 해낼 수 있구나!' 하는 자신감을 불어넣어 주십시오.

대소변 가리기 문제로 아이나 부모가 고생하는 이유는 그 결정적 시기(생후 18~36개월)를 놓쳤기 때문입니다. 이제부터라도 부모가 묵묵히 참고 인내하면서 할 수 있는 일부터 순서적으로 해 나가도록 하십시오. 대소변 가리기에 성공하면 칭찬으로 긍정적 강화를 해 주십시오. 그리고 아이가 아침에 일어나자마자 신경 써서 소변을 누게 하고, 외출하기 직전에도 소변을 보게 하고 나가십시오. 또, 바깥에서 화장실이 보이면 한 번쯤 가는 것을 규칙으로 하십시오. 밤에 자기 전에는 꼭 소변을 보게 하십니오. 이런 것들을 일상생활이 되도록 신경 쓰면 반년 정도만 지나도 해결할 수 있습니다.

대소변 가리기가 안 되는 아이들의 문제는 대부분 심리적인 것에 있습니다. 따라서 예전에 실패하고 실수한 것은 더 이상 얘기하지 말고 성공했을 때 자신감을 심어 주어야 합니다. 그러다 보면 어느 날부터 스스로 소변 처리를 하게 됩니다. 지금부터 바로잡아도 결코 늦지 않습니다.

 제대로 알기 · 7

대소변 가리기 훈련을 시작할 때
주의 사항

1. 대소변 실수를 했을 때 절대 야단치지 마세요.
2. 실수가 잘한 행동은 아니지만 그럴 수 있다고 말하며 넘어가세요.
3. 밤에는 기저귀를 채워 주세요.
4. 혼자서 제대로 소변을 본 경우에는 과할 정도로 칭찬을 해 주세요.
5. 부모가 결정적 시기를 놓쳐서 아이가 고생하는 것이므로 부모가 더 오래 참고 인내해 주세요.

7 자동차에만 몰입하는 아이, 어떻게 해야 할까?

#놀이 #창의성 #집중력

만 6세인 아들의 엄마입니다. 아이가 자동차에 푹 빠져서 스케치북 두 권에 온통 자동차 그림만 그립니다. 자동차를 얼마나 좋아하는지 차종을 줄줄이 대면서 맞출 정도입니다. 왜 아이가 자동차에만 몰두하는 걸까요? 한 가지에 몰입하는 문제로 고민을 하게 될지 몰랐습니다. 조언을 부탁드립니다.

─────── 아이는 반복해서 자동차를 그리면서 자기만의 그리기 노하우를 터득하는 중이고, 그러기 위해 자동차를 여러 번 탐색하고 관찰하는 것입니다. 아들이 처음 그린 자동차 그림과 나중에 그린 자동차 그림을 주의 깊게 관찰해 보십시오. 언뜻 별 차이가 없어 보일 수 있지만, 잘 살펴보면 선의 유연함과 터치가 사뭇 다르고 선에 힘이 있는 것을 발견할 수 있을 것입니다. 또, 이렇게 반복적으로 그리는

과정에서 좀 더 세심하게 관찰하게 되어 자동차에 대한 지식도 쌓여 갑니다. 자동차에 몰입하여 한 달 내내 자동차만 그릴 수도 있습니다. 이 과정이 지나면 아이는 '음, 자동차는 이렇게 그리는 거야.'라고 나름의 결론을 내릴 것입니다.

이와 같이 어느 하나에 제대로 몰입해 본 아이는 다른 것으로 관심이 옮겨 가거나 배울 때 남다른 몰입력을 나타냅니다. 이런 몰입력을 능력으로 보는 사람도 있는데, 이 과정은 창의성의 과정이기도 합니다. 즉, 차는 이렇게, 사람은 이렇게, 집은 이렇게 그려야 한다는 자기만의 공식이 나오는 것이지요. 이런 공식 아래서 그림을 그리고 자발적인 내적 동기가 생기면서 아이의 창의성에 영향을 주는 것입니다.

한 보고에 따르면, 만 3세는 자동차를 한 번 보고 그리지만 만 6세는 자동차를 여러 번 보고 또 보고 관찰하면서 그린다고 합니다. 다시 말하면, 만 3세 아이는 한 번 본 차의 영상 이미지를 가지고 한 번에 그리고, 만 6세 아이는 사실적으로 그리기 위해 여러 번 차를 관찰하고 또 관찰한다는 것입니다.

한 가지 놀이에 열중하는 것은 아이에게 매우 중요한 일입니다. 그 익숙한 놀이를 반복하는 동안 아이에게 창의적인 사고가 생기는 것입니다. 한 가지 일을 반복하는 습관과 집중력은 나중에 자라서 학교 공부를 하는 데도 도움이 되는 에너지입니다.

그러나 아이가 집중해서 한 가지 놀이에 몰입하는 게 아니라 다른 놀이 방법을 몰라서 쉬운 것만 붙잡고 시간을 보내는 것일 수도 있습니다. 이럴 때는 엄마가 함께 놀아 주면서 여러 가지 놀이에 흥미를 가지도록 유도해 주어야 합니다.

다른 것을 그리는 것이 두려워서 자동차 그리기에만 집중하는 것이라면 자신감 부족이 원인입니다. 이런 아이들은 집중력이 떨어지고, 다른 아이들의 것에 이상할 정도로 관심이 많습니다. 결정적으로 자신이 완성한 그림에 그다지 행복해하지 않습니다.

자신감을 갖게 하기 위해서는 부모의 도움이 필요하지만 아이의 동의를 먼저 얻어야 합니다. 아이의 동의 없이 부모가 그림 그리는 것을 도와주면 아이에게 상처만 주게 됩니다. 도움을 주다가도 아주 간단한 작업은 되도록이면 아이에게 맡겨서 완성하게 하십시오. 그러면 자신의 작품이나 완성품에 대한 애착과 자신감이 생기는 계기가 될 수 있습니다.

● 한마디 쏙쏙

아이가 한 가지에 몰입하는 시간은 창의성의 과정이기도 하다.

8

놀기만 좋아하는 아이,
이대로 괜찮을까?

#놀이 #선행 학습 #집중력

유치원에 다니는 만 6세인 아들의 엄마입니다. 아이가 놀이를 너무 좋아합니다. 친구들이나 사촌들과 함께 있으면 게임을 변형해서도 놀고, 시간 가는 것도 아까워합니다. 이렇게 놀기만 좋아하다가 학교에 가서 집중을 못하면 어떡하나 걱정이 됩니다. 제가 괜한 걱정을 하는 걸까요?

─────── **이 시기 아이들에게는 놀이가 학습입니다.** 개인적으로 저는 요즘 아이들이 과거보다 더 산만하다는 평가를 받는 이유는 조기 교육의 영향이 적지 않다고 생각합니다. 수많은 아동 발달 전문가들이 유아기에는 공부보다 놀이가 중요하다고 강조합니다. 그래도 선행 학습을 시키는 부모들이 아주 많습니다. 선행 학습을 시키는 이유를 묻는 여론 조사에서 '불안해서 가만히 있을 수가

없다.'가 압도적 1위를 차지했습니다.

그렇다면 부모들은 왜 불안해하는 걸까요? 앞집, 윗집, 아랫집 아이들 모두가 학습지를 풀고 학원을 오가기 때문이 아닐까요?

옛말에 말을 우물까지 끌고 갈 수는 있지만 억지로 물을 마시게 할 수는 없다고 했습니다. 공부도 마찬가지입니다. 초등학교 5학년 가운데 수학을 포기하는 아이들이 많다는 뉴스를 본 적이 있습니다. 평생 학습을 이야기하는 세상에서 초등학생이 수학을 포기하다니, 아이러니가 아닐 수 없습니다.

요즘 부모들의 조급증이 병적인 수준이라고들 합니다. 편협한 시각에서 벗어나 교육이라는 전체 숲을 보고 그 안에서 아이를 어떤 나무로 키울지를 고민해야 합니다. 처음부터 성적의 고삐만 잡아당기면 아이는 공부의 재미를 알기도 전에 지쳐 나가떨어지고 맙니다. 뭐든 다 잘하는 아이보다 한 분야를 즐기고 몰입하는 아이가 되도록 신경 써야 합니다. 몰입하고 집중하려면 아이가 그 분야의 지식이 어느 정도 있어야 합니다. 그것을 토대로 집중하고 몰입해야 문제 해결력도 생기고, 그 분야에서 창의력이 있는 아이로 자랍니다.

어떤 부모는 모든 면에서 창의성이 높은 아이를 원하는데, 그런 아이는 세상에 없습니다. 어떤 분야의 창의성은 영역 특수성을 가진 창의를 가리킵니다. 그래서 창의성을 논할 때는 영역 특수성의 창의라고 하는 것이 정확한 표현입니다.

영역 특수성의 창의 과정이라고 하면, 우선 특정 분야의 지식이 있어야 가능합니다. 아이들은 그 분야에 대한 호기심으로 많은 것을 물어보고 찾아보는 일을 먼저 하면서 전문가처럼 행동합니다. 그러면 일단은 그 분야에 특별한 관심과 지식이 있다고 말할 수 있습니다. 그것을 더 강화시키기 위해 부모가 체험 학습을 시켜 준다면 금상첨화입니다. 그러다 보면 아이는 그 특정 분야에서 문제 해결력과 함께 영역 특수성에서 창의성까지 기대할 수 있게 됩니다.

언젠가 제 교양 수업을 듣는 공대 학생에게 왜 자동차공학을 전공하게 되었는지를 물었습니다. 그 학생은 어려서부터 자동차를 좋아해서 집에 장난감 자동차가 많았다고 합니다. 장난감을 가지고 놀다가 망가지면 버리기 전에 분해를 하면서 놀았다고 합니다. 그 후 아버지가 운전할 때 유심히 지켜보다가 질문을 하면 아버지가 궁금증을 풀어 주어서 중학교 때 이미 이론적으로는 차를 운전할 수 있었다고 했습니다. 고등학생이 되었을 때 아버지와 어떤 전공을 선택할지를 얘기하다가 너무 자연스럽게 자동차공학을 결정했다고 했습니다. 저는 이 학생의 경우가 진로를 결정하는 가장 이상적인 모델이라고 생각합니다.

아이가 뭘 좋아하는지는 알고 싶으면 놀이하는 모습을 지켜보면 답이 보입니다. 아이들이 놀이하는 시간을 낭비하는 시간으로 생각해서는 안 됩니다. 놀이가 곧 학습입니다. 또, 그 안에 아이의 미래를 찾을 수 있는 씨앗이 있습니다. 고대 학자들은 아이가 놀 때에 천직을 가릴 수 있다고 믿었습니다. 사람을 키우고 교육하는 과정은 예나 지금이나 다르지 않습니다.

9

아이에게 머리 쓰는 놀이를
시켜야 할까?

#놀이 #체험 #전인 교육

만 6세 아들의 엄마입니다. 아이가 비교적 잘 놀고 집중력도 좋은 편입니다. 그런데 이왕이면 머리 쓰는 놀이를 시키면 더 좋지 않을까 하는 생각을 가끔 합니다. 제 생각이 맞는지, 틀리는지 알고 싶습니다.

'교육적 놀이'라는 미명하에 아이한테서 놀이 재미를 빼앗는 놀이 교구가 시중에 많습니다. 부모들 중에는 아이가 몸을 움직이기보다 머리를 쓰면서, 즉 앉아서 생각하는 놀이를 하면 더 좋을 것이라고 생각하는 사람이 많습니다. 그러나 사람은 몸, 정신, 마음이 삼위일체를 이루어 움직이는 존재입니다. 특히 어린아이일수록 몸, 정신, 마음을 골고루 쓸 수 있는 놀이가 최고입니다. 자고 나면 쑥쑥 크는 성장기에 몸을 많이 움직여야 키도 많이 크고, 활동양이 많아야 먹성도 좋아져 몸도 건강해집니다. 그것이 책, 퍼즐, 그림 그리기 등으로 아이를 방에 잡아 두기보다는 신나게 뛰어 놀 수 있는 기회를 만들어 주어야 하는 이유입니다.

아이들은 체험으로 알게 된 모든 정보를 영상 또는 이미지로 오래 기억합니다. 따라서 체험형 교육이야말로 미래형 아이로 키우는 방법이고, 바람직한 교육 방법입니다. 그러려면 부모가 자녀와 함께 계획하고 토의하고 검증해 보는 활동 위주의 경험을 수시로 만들어야 합니다.

교육학의 아버지 페스탈로치도 3H의 교육으로 조화로운 인간상을 강조했습니다. 'Head'는 지력입니다. 무엇을 하든 아이들은 머리를 쓰면서 하기 때문에 지력이 향상됩니다. 'Heart'는 심정력, 다시 말해 도덕적 능력입니다. 무엇을 하든 아이들은 마음으로 정보를 기억하면서 그때의 분위기도 정서적으로 마음에 간직합니다. 마음 성장도 어려서부터 해야 마음 씀씀이가 넉넉하고 온화하다는 평을 들을 수 있습니다. 'Hand'는 기술력입니다. 무엇을 하든 손을 사용하지 않고 할 수 있는 일은 없습니다. 아이가 무엇을 하면서 집중하느냐는 사실 그 아이의 손에 달려 있습니다. 아이가 무언가에 집중하면서 어떤 사실과 지식을 알게 되었다면 손으로 시작은 했어도 가슴과 머리에 그 정보들이 남습니다. 3H가 조화롭게 아이의 삶에 녹여지도록 부모가 적극적으로 도와야 합니다. 3H의 조화로운 인간상은 아주 어린 시기부터 가능합니다.

10

조기 교육,
어떻게 해야 할까?

#예체능 교육 #조기 교육 #적기 교육

만 6세 아이의 엄마입니다. 지금은 예체능 학원을 보내고, 초등학교에 들어가면 영어, 수학, 컴퓨터를 가르치려고 계획하고 있습니다. 가끔 제 생각이 맞는지 헷갈리는데 조언을 부탁드립니다.

일반적으로 만 6세 이전까지는 뇌의 앞부분인 전두엽이 발달합니다. 따라서 이 시기에는 도덕성과 인성을 발달시키고 종합적인 사고 능력을 키울 수 있도록 경험 위주의 교육에 초점을 맞추어야 합니다. 인지와 언어를 담당하는 뇌의 옆부분인 측두엽은 초등학교에 들어간 이후부터 발달합니다. 때문에 그 이후부터 인지적인 자극이나 언어적 자극을 주는 것이 효과적입니다.

아이가 초등학교에 들어가기 전에 영어를 가르치는 것보다는 국어의 기초를 확실히 다진 후인 초등학교 3학년 때부터 가르치는 것이 언어 전이가 생겨 더 효율적입니다. 여기서 가장 중요한 것은 자녀에게 사교육을 시키는 게 부모의 욕심이 아닌지 점검하는 일입니다. 적기 교육이 아니면 스트레스만 쌓이는 교육이 됩니다. 지금 아이들이 받고 있는 선수 학습과 조기 교육은 스트레스를 유발하고, 훗날에 공부를 싫어하는 아이로 만들 가능성이 큽니다.

학교에 들어가기 전에는 조기 교육보다 가정 환경이 더 큰 영향을 끼칩니다. 아이에게 가정 환경은 어떤 의미가 있을까요?

첫째, 가정은 아이가 태어나서 처음 접하는 환경입니다. 아이가 처음으로 관계를 맺는 사람이 엄마 아빠입니다. 아이는 가족의 따뜻한 사랑 속에서 성장하는 동안 가정을 안전지대라고 생각하게 됩니다.

둘째, 가정은 유아의 생리적 욕구를 충족시키고 신체 발육을 돕는 환경입니다. 가정에서 양육자가 상호 작용하며 생리적 욕구를 채워 주면 아이는 정서적 신뢰감을 갖게 됩니다. 그것은 아이의 건강한 신체 발육과 인성 발달에 지대한 영향을 미칩니다.

셋째, 가정은 유아가 기본적인 예절을 배우는 환경입니다. 우리 고유의 식습관과 예절은 어려서부터 익혀야 합니다. 부모는 문화와 가치 전달자의 역할을 하면서 예절을 가르쳐야 합니다.

넷째, 가정은 유아가 언어를 습득하는 최초의 환경입니다. 아기는 생후 6개월경 옹알이를 시작으로 단어 몇 개로 의사를 전달하다가 점진적으로 문장을 듣고 말할 줄 알게 됩니다. 말하기 이전에 완벽한 문장을 많이 들어 본 아이가 언어 발달에 유리합니다.

따라서 말하는 구어체보다는 책 읽어 주는 문어체 문장을 들려주는 것이 언어 발달에 도움이 됩니다. 아이의 언어 환경이 얼마나 풍요로운가는 아이의 두뇌 발달에도 영향을 미칩니다.

다섯째, 가정은 아이의 사회 정서적 발달에 영향을 미칩니다. 정서적으로 안정된 아이로 키우기 위해서는 양육자와의 애착 정도가 매우 중요합니다. 부모와 따뜻한 관계 속에서 자란 아이가 원활한 대인 관계를 형성하고, 나아가 애국심과 인류애를 키웁니다. 애국심이나 인류애도 결국 사소해 보이는 한 가정의 엄마 품속에서 출발하는 것입니다.

● 한마디 쏙쏙

적기 교육이 아니면 스트레스만 쌓이는 교육이 된다.

11 학습 결과에 연연하는 아이, 어떻게 해야 할까?

#눈치 보는 아이 #공부 스트레스 #양육 태도

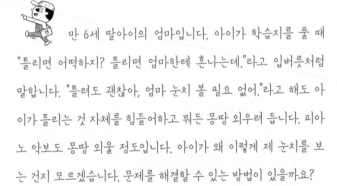

만 6세 딸아이의 엄마입니다. 아이가 학습지를 풀 때 "틀리면 어떡하지? 틀리면 엄마한테 혼나는데."라고 입버릇처럼 말합니다. "틀려도 괜찮아, 엄마 눈치 볼 필요 없어."라고 해도 아이가 틀리는 것 자체를 힘들어하고 뭐든 몽땅 외우려 듭니다. 피아노 악보도 몽땅 외울 정도입니다. 아이가 왜 이렇게 제 눈치를 보는 건지 모르겠습니다. 문제를 해결할 수 있는 방법이 있을까요?

⎯⎯⎯⎯⎯ 아이가 뭔가를 틀릴까 봐 걱정하는 엄마의 조급증이 전달되어 눈치를 보는 것 같습니다. 우선 학습에서 스트레스를 받지 않도록 학습량을 대폭 줄이기 바랍니다. 학습지 푸는 시간을 줄이고 아이와 함께하는 신체 놀이와 게임 시간을 늘리세요. 학습지를 풀더라도 아이가 문제를 틀리거나 맞혀도 아무런 반응을 보이지 않는 것

이 좋습니다. 아이가 스스로 겪을 시행착오의 시간을 허용해 주기 위해서지요. 어떤 방식으로 문제를 풀었더니 다 맞히고 어떤 방식으로 풀었더니 많이 틀리더라는 시행착오와 공부 경험을 하여 스스로 공부 계획을 세우도록 해야 합니다.

어려서부터 점수에 연연하는 아이들은 뭐든 무조건 외워서 성적을 올리려고 듭니다. 결국엔 학습을 즐기지 못하게 되어 공부를 싫어하게 됩니다. 중요한 것은 억지로 공부하면 혼자서 자유로이 탐색하거나 창의적인 사고를 할 수 없다는 점입니다.

이 아이의 경우, 1년 전부터 학습지를 풀기 시작하면서 이런 눈치가 생겼다면 바로잡는 데도 1년 정도의 시간이 필요합니다. 지금부터라도 점수나 결과에 초점을 맞추지 말고 공부하면서 얼마나 재미를 느꼈는지, 얼마나 몰두하였는지에 관심을 두십시오. 이것은 부모가 매일 주의 깊게 관찰할 때에만 알 수 있습니다.

아이들을 관찰해서 뭔가를 찾아내는 일을 한가해야 가능한 일이라거나 답답하다고 생각하는 부모들이 있습니다. 그런데 관찰로 얻은 정보가 없으면 결국 점수에 목숨 거는 아이로 키우게 됩니다. 공부 과정을 즐기고 스트레스가 없어야 학습 결과도 좋습니다. 그런 경험이 누적된 아이는 평생 배우는 일에 정진하게 됩니다. 엄마의 눈치를 안 보는 아이로 키우는 것은 엄마 생각에 달려 있습니다. 엄마의 생각이 바뀌면 아이의 사고방식이나 행동도 달라집니다.

12 아이의 독서 교육,
어떻게 해야 할까?

#책 읽기 #독서 교육 #양육 태도

만 6세 아이의 엄마입니다. 아이가 유치원에서 빌려 온 책을 읽고 독후 활동 후에 다시 반환하고 있습니다. 그런데 책을 읽고 나서 독후 활동을 꼭 해야 하는지요? 가끔 이러다 아이가 책을 싫어하면 어쩌나 하는 생각이 듭니다. 조언 부탁드립니다.

학령 전의 아이들에게 책을 읽어 주고 내용에 집중했는지를 확인한다면서 질문하는 엄마들이 종종 있습니다. 대답을 잘하면 괜찮지만 아이가 우물쭈물하거나 대답을 못하면 집중해서 듣지 않았다고 야단을 치지요. 이런 경험이 쌓인 아이는 엄마가 책 읽자는 말만 꺼내도 '아, 엄마의 잔소리가 또 시작되겠구나.' 하는 생각으로 이어집니다. 결국 아이는 즐거움보다 긴장감을 안고 책을 읽게 되고, 그 시간을 싫어하게 됩니다.

독서 교육 전문가들은 학령 전 아이들에게는 하루에 15분, 3권의 책을 읽어 주라고 권장합니다. 3권의 책은 아이가 좋아하는 책, 익숙한 책, 새 책으로 선정하면 좋습니다. 아이마다 유난히 좋아하는 책이 따로 있습니다. 그 좋아하는 책을 첫 번째로 시작해서 익숙한 내용의 책을 두 번째로 읽고 새로운 책을 세 번째로 읽는 것이지요. 그러므로 전집을 사놓고 읽어 주는 것보다는 좋아하는 책을 낱권으로 사서 읽고 책꽂이를 채워 가는 것이 좋습니다.

어린아이의 경우에는 매일 읽어 주던 책 중 한 권을 골라 책 내용을 엄마에게 이야기해 달라고 해 보세요. 글을 못 읽는 아이도 책장을 넘겨 가면서 신나게 이야기를 이어갈 것입니다. 어떤 장면에서는 실제 이야기보다 더 신나고 재미있게 애드리브를 넣기도 합니다. 엄마가 책을 읽어 주고, 아이가 책 내용을 기억했다가 엄마에게 다시 이야기해 주는 활동은 언어 교육을 할 때 활용해도 좋습니다.

요즘 초등학교는 과거에 비해 독서보다는 동영상이나 활동 위주의 교육을 많이 합니다. 그래서인지 아이들이 글을 읽고 행간을 이해하고 파악하는 문해 능력이 떨어진다는 조사 결과가 있습니다. 문맥 속에서 단어의 의미 파악을 못하는 것은 독서 경험이 부족해서라는 지적이 있습니다. 선진국에서도 비슷한 문제를 겪어왔는데 그들은 문해 능력이 떨어지는 것은 학교의 책무이며, 1학년부터 개별화 과정으로 보충해 주지 않으면 학년이 올라갈수록 학습 부진의 원인이 된다고 보았습니다. 1학년 때부터 문해 능력이 낮은 학생을 찾아내서 하루 30분씩 1년에 1,200시간을 보충하면 다음 학년에 올라갔을 때 학과 공부를 따라간다는 보고가 있습니다. 그러니 어려서 아이가 책을 읽어 달라고 하면 많이 읽어 주세요. 문맥에 익숙한 아이로 성장하는 일은 무척이나 중요합니다.

한 엄마는 아이가 똑같은 책을 200번이나 읽어 달라고 요구하는 것도 이상하고, 매번 똑같은 장면에서 재미있다고 킥킥대는 것도 이상하다면서 상담을 청한 적이 있습니다. 저는 아이가 지극히 정상이라고 말씀드렸습니다. 아이들은 재미있는 부분이 책 중간쯤에 있다고 해서 거기서부터 읽어 달라고 하지 않습니다. 아이들은 가장 재미있는 부분을 듣기 위해 처음부터 읽고, 그 과정이 지루해도 참으면서 재미있는 부분이 나오는 순간을 기다립니다. 아주 정상적인 아이들의 독서법입니다.

아이의 독서와 글쓰기를 위해서는 어려서부터 책을 읽고 자유롭게 상상하고 이야기하는 시간을 가져야 합니다. 독일의 문학가 괴테의 어머니가 좋은 예입니다. 괴테의 어머니는 아들에게 매일 책을 읽어 주었습니다. 하지만 책 내용의 뒷부분을 늘 생략하고, 괴테에게 이야기를 마무리할 수 있는 기회를 주었습니다. 그래서 괴테는 '오늘은 어떻게 이야기를 마무리할까?'를 고민했다고 합니다. 어머니의 의도된 독서 교육으로 위대한 작가가 탄생한 것입니다. '독일의 대문호'라 불리는 괴테는 독일 국민의 자부심이면서 자존심입니다. 세계적인 문호로 이름을 떨친 괴테보다 그 어머니의 의도된 독서 교육에 박수를 보내게 되는 이유입니다.

13

산만한 아이,
이대로 두어도 괜찮을까?

#재능 #예체능 교육 #산만한 아이

만 6세 아들의 엄마입니다. 아이가 어떤 것에 흥미를 느끼는지 알기 위해 다양한 경험을 시켜 줘야 한다고 생각했습니다. 그래서 이것저것 가르치느라 여러 학원에 보냈습니다. 지금 아이가 유치원에 다니는데, 주변에서 산만하다는 말을 많이 합니다. 어려서는 시어머니가 아이 아빠도 어릴 때 산만했다고 하셔서 달리 고민을 하지 않았습니다. 그런데 유치원에 들어가면서부터 너무 자주 듣다 보니 걱정이 됩니다. 초등학교에 들어가면 기본적으로 산만하지 않아야 공부를 따라갈 수 있다고 생각합니다. 이 시점에서 심각하게 고민하는 게 맞는 건지 알고 싶습니다.

아이가 진정으로 좋아하고 재미있어 하는 것을 알기 위해서는 부모의 세심한 관찰과 노력이 필요합니다. 그러나 아이에게 이것저것 가르치려고 하는 것이 혹시 부모의 지나친 욕심 때문은 아니었는지 점검해 보십시오. 아이에게 많은 것을 가르치면 다양한 경험 기회를 제공할 수 있지만, 자칫 산만한 아이로 만들 우려도 있습니다. 그런 경우 아이는 한 가지에도 제대로 집중하지 못할 수 있습니다. 게다가 재능 없는 분야를 계속하게 되면 아이에게 실패 경험이 쌓이게 됩니다. 그러면 '나는 제대로 할 수 있는 게 없어.' 하는 생각이 굳어져 자신감을 잃게 됩니다.

아이가 산만하다는 말을 많이 듣는다면 주의 집중력 검사를 받아 볼 수 있습니다. 주의 집중력은 개인차가 있으므로 종합적으로 진단해야 합니다. 요즘은 병원에서 ADHD 검사를 받아서 적절한 치료를 하면 좋아집니다. 물론 약물 복용도 하고 놀이 치료도 하고 부모 교육도 병행해서 상당 기간 동안 노력해야 합니다.

ADHD 검사는 생후 36개월 이후부터 진단이 가능하고 조기에 발견하면 예후가 좋아 초등학교에 올라가서는 잘 적응할 수 있습니다. 그러나 늦게까지 방치하면 치료 시기를 놓치게 되어 초등 고학년부터는 학습 부진을 경험하게 됩니다. 많은 양의 공부를 소화하기 어려우니 학습 부진으로 이어질 수밖에 없는 것이지요.

병리적 원인이 아닌 환경적인 원인으로 아이가 산만한 경우도 있습니다. 가정 내 불화가 가장 큰 원인으로 꼽히는데, 이런 경우는 교정이 가능합니다. 가족 간에 화목한 분위기를 유지하고 지켜 나가는 노력을 하면 됩니다. 아이들은 스펀지와 같아서 그 분위기를 모두 가슴에 새기고 기억합니다.

14

텔레비전에 몰입하는 아이, 어떻게 해야 할까?

#텔레비전 시청 #사회성 부족 #양육 태도

만 6세 아이의 엄마입니다. 아이가 텔레비전을 너무 좋아해서 고민입니다. 특히 드라마를 볼 때 채널을 바꾸면 엉엉 울 정도입니다. 혹시 정서적으로 문제가 있는 건 아닌지요? 얼마 전부터는 놀이터 친구들이 놀아 주지 않는다며 나가서 노는 걸 거부하고 있습니다. 놀이터에서 가만히 지켜보면 아이가 여러 친구들이 있는 곳에 가면 머뭇거리면서 끼질 못합니다. 싫은 아이가 있을 때는 아예 가까이 가지도 않고 멀리서 지켜보다가 돌아옵니다. 큰일이라고 생각은 하는데 제가 어떻게 해야 하는지 모르겠습니다. 조언을 부탁드립니다.

아이가 성장하면서 새롭게 배워 나가는 시기에는 텔레비전보다 부모와의 직접적인 접촉을 통해 정서적 안정을 얻는 것이 더 중요합니다. 그러나 학동기에 해당하는 6~12세의 아이들에게는 텔레비전 프로그램이 흥미와 상상력을 유발하는 효과가 있고, 역사·정치·사회 등 여러 상식들을 간접적으로 접하게 하는 교육적인 역할도 합니다. 하지만 텔레비전을 많이 보면 독서, 취미 생활, 운동 등을 할 시간이 절대적으로 부족해지고, 또래와 놀거나 가족들과 함께 하는 시간이 줄어들어 성격 형성, 대인 관계, 건강 등에 좋지 않은 영향을 미칩니다.

한 조사에 따르면 폭력적인 프로그램을 많이 본 아이들은 참을성이 없고 규칙에 순종하지 않는 경향이 강하고, 친사회적인 프로그램을 많이 본 아이는 인내심이 많고 과제를 지속적으로 수행하는 능력이 뛰어나다고 합니다. 텔레비전 시청 시간을 제한하기 위해서는 하루 중 부모가 허락하는 일정 시간에만 보도록 해야 합니다. 또, 아이가 텔레비전을 적게 보게 하려면 부모가 솔선수범해야 합니다. 부모가 먼저 텔레비전 시청 시간을 줄이고 책을 읽거나 아이와 다른 놀이를 하면서 정서적인 환경을 조성해야 합니다. 미국 학회에서는 프로그램도 미리 정해서 보고, 텔레비전 시청 시간은 학령 전에는 하루에 30분을 넘지 않는 게 좋다고 조언하지만, 엄마들은 현실성이 떨어진다고 볼멘소리를 합니다.

무방비로 하루 두 시간 이상 멀티미디어에 노출된 아이들은 유아 비디오 증후군, 반응성 애착 장애일 가능성이 높다고 합니다. 외국의 연구에서는 장시간 멀티미디어에 노출되면 소아 비만이 된다고 하여 생후 24개월 이전의 아이에게는 거의 보여 주지 않습니다. 정해진 규칙을 가지고 멀티미디어를 접했던 아이는 학교에 진학하게 되었을 때 다른 아이들과 다른 면을 확인하게 될 것입니다.

최근에 점점 글을 못 읽는 초등학생이 늘어나고 있다는 통계가 발표되었습니다. 전문가들은 그 이유가 텔레비전 시청과 상관있다고 말합니다. 일단 재미있고 신나는 것에 몰입하다 보면 책 읽고 기억해야 하고 집중해야 하는 일은 무척이나 힘든 과제가 됩니다. 책 읽기 경험이 적은 아이들은 단어를 문맥 속에서 해석하는 힘이 약합니다. '봄이 되니 얼굴이 피네!'라는 문장을 '봄에는 얼굴에 피가 난다.'로 해석하는 아이들이 늘고 있다는 이야기까지 들었습니다.

이 상담 사례의 아이는 사회성이 다소 부족해 보입니다. 현재는 심각하지 않은 상황이라도 다음과 같은 방법을 시도해 볼 것을 권합니다.

첫째, 아이가 친구들과 만날 수 있는 기회를 많이 만들어 주고, 가능하면 엄마들과도 친분을 가지십시오.

둘째, 일주일에 한 번은 친구 집에 놀러 가서 놀도록 계획하고 품앗이처럼 서로 돌아가면서 아이들을 돌보십시오.

셋째, 한 자녀를 둔 가정에서는 또래 집단을 소집단으로 만들어 지속적으로 서로 형제자매간처럼 놀면서 남을 배려하는 아이로 자라도록 만들어 주십시오.

● 한마디 **쏙쏙**

아이의 텔레비전 시청 시간을 줄이려면 부모가 솔선수범해야 한다.

15

아이에게 폭력적인 엄마,
어떻게 해야 할까?

#짜증 내는 아이 #폭력적인 아이 #양육 태도

두 아이의 엄마입니다. 영어 학원 강사인 저는 남편을 출근시키고, 두 아이를 유치원과 어린이집에 보낸 후 청소와 설거지를 해 놓고 출근합니다. 오후에 퇴근할 때는 유치원과 어린이집에 들러 두 아이를 데리고 집에 돌아오지요. 나이가 어려서 그런지 둘째 아이가 어린이집에서 혼자 늦게까지 있는 것을 매우 불만스러워하고 짜증을 많이 냅니다. 언젠가 제가 화를 참지 못하고 반찬통을 아이에게 던진 적이 있고, 싱크대의 접시를 다 깨버린 적도 있습니다. 물론 금세 후회하고 죄책감에 사로잡힙니다. 제가 남편에 대한 불만을 아이에게 화풀이 형식으로 표출하는 것 같기도 합니다. 그런데 요즘 둘째 아이가 짜증을 넘어 다소 폭력적인 모습을 보이기 시작했습니다. 분노 조절을 못하는 제 탓인 것 같아 마음이 아픕니다. 제 행동을 고칠 수 있도록 따끔한 조언 부탁드립니다.

〰〰〰〰〰 엄마가 어떻게 해석하느냐에 따라 둘째 아이의 모습은 정상적인 행동일 수도 있고, 문제 행동일 수도 있습니다. 그런데 상황을 제대로 파악하고 해석하기에는 엄마의 정서나 심리 상태가 몹시 불안정해 보입니다. 우선 엄마가 극도로 화내는 모습을 아이들에게 보이지 않도록 노력해야 합니다.

더 근본적으로는 남편과 대화를 해서 서로의 불만에 대한 협의를 해야 할 것 같습니다. 이때 싸움이 되지 않도록 침착한 분위기에서 자신의 심정과 희망 사항 등을 자연스럽게 전달해야 합니다. 원하는 대로 변화가 이루어지지 않아도 배우자에게 말했다는 것만으로도 예전보다 마음이 가벼워질 수 있습니다. 자신의 정서를 적극적으로 알려 때로는 남편으로부터 위로받을 수 있어야 합니다. 그렇지 않으면 부부간의 불만이나 불화의 반작용으로 아이들에게 폭력적으로 행동하게 됩니다.

둘째 아이가 폭력적이고 짜증이 많은 것이 엄마의 화에서 비롯된 것이라고 생각한다면 먼저 아이가 짜증을 낼 때 그 원인을 제거해 주십시오. 무엇보다 엄마가 아이에게 폭력적인 행동을 하지 말아야 합니다. 반찬통을 아이에게 던졌다면 아이 역시 그와 비슷한 행동을 엄마에게 했을 수 있습니다. 가정에서 폭력성을 배운 아이는 그것을 그대로 실습하고 재현합니다. 놀이터나 어린이집에서도 폭력적인 행동을 할 가능성이 높습니다.

아이가 폭력적이라고 말하기 전에 먼저 엄마가 행동 수정을 해야 하고, 남편과의 문제는 부부간에 슬기롭게 해결해야 합니다. 부부간의 문제를 해결하지 못한 채로 살아야 한다면 그 화풀이나 감정 전이를 두 아이에게 하지 않도록 각오를 해야 할 것입니다.

엄마의 정서가 가정의 분위기를 만듭니다. 문제가 더 심각해지고 사건으로 불거지기 전에 심도 있는 고민을 해야 합니다. 남편이 점점 더 미워지고 육아가 지겹다고 느껴진다면 당분간 일을 쉬면서 일상이 버겁지 않도록 조절하는 것도 방법입니다.

● 한마디 쏙쏙
부부간에 불화가 깊으면 아이에게 폭력적으로 행동하게 된다.

16

아이와 놀아 주지 않는 아빠,
어떻게 해야 할까?

#또래 친구 #양육 분담 #부부 상담

만 6세 된 딸아이를 둔 엄마입니다. 유치원에 몰래 가서 보면 아이는 혼자 놀고 있거나 고구를 만지작거리고 있습니다. 그리고 하루 종일 선생님만 따라다닌다고 합니다. 소아 정신과에 가 봐야겠다고 하면 남편은 펄쩍 뛰면서 반대합니다. 남편은 아이와 놀아 주지도 않고 양육에 관여하지도 않으면서 문제가 생기면 모두 제 탓으로 돌립니다. 그래서 육아가 너무 부담스럽습니다. 조언을 부탁드립니다.

——————— **사회성이 부족한 아이로 보입니다.** 상담 치료가 필요할 수도 있지만, 먼저 몇 가지 사항을 서서히 실행하여 행동의 변화를 지켜본 다음에 결정하셔도 됩니다.

지금부터는 아이와 엄마로서가 아니라 친구로서 관계를 형성해 보십시오. 또, 친구가 생길 때까지 기다리지 말고 엄마가 싸우지 않고 잘 어울려 놀 수 있는 또래 친구를 물색해서 사귀도록 도와 주십시오. 그리고 친구와 놀 때 갈등 상황이 생기면 엄마가 중재자 역할을 할 수 있도록 가까운 거리에서 관찰하십시오.

아이의 사회성은 아빠와 친밀한 관계가 만들어지면 자연스레 해결될 수 있습니다. 아빠와 딸이 즐거운 놀이 파트너가 되도록 만들어 주십시오. 자녀는 부모가 어떻게 하느냐에 따라 열두 번 바뀐다는 말이 있습니다. 너무 불안하게 생각하지 말고 아이가 변할 수 있다는 믿음과 인내를 가지고 기다리는 것이 중요합니다.

아빠의 역할을 단지 가계 부양자로만 생각한다면 시대에 뒤떨어진 사고입니다. 요즘은 아빠들만 대상으로 하는 아빠 교육도 많이 이루어집니다. 저도 구청 강당이나 다목적 강당에서 퇴근 시간 후인 7시 30분에 여러 번 강의한 적이 있습니다. 강연 뒤에 적극적으로 질문하는 아빠들을 보면서 몹시 흐뭇했습니다.

교육만이 우리를 변화시킬 수 있습니다. 옛날 아버지들은 육아나 아이의 성장 발달에 대한 공부를 따로 한 적이 없습니다. 양육과 교육은 당연히 어머니의 영역이라고 생각했지요. 지금도 과거의 틀에서 벗어나지 못하고 양육에 대한 책임을 아내에게 전가하는 태도를 보면 자녀 상담보다 부부 상담이 시급하다는 생각이 듭니다.

이렇게 방치하다가 딸아이가 사춘기가 되어 말썽이라도 일으키면 큰일입니다. 그때 가서 후회하면 늦습니다. 아빠가 놀아 주면서 여러 활동에 개입만 해도 사회성이 부족한 아이로 자라지 않습니다.

지적 호기심을 자극하는 아빠와 함께 궁금증을 해결하는 아이들은 학교에 가서도 학업 성취도가 높고 사회성도 좋아서 리더 역할을 한다는 연구 보고가 있습니다. 아빠의 기대와 관심으로 이 시대의 여성 리더가 된 사람도 많습니다. 지금부터라도 아빠가 딸아이와 적극적으로 놀아 주면 많은 문제가 해결될 것입니다.

● 한마디 쏙쏙

아빠와 아이가 즐거운 놀이 파트너가 되어야 한다.

17 아빠를 때리는 아이,
어떻게 해야 할까?

#버릇없는 아이 #폭력적인 아이 #양육 태도

유치원에 다니는 아들을 둔 엄마입니다. 아이가 자기 맘에 안 들면 아빠한테도 주먹질을 하고 버럭 소리를 지르고 아무 물건이나 집어 던집니다. 대체 어디서부터 잘못된 건지 모르겠습니다.

다소 극단적인 표현이기는 하지만, 엄마 아빠가 아이에게 사랑만 주면 망나니 같은 아이가 되고, 정의로움을 내세워 통제만 하면 아이가 집을 나간다는 말이 있습니다. 한 아이를 하나의 온전한 인간으로 키워 내기 위해서는 사랑과 통제 모두가 필요합니다.

미국의 철학자 듀이는 엄마와 아빠가 적절히 그 역할을 분담하면 아이에게 가정은 '축소된 작은 사회'가 된다고 했습니다. 일반적으로 엄마는 아이가 원하는 것을 해 주면서 위안과 편안함을 주고, 아빠는 옳고 그름을 판가름해 주는 최종 훈육자의 역할을 합니다. 부모의 역할이 조화를 이루어 아이가 목표 없이 표류하거나 관심과 사랑 없이 방황하지 않도록 해야 한다는 의미에서 사랑과 통제가 필요합니다.

친구와 아빠의 합성어인 프렌디Friend+Daddy=Friendy 는 아이들에게 친구같이 친근하고 다정한 아빠를 가리키는 말입니다. 아이들과 함께 신나게 놀아 주는 아빠는 아이들에게 프렌디입니다. 따라서 '엄마는 사랑을, 아빠는 정의로움을'이라고 역할을 고정시킬 필요는 없습니다. 엄마 아빠가 부모의 역할을 서로 공유하면서 아이들 입장에서 50퍼센트는 사랑을, 나머지 50퍼센트는 통제 속에서 정의로움과 사랑을 받으면 됩니다. 버릇없는 아이라면 정의로움과 공의로움이 부재인 상태이므로 아빠 역할에 고민해야 합니다.

아빠가 아이에게 쓰는 일상의 말을 점검하고 정비할 필요가 있습니다. 예컨대, "아들, 가위 어디 있니? 왜 제자리에 없지?"라고 묻기보다는 아빠의 기대를 담는 것이 좋습니다. "아들, 가위는 사용하고 나서 제자리에 있으면 좋겠구나."라고 말하면 아이들은 듣고 배우게 됩니다. 마트에서 아이가 뛴다고 "아들! 너 또 뛰기만 해 봐! 혼난다!"라고 엄포를 놓는 것보다는 "아들, 아빠랑 손잡고 갈래? 아니면 카트를 같이 밀까?"라고 대안을 줘서 뛰는 행동을 멈추게 만들어야 합니다. 아이와 협상을 하고 선택의 기회를 주면 주변의 사람들도 그 아빠를 다시 보게 됩니다. 또, 아들이 빵집에 들어서자마자 소리를 지르며 뛰어다니면 "아들, 넌 며칠 굶은 애같이 왜 그래!"라고 말하는 대신 "아들, 네가 소리 지르고 뛰어다니는 게 아빠는 싫다. 다른 손님들에게 방해가 되고 시끄럽거든."이라고 말해 주세요. 아이에게 비난이나 망신을 주기보다는 아빠의 불편함을 사실적으로 말하고 그 이유를 조목조목 말해 주는 편이 좋습니다. 한번쯤 부모 자신이 쓰는 대화 방식을 연구해 보는 것도 반성의 기회가 됩니다.

사랑과 통제의 양면성을 가지면서 아빠가 프렌디에 얼마나 가까운지 생각해 보십시오. 아이가 아빠를 무섭게만 생각하는지, 너무 친해서 버릇없이 아빠를 때리는지, 강한 카리스마 때문에 아이들이 옆에 얼씬도 안 하는지, 엄마와 웃고 놀다가도 아빠가 들어오면 각자 방으로 들어가 버리는지 말입니다.

● 한마디 쏙쏙
엄마 아빠는 사랑과 통제라는 부모의 역할을 공유해야 한다.

18 성에 관한 질문은 하지 않는 아이, 과연 괜찮을까?

#성적 호기심 #성적 질문 #양육 태도

만 6세 아들을 둔 엄마입니다. 저희 가족은 평소에 할 말만 하는 스타일입니다. 그래서인지 모르지만, 이제껏 아이가 한 번도 성에 관한 질문을 한 적이 없습니다. 가끔 아이의 생각이 궁금한데, 성 관련해서는 아이가 부모에게 묻기 전에 굳이 질문할 필요가 없다는 말을 들었습니다. 그 말이 정말 맞는지 궁금합니다.

대부분의 아이들이 일정 시기가 되면 성에 대해 관심을 보이지만 관심이 없어 보이는 아이도 있습니다. 혼자 자랐거나, 너무 일찍 동생을 보았거나, 성에 대한 질문을 했을 때 어른들이 부정적인 반응을 보인 경우에 그렇습니다. 성에 관한 질문에 제대로 대답해 줄 자신이 없어서 아이가 묻지 않는 게 다행이라고 생각하는 부모도 있습니다. 심지어 아이가 착해서 성에는 전혀 관심이 없다고 자랑스럽게 말하는 부모도 있는데, 착한 것과 성에 대한 관심은 아무 관련이 없습니다. 그러나 이 시기가 되도록 성과 관련하여 아무런 질문을 하지 않았다면 알게 모르게 성 관련 질문에 억압된 적이 있을 것으로 추정됩니다. 세 살짜리가 성에 관한 질문을 하지 않는 것은 그럴 수 있습니다. 그런데 대여섯 살이 될 때까지 다른 질문은 많이 하면서 유독 성에 관한 질문만 하지 않았다면 한 번쯤 생각해 봐야 합니다. 이런 경우에는 부모가 자연스럽게 이성에 관한 이야기를 물어보는 것도 좋습니다. 예를 들어 "아들! 좋아하는 여자 친구 있니?", "그 친구도 널 좋아하니? 그 아이의 어떤 점이 좋아?" 하는 식으로 이성에 대한 호기심을 불러일으킬 수 있는 대화를 시도해 보는 것입니다.

아이가 직접 묻지는 않아도 호기심이 행동으로 바로 표현될 때가 있습니다. 부모가 이때를 놓치지 말고 지도해야 합니다. 가령, 아이가 여자아이의 치마를 들추어 보거나 목욕탕에서 다른 성의 신체 부위를 유심히 바라본다면 대화의 계기로 삼으십시오. 이때 "치마 속을 왜 보니? 그러지 마."라고 무안을 주거나 망신을 주지 않는 범위 안에서 아이 나이에 맞게 설명해 주고 이성에 대한 호기심을 풀어 주면 좋은 성교육이 시작될 수 있습니다. 일본의 초등학교 성교육 교과서에서는 "소변 나오는 길과 대변 나오는 길이 다른데 아기 나오는 길이 그 중간에 있단다."라고 말해 줍니다. 아기가 소변이나 대변이 나오는 길이 아닌 다른 길로 나온다는 것을 알게 되면 아이들은 불결하지 않다는 인상을 받게 됩니다.

3, 4세 된 아이들이 "엄마! 아기는 어디서 나와?"라고 묻는다면 "아기집에서 나온단다."라고만 알려 줘도 됩니다. 그 아이들이 5, 6세쯤 되어 "아기집은 어디에 있어?"라고 묻는다면 "아기집은 엄마 배 속에 있는 자궁이라는 곳이야. 아기는 그 자궁에서 잘 있다가 세상에 나온단다."라고 설명해 주는 것으로 충분합니다. 이 정도의 질문에 사랑과 임신, 성행위까지 열거하며 답할 필요는 없습니다. 지나친 성 지식은 오히려 성적 호기심을 자극하는 역효과를 가져올 수 있습니다.

가정은 성을 자연스럽게 배우면서 받아들이는 가장 안전한 곳입니다. 이런 안전지대에서 부모가 성교육 강사가 되어야 하는데 현실은 그렇지 못합니다. 오히려 아이들이 TV나 인터넷 등에서 주워들은 정보를 진짜라고 오해하는 경우가 많습니다. 어떤 아이는 좋아하는 사람과 뽀뽀만 해도 아기가 생긴다고 알고 있습니다. 아기가 뱃속에서 자라서 배꼽으로 태어난다거나 엄마가 하늘의 별을 따서 동생을 만들었다는 이야기도 진짜라고 믿습니다. 이런 식의 잘못된 정보는 성교육에서 꼭 피해야 하는 내용입니다.

아이가 물었을 때 곤란하다는 이유로 잘못된 정보를 주는 것만 피해도 좋은 교육이 됩니다. 물론 진짜 정보를 가지고 연령에 맞게 설명해야 합니다. 그래서 준비된 부모의 자격은 공부하는 부모에게 있습니다. 특히, 성교육은 그렇습니다.

19

성폭력 예방 교육,
이대로 괜찮을까?

#성폭력 예방 교육 #위기 대처법 #양육 태도

만 6세 된 딸아이의 엄마입니다. 유치원에서 성폭력 예방 교육을 받은 아이가 집에 와서 무슨 주문을 외우듯 "안 돼요. 싫어요. 하지 마세요!"라고 하고 다닙니다. 아이 말로는 모르는 아저씨를 따라가지 말라고 배웠다는데, 저는 허탈한 웃음만 나왔습니다. 현실을 반영하지 못하는 교육이라는 생각이 들었거든요. 제가 잘못된 생각을 하는 건가요?

솔직히 저도 그런 방식은 옳다고 생각하지 않습니다. 성폭력 실태 보고서를 보면 가해자의 40퍼센트 정도가 이웃, 지인, 친족입니다. 그래서 아는 사람을 경계하도록 가르쳐야 합니다. 아이들은 모르는 사람은 잘 따라가지 않습니다. 아는 사람을 따라가지요. 미국의 경우, 아동 성폭력자는 굉장히 엄격하게 다룹니다. 이미

낙인찍힌 가해자는 일정 지역에서만 살 수 있고 늘 감시를 받습니다. 그런데 "싫어요."라고 외치라는 우리의 교육은 비현실적일 뿐만 아니라 난센스도 이런 난센스가 없습니다.

이런 일에 대처하는 방법을 아이 연령에 맞게 상황별로 제시하는 편이 더 현명합니다. 가령, 길을 걷고 있는데 차가 비슷한 속도로 따라오면 뒤로 돌아 근처의 상점으로 뛰어 들어가 어른에게 도움을 요청하라고 가르치는 것입니다. 아이가 반대 방향으로 뛰어가면 차는 유턴해야 하므로 시간을 벌 수 있습니다. 또, 길에서 여러 명의 이상한 아저씨들을 만난다면 재빨리 앞으로 뛰어가서 상점으로 들어가 도움을 청하라고 해야 합니다. 만약 아이가 납치되었다면 소리 지르지 않고 가만히 있다가 가해자의 눈을 피해 도망가는 방법을 알려 줘야 합니다. 즉, 어디로 가야 할지, 누구에게 도움을 청해야 하는지, 경찰서가 근처에 있는지 살펴야 한다고 지도해야 합니다. 조금 큰아이에게는 가해자를 똑똑히 기억했다가 상세히 적어 신고하는 방법을 알려 줘야 합니다.

성폭력 예방 교육의 방향은 일상에서 아이들이 경험하는 불편한 감정을 빨리 알아차릴 수 있는 감각을 알려 주는 데 있습니다. 그리고 그 상황에 맞는 대처 방안을 구체적으로 알 수 있도록 역할극이나 모의 수업으로 알게 하면 좋습니다. 참고로 성폭력 피해자가 도움받을 수 있는 곳으로 디지털 성범죄 피해자 지원 센터와 한국 사이버 성폭력 대응 센터가 있습니다.

5장

{ 자신감을 키우거나
열등감에 빠지거나
7세 이상의 아이들 }

1

매사에 자신감 없는 아이, 어떻게 해야 할까?

#과잉보호 #자신감 #양육 태도

초등학교에 입학한 아이가 학교를 두려워합니다. 아침에 일찍 일어나는 것도 힘들어하고 학교 급식도 먹기 싫다고 합니다. 주눅이 들어 그런지 매사에 자신감이 없고, 매일 머리가 아프다고 하는데, 어떻게 해야 할까요?

―――――― **우선 아이의 자신감을 점검해 볼 필요가 있습니다.** 초등학교 시절 아이의 자신감은 친구 관계, 문제 해결 능력, 학업 수행 능력, 학업 동기에 영향을 줍니다. 학교에서 다른 사람과의 관계나 경험을 통해 자신감이 형성되는데 칭찬이나 격려의 말을 많이 듣는 아이는 자신감을 갖게 되고, 비난이나 핀잔을 들으며 자란 아이는 열등감을 갖게 됩니다.

아이의 타고난 기질과 부모의 양육 방법이 맞지 않아 자신감을 잃는 경우도 있습니다. 부모가 자기 생각처럼 따라 주지 못하는 아이를 보면서 느끼는 좌절감과 분노를 자꾸 노출하면 아이는 자신이 쓸모없다고 느끼거나 남들이 자신을 이해하지 못한다고 생각해 자신감을 잃게 됩니다. 그러므로 아이의 독특한 개성을 제대로 이해하여 부모가 태도를 바꾸는 지혜가 필요합니다.

때로는 부모의 과잉보호나 무관심, 지나치게 권위주의적이거나 강압적인 태도가 아이의 자신감을 떨어뜨립니다. 예를 들면, 34개월 된 아들이 스트레스를 받는 것 같다며 배변 훈련조차 시작하지 않고 기저귀를 사용해 달라고 보육 교사에게 부탁하는 부모, 아이가 머리를 바닥에 박으며 자해를 한다고 집 안에 온통 매트를 깔고 어린이집에도 매트를 깔아 달라고 요구하는 엄마, 먹을 때 자꾸 흘린다며 무조건 떠먹여 주는 엄마, 감기 기운이 있다고 절대 바깥놀이를 못하게 하는 엄마 등은 모두 과잉보호하는 것입니다. 고가의 옷을 입고 와서 옷에 뭐가 묻을까 봐 놀이를 못하고 구경만 하는 아이, 운동화에 모래가 들어갈까 봐 모래밭에 들어가지 못하는 아이 등도 그 이유를 알고 보면 과잉보호하는 엄마 때문입니다.

한 어린이집에 갔을 때 우유와 흰밥과 김만 먹는 아이가 있었습니다. 아이 엄마가 그것만 먹여도 된다고 해서 그렇다는데, 정작 아이는 바짝 말라 있었고 잔병치레도 많다고 했습니다. 엄마가 떠먹여 줘서 혼자 숟가락, 젓가락, 포크로 식사를 못하는 아이도 있습니다. 이런 가정 분위기와 부모 밑에서 자신감 있는 아이로 자라기는 힘듭니다. 부모가 먼저 바뀌지 않으면 아이는 절대 변하지 않습니다.

부모가 자신감 없고 소극적인 경우에도 아이가 그대로 보고 배웁니다. 자신감 없는 아이들은 매사에 쉽게 포기하거나 아예 시도조차 하지 않으려는 경향이 있습니다. 자신의 열등감을 감추기 위해 억지웃음을 짓거나 다른 사람을 못살게 굴기도 합니다. 이런 모습이 보여 부모가 개입하고 싶다면 일단 아이의 마음을 읽어 주십시오. 그리고 아이가 잘할 수 있는 것을 먼저 찾아내 즐거움을 느끼도록 만들어 주십시오. 혹시 아이가 실패하게 되면 부모가 진심으로 다독여 주십시오. 이런 과정을 통해 아이는 실패와 좌절을 이겨내는 방법을 터득하게 됩니다. 평소에 작은 결정이라도 아이 스스로 내릴 수 있는 기회를 주는 것도 좋습니다.

● 한마디 쏙쏙
부모의 과잉보호는 아이의 자신감을 떨어뜨린다.

2 아이와의 대화에서 이기려면 어떻게 해야 할까?

#경청 #나 전달법 #양육 태도

초등학교 3학년 아이의 엄마입니다. 아이가 울면서 집에 와서는 내일부터 학교를 안 가겠다고 합니다. 이유를 물어보니 누군가 대두(머리 큰 아이)라고 놀렸다고 했습니다. 아이가 한동안 소동을 피워서 위로를 해 주었더니 울음은 그쳤습니다. 그런데 학교는 안 간다고 합니다. 얼마 동안 안 가면 마음이 풀리겠냐고 물었더니 한 달간 학교를 안 가겠다고 합니다. 그건 엄마가 곤란하다고 했더니 다시 문제가 심각해졌습니다. 아이와 대화를 나눌 때 반영적 경청도, 나 전달법도 별 효과가 없습니다. 다른 방법이 있다면 알려 주세요.

반영적 경청이나 나 전달법도 통하지 않을 때, 미국의 교육학자 고든은 아이와 토의를 통해 협상하는 무승부법을 제시했습니다. 토의는 어느 누구도 승자가 되지 않고 타협으로 문제를 해결하는 방법입니다. 대개 엄마들은 아이의 말을 잘 들어 주다가도 마지막에 아이의 생각을 무시하는 한마디를 던지거나 장황하게 자기 생각을 설명합니다. 그러면 아이는 부모의 말을 귀담아듣지 않게 됩니다.

반영적 경청은 적극적 듣기를 해 주면 아이가 문제를 스스로 해결한다는 대화 방법입니다. 들어 주는 것은 누구나 잘할 수 있습니다. 그러나 아이의 반응으로 상황이 역전되는 경우가 많습니다. 부모가 문제의식을 느껴 나 전달법으로 불편한 마음만 전달하면 비교적 대부분의 아이가 협조합니다. 그런데 많은 부모들이 나 전달법으로 대화를 시작하지만 마지막에는 "다음부터는 그러지 마." 하는 식의 '너 전달법'으로 마무리를 합니다. 이렇게 되면 아이와 제대로 대화할 수 없습니다.

상담 사례에서 살펴보면, 일단 아이가 학교에서 있었던 일을 자세히 얘기할 수 있도록 유도해서 조용히 듣습니다. 이때 처음부터 끝까지 얘기를 듣는 과정이 중요합니다.

"아들! 학교에서 무슨 일이 있었구나. 엄마한테 말해 봐."

"1, 2학년 동생들이 내 머리가 대두라고 했는데 체육 선생님이 마이크로 얘기하는 바람에 대두가 내 별명이 되었어요."

이럴 때 "그랬구나. 속상했겠다.", "1, 2학년 동생들 보기 창피하겠네.", "체육 선생님 밉지?"와 같이 반영적 경청으로 아이 입장에서 공감대 형성만 해 줘도 아이가 위로받고 기분이 좋아집니다. 저녁을 먹고 나서 아이가 아무 일 없었다는 듯 "엄마, 내일 아침에 일찍 학교 가서 달리기 연습할 거야."라고 한다면 평상심으로 돌아온 것입니다.

그런데 상담 내용으로 돌아가면, 아이는 일단 부모로부터 위로는 받았지만 학교를 안 가겠다고 하자 엄마의 문제가 되어버렸습니다. 문제를 갖게 된 엄마가 아이에게 나 전달법을 쓴다면 이렇게 말할 수 있습니다.

"네 마음은 알겠어. 하지만 네가 한 달 동안 학교를 안 가면 엄마는 불안해져. 체육 때문에 다른 과목들을 공부하지 못한다면 엄마가 전 과목을 가르칠 수도 없으니 걱정이 될 수밖에 없잖아."

이렇게 나 전달법을 써도 아이가 꿈쩍도 안 한다면 문제는 해결되지 않은 채 갈등으로 남게 됩니다. 이럴 때 아이와 협상하고 타협해야 합니다. 어느 쪽도 승자, 패자가 없는 무승부법을 써야 하는 것이지요. 많은 대화 끝에 한 달은 아니고 일주일 정도만 학교를 안 가는 것으로 결정한다면 무승부법으로 해결을 보는 것입니다.

반영적 경청과 나 전달법을 쓰기 위해서는 상당 기간 동안 연습과정이 필요합니다. 부모는 많은 시행착오를 통해 유능해집니다. 준비된 부모는 그리 많지 않습니다. 따라서 상황마다 열심히 연습하는 것만이 살 길입니다.

● 한마디 **쏙쏙**

속상한 마음을 공감만 해 주어도 아이는 위로받는다.

3 시험 기간에 손톱을 물어뜯는 아이, 어떻게 해야 할까?

#손톱 물어뜯기 #불안감 #양육 태도

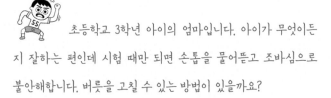

초등학교 3학년 아이의 엄마입니다. 아이가 무엇이든지 잘하는 편인데 시험 때만 되면 손톱을 물어뜯고 조바심으로 불안해합니다. 버릇을 고칠 수 있는 방법이 있을까요?

아이가 불안해하는 요인이 무엇인지 세심하게 살펴봐야 합니다. 시험을 앞두었거나 성적표가 나올 때 아이가 불안해한다면 성취 압력을 받는 경우입니다. 아이의 능력보다 부모의 기대가 지나치게 높은 것이 원인이라면 부모의 기대를 낮추어야 합니다. 부모가 학업 성적에 너무 민감하면 아이는 부담감을 갖게 되고, 부모의 기대만큼 해내지 못할까 봐 불안해합니다. 부모의 욕심을 아이가 느끼지 않도록 하고, 열심히 공부하는 자세에 대해 칭찬하면서 결과에 집착하지 않도록 가르쳐야 합니다. 성적이 좋지 않더라도 아이가 열심히 했다면 "네가 시험을 준비하면서 열심히 공부했다는 거 엄마도 알아. 시험 결과도 중요하지만 노력하는 과정이 더 중요하단다."라는 말로 아이를 안심시켜 주십시오.

가정뿐 아니라 학교와 또래 집단에서도 아이가 성취 압력을 받지 않도록 해야 합니다. 진정한 전인 교육은 아이가 자발적으로 즐기면서 해내도록 도와주는 것입니다.

엄마와 아이의 성격이 정반대인 경우에도 아이에게 불안감을 줄 수 있습니다. 엄마는 내성적이고 걱정이 많은 성격인데 아이가 활동적인 경우, 엄마가 무의식중에 차분하라고 강요했을 수 있습니다. 반대로 엄마는 활동적인 성격인데 아이가 내성적이고 차분한 경우, 엄마가 좀 더 적극적인 행동을 요구해 심리적으로 부담을 주었을 수 있습니다.

아이가 많이 불안해하거나 겁낼 때 핀잔을 주거나 놀리면 더욱 위축되고 움츠러듭니다. "왜 그렇게 불안해하니? 그럴 필요 없어." 같은 말로 아이의 감정을 무시하기보다는 "많이 불안한가 보구나. 왜 그런지 엄마랑 함께 생각해 보자."라고 해서 아이의 감정을 인정해 주고 함께 해결책을 찾는 것이 효과적입니다. 초등학교 3학년 때까지 손톱을 물어뜯는다면 계속 그럴 수 있다고 생각하고 손 위생이 건강과 직결된다는 점을 알려 줘야 합니다.

● 한마디 쏙쏙

아이의 능력보다 부모의 기대치가 높으면 불안감이 커진다.

"안 돼!"를 입에 달고 사는데 이대로 괜찮을까?

#칭찬 #대화법 #양육 태도

두 아들을 키우고 있는 엄마입니다. 하루 종일 아이들과 전쟁을 치르듯이 지내는데 소리 지르기는 기본이고 혼내고 야단치고 지적도 많이 합니다. 부정어를 쓰지 말라고 하는데 저는 "안 돼!"라는 말을 입에 달고 사는 것 같습니다. 솔직히 부정어를 쓰지 않고 아이를 키우는 엄마가 있을까요? 그러면서도 제가 하는 말들이 아이에게 나쁜 영향을 미치지 않을까 걱정됩니다. 조언을 부탁드립니다.

아무리 부모 교육을 많이 받아도 자녀에게 행하는 잘못된 습관을 고치기는 쉽지 않습니다. 가족들이 모여 앉아 이야기 나누는 것을 녹음해서 들어 보면 자신의 말을 객관화할 수 있는 자료가 되어 스스로 반성하고 고치는 계기가 될 수 있습니다. 아이와의 일상적인 대화를 녹음해서 자신이 평소에 어떤 말을 사용하는지 분석해 보십시오. 아이에게 용기와 힘이 될 수 있는 말을 골라 쓰고 있다면 이미 훌륭한 인재를 키우고 있는 것입니다. 반대로 아이에게 반성과 좌절감을 경험하게 하는 엄마들도 있습니다. 문제는 자신의 말들이 아이 인생에 큰 상처를 남길 수 있다는 것을 모른다는 점입니다.

예를 들면, 슬퍼하는 아이에게 "왜 그렇게 슬픈지 말해 봐."라는 말은 아이에게 위로가 되지 않습니다. 차라리 "누가 널 슬프게 했구나."라면서 귀 기울여 주는 것이 더 도움이 됩니다. 아이로서는 슬픈 이유를 설명하라는 부모보다 자신의 슬픈 감정을 그대로 인정해 주는 부모에게 더 쉽게 이야기를 시작할 수 있습니다.

아이들이 화가 나 있을 때 부모들의 반응을 살펴보면 자녀의 감정을 그대로 수용하고 이해해 주지 못합니다. 오히려 자녀의 감정을 부정하거나 충고, 명령, 경고, 훈계, 설득, 비판, 서투른 정신분석까지 동원합니다. 그런 방법은 아이를 더 기분 나쁘게 만들 뿐 문제 해결에는 도움을 주지 못합니다. 오히려 말을 들어 주고 공감해 주면 아이들은 스스로 문제를 해결합니다.

아이의 감정에 공감하는 말을 자연스럽게 하기는 힘듭니다. 공감도 연습이 필요합니다. 그래야 일상생활에서 사용할 수 있습니다. 그렇지 않으면 자신도 모르게 부정어와 비난의 말로 하루를 가득 채우게 됩니다. 연구에 따르면, 아동기 부모는 하루에 평균 일곱 번 정도 소리를 지릅니다. 그때 주로 사용하는 말은 '빨리

해.', '내려와.', '학교 가야지.', '먹어야지.' 등의 말입니다. 부모는 그렇게 소리를 지르면서 스트레스를 풀고 있는지 몰라도 아이 입장에서 보면 정서 학대입니다.

어려서부터 아무런 의미 없이 듣는 부정어에 노출된 아이들은 훗날 자신을 방어하기 위해 부정어를 무기로 사용한다는 연구 보고가 있습니다. 즉, "넌 안 돼.", "네가 뭘 할 수 있다고 난리니?"라는 말을 듣고 자란 아이가 성장해서 실패를 겪게 되면 마음속으로 "엄마가 난 안 된다고 했잖아요. 시험에 낙방하는 것은 당연해요."라고 하면서 스스로 방어한다는 것입니다. 이와 같이 말은 아이 가슴에 오랫동안 흔적을 남기고, 치명적인 영향을 줍니다. 자기 노력을 게을리하라고 부정적인 말을 하는 부모는 없을 것입니다. 하지만 아이는 어릴 적에 들었던 부정적인 말을 오래 기억하고 되새기며 부모를 비난한다는 것을 기억하십시오.

이제부터는 아이에게 보약이 되는 칭찬과 격려를 해 주십시오. 일반적으로 칭찬은 어떤 행위 사실에 입각해서 하기 때문에 성적이나 행위 결과를 놓고 하게 됩니다. 그런데 격려는 뭔가 부족했을 때 앞으로 더 잘하라고 용기와 힘을 주는 데 목적이 있습니다. 칭찬은 평가의 의미가 크고, 격려는 용기와 자신감을 주는 의미가 더 큽니다. 우리는 칭찬받을 때보다 격려받을 때 더 큰 위로를 받고 힘을 얻습니다. 그것이 부모가 아이들에게 따뜻한 격려와 위로의 말을 건네야 하는 이유입니다.

5

준비물을 못 챙기는 아이,
어떻게 해야 할까?

#준비물 챙기기 #욕구 지연 #양육 태도

작은아이가 초등학교 1학년입니다. 얼마나 덤벙대는지 걸핏하면 준비물을 빠트리고 학교에 갑니다. 또, 어떤 물건이든 싫증을 잘 내고, 사 달라고 졸라대다가 마음에 안 들면 집어 던지거나 부숴 버립니다. 버릇을 고쳐 보려 했지만 잘 안 됩니다. 어떻게 해야 할까요?

초등학교 1학년 엄마들은 아이가 아직 어리다고 생각해 준비물을 챙겨 주는 경우가 많습니다. 아이에게 자기 주도적인 태도를 길러 주려면 준비물부터 직접 챙기게 해야 합니다. 챙기는 습관은 어릴 적에 만들어집니다. 아이가 준비물을 챙겨 가지 않았을 때 무조건 가져다 줄 게 아니라 아이가 학교에서 불이익을 경험하게 하십시오.

가령, 미술 시간에 필요한 준비물을 챙겨 가지 않았다면 다른 친구들이 재미있게 오리고 붙이고 만드는 동안 활동을 못하게 될 것입니다. 이런 불이익을 경험하게 해서 스스로 준비물을 챙길 수 있도록 지도하는 것입니다.

아이가 준비물을 빠뜨렸을까 봐 걱정된다면 일단 스스로 준비물을 챙기도록 기회를 주고, 아이가 잠들었을 때 가방 속을 체크하는 방법이 좋습니다. 준비물이 색종이, 가위, 풀인데 아이가 풀을 빠뜨렸다면 이렇게 해 보세요. 다음 날 아침 학교 가기 전에 아이에게 "준비물은 모두 챙겼니? 색종이 놀이를 하려면 자르는 가위랑 붙이는 풀도 있어야겠네. 모두 챙겼니?"라고 넌지시 돌려 묻는 것입니다. 아이 스스로 풀을 빠뜨렸다는 사실을 깨닫고 준비물을 다시 챙길 수 있도록 기회를 주는 것이지요.

한편, 물건을 귀하게 여기지 않고 유아기를 지낸 아이가 갑자기 바뀌기는 어렵습니다. 앞으로 물건을 사 줄 때는 약속한 경우에만 사 주십시오. 부모는 자식에게 무조건 다 주어야 하는 존재가 아닙니다. 부모의 역할을 착각해서는 안 됩니다.

아이에게 적절한 좌절을 경험시키는 것은 오히려 경쟁력 있는 아이로 자랄 수 있는 기회를 주는 것입니다. 한 번의 좌절도 겪지 않고 거절도 당하지 않고 뭔가를 이뤄 낸 사람은 없습니다. 아이에게 이렇게 말하십시오.

"지금은 사 줄 수 없지만 한 달 뒤에 다시 생각해 보고 결정하자."

그 뒤에 벌어질 일은 사실 뻔합니다. 심술부리거나 삐지거나 눈을 안 마주치거나 시무룩해 있거나. 그러나 한 달 동안 욕구를 지연시키면서 아이는 인내심을 배우게 됩니다.

아이에게 질질 끌려다니는 부모는 누구에게도 도움이 되지 않습니다. 이제부터라도 규칙을 정하고 그 범위 안에서 물건을 사 주도록 하십시오. 예컨대, 아이가 일주일 동안 방 정리를 잘하면 주말에 놀이동산에 가기로 한다든지, 숙제를 끝내고 노는 규칙을 지키면 주말에 피자를 사 준다든지 하는 규칙을 정해서 아이 스스로 통제하도록 하는 것입니다. 부모는 아이가 그 규칙을 지켜 나가도록 도와주기만 하면 됩니다.

풍요로운 물질 사회에서 자라는 요즘 아이들은 물건을 잃어버려도 찾으려 하지 않습니다. 엄마들이 전혀 문제 삼지 않고 새 물건을 사 주기 때문입니다. 물건 귀한 줄 모르는 아이들은 돈의 낭비라는 개념을 알지 못합니다. 성장기 내내 이런 환경에서 자란 아이가 성인이 되었다고 해서 어느 날 갑자기 돈에 대한 철학이 생길 리 없습니다. 그것은 마음을 다잡는다고 해서 쉽게 바꿀 수 있는 습관도 아닙니다. 경제관념은 어려서부터 몸에 체득되어 그 습관대로 계속해서 살아가는 것이 가장 좋은 방법입니다.

제가 알고 있는 어느 집에서는 아이가 자전거를 사고 싶어 하자 이렇게 제안했다고 합니다.

"아빠가 자전거 값에 17만 원을 보태 줄 테니 너는 3만 원을 내렴. 왜냐하면 그건 네 자전거니까."

이런 가정 환경에서 자란 아이는 대학에 가서 해외 연수를 간다고 할 때도 똑같이 적용하게 됩니다. "아버지가 비행기 값을 내 주시면 연수 비용은 제가 모은 돈으로 내겠습니다."로 탈바꿈하는 것이지요. 또, 이 아들이 결혼을 하게 되면 "전세금의 반은 제가 마련할 테니 반을 도와주시면 이자 없이 원금을 5년 안에 갚겠습니다."라고 나옵니다.

이런 결과는 욕구 지연 경험을 어려서부터 한 아이와 그렇지 못한 아이의 차이에서 나옵니다. 경제를 아는 아이로 키우고 싶은 부모라면 자녀에게 다 주지 않고 어려서부터 욕구 지연 경험을 하도록 머리를 써야 합니다. 때때로 아이로부터 원망의 눈초리도 받고, 짠돌이 아빠 짠순이 엄마라는 듣기 싫은 별명도 들을 수 있지만 결과적으로는 참으로 보람 있을 것입니다.

● 한마디 쏙쏙

아이는 욕구가 지연되는 과정에서 인내심을 배운다.

6

맞고도 때리지 못하는 아이,
어떻게 해야 할까?

#친구한테 맞는 아이 #소극적인 아이 #양육 태도

만 7세 된 아들의 엄마입니다. 아이가 요즘 친구한테 맞고 울면서 집에 돌아오는 날이 많습니다. 너무 속이 상해서 "그 애가 때리면 너도 때려."라고 했는데, 아이는 여전히 때리지 못하고 맞고만 옵니다. 제가 어떻게 해야 하나요?

친구를 때리지 못하고 맞고만 온다고 소극적인 걸까요? 그렇지 않습니다. 오히려 아주 착한 아이로 보는 게 맞습니다. 상황을 더 큰 싸움으로 확대시키지 않았으니까요.

친구한테 맞았을 때 똑같이 폭력으로 맞대응하라고 가르치는 것은 옳지 않습니다. 반드시 큰 싸움으로 번지게 되어 후회할 일이 무척 많아집니다. 맞대응하라고 가르치기보다는 다음과 같이 말로 대처하는 법을 가르쳐야 합니다.

"너는 나를 때리는 게 좋니?"

"난 너를 친구로 생각하는데 너는 그렇지 않은가 보구나."

"날 왜 때리는 거야?"

아이가 친구한테 맞고도 아무 말 못하는 상태로 자라면 나중에도 폭력 앞에서 자신의 주장이나 생각을 밝히지 못하게 될 수 있습니다. 폭력을 이기는 것은 또 다른 폭력이 아니라 당당한 태도입니다. 반드시 아이가 표현할 수 있게 가르쳐야 합니다.

요즘 상당수의 엄마들이 아이가 맞고 다닐까 봐 태권도나 유도 학원에 보내고, "상대방이 때리면 너도 때려."라고 가르친다고 들었습니다. 결국 아이에게 폭력으로 문제를 해결하라고 가르치는 셈입니다. 그보다는 말로써 상대를 제압해 다시는 그런 행동을 하지 못하게 하는 교육이 필요합니다.

상담실에서 만난 한 어머니에게 들은 이야기입니다. 초등학교 5학년인 아들이 같은 반 남자아이를 주먹으로 한 대 쳤는데, 맞은 친구가 아들의 눈을 똑바로 보며 아주 진지하게 이렇게 말했다고 합니다.

"너에게 친구로서 많이 실망했어. 너는 주먹을 아무 때나 휘두르는구나."

친구를 때린 아이는 내내 고민하다가 그 다음날 사과를 했다고 합니다. 당당한 말 한마디의 힘이 얼마나 센지 확인할 수 있습니다.

우리는 이런 가르침을 만 7세 아이에게 가르칠 수 있는 방법을 고민해야 합니다. 교육은 거창한 것이 아닙니다. 부모의 생각이나 철학이 매 순간 녹여져서 자녀에게 알게 모르게 전달되는 것이 교육입니다. 그러므로 아이의 발달 상황을 지켜보면서 앞으로 일어날 일들을 미리 공부하고 고민해 보는 과정을 가져야 합니다.

자녀 교육에서도 아는 것이 힘입니다. 여러 경우의 수를 대비해서 어떻게 대처할지를 고민하고, 자녀에게 언제 어떤 가르침을 줄지 계획을 세워야 합니다. 그 모든 과정을 끌고 나가는 것이 바로 부모의 철학입니다. 부모의 철학이 부재 상태가 되면 그 자녀들의 미래가 불안해집니다. 아이의 미래를 위해서라도 부모의 자리를 크고 무겁게 받아들여야 합니다.

● 한마디 쏙쏙

폭력을 이기는 것은 또 다른 폭력이 아니라 당당한 태도이다.

7

여러 학원을 다닌 아이들 속에서
열등감이 생기지 않을까?

#예체능 교육 #사교육 #인성 교육

유아 교육에 관심이 많아 나름대로 아이에게 전인 교육을 해 왔다고 생각했습니다. 그런데 초등학교에 보냈더니 다른 아이들은 미술, 수영, 태권도, 피아노, 영어, 수학, 한자까지 이미 다 배워 왔더군요. 아이와 저는 얼마나 당황했는지 모릅니다. 저는 학교에 가면 다 배울 것들이니 미리 극성떨지 말아야겠다는 생각에 아이를 태권도 학원에만 보냈습니다. 막상 학교에 보내니 제가 아이를 바보로 키운 게 아닌가 하는 생각이 듭니다. 또, 학교에서 다른 아이와 비교당하면서 열등감을 갖게 되면 어쩌나 하는 두려움도 있습니다. 조언을 부탁드립니다.

예전에도 이와 비슷한 상담을 청했던 엄마가 있습니다. 아이는 미술 학원에 다니면서 그림도 그리고 만들기도 하고 신문지로 꾸미기도 하면서 재미있게 지냈는데, 학교에 보내 놓고 보니 걱정이 태산이라고 했습니다. 아이는 간신히 자기 이름 정도만 쓰는 수준인데 다른 아이들은 책도 잘 읽고 쓰기도 잘한다면서 아이가 자신을 바보라고 생각하게 될까 봐 걱정이라고 했습니다.

저는 학교에서 이제부터 배우기 시작해도 절대 늦지 않다고 말해 주었습니다. 그리고 엄마가 조급증을 갖지 않는 게 가장 중요하다고 했습니다. 아이가 잘할 수 있다고 믿어 주고 지지해 주어야 하며 다른 아이와 절대 비교하지 말라고 조언했습니다.

그 뒤 아이가 5학년이 되었을 때 그 엄마를 다시 만나게 되었습니다. 그동안의 일을 들어 보니 한 편의 드라마였습니다. 덕분에 제가 강연에서 두고두고 좋은 사례로 사용하고 있습니다. 그 엄마는 아이가 1, 2, 3학년까지는 오로지 학교생활에 따라갈 수 있도록 숙제를 정성스레 돕고 절대 남과 비교하지 않았습니다. 받아쓰기에서 세 개 정도 맞던 아이가 서서히 올라가 백 점을 맞기까지 일 년이 걸렸는데, 늘 백 점을 맞는 아이들 얘기는 입에 올리지도 않았습니다. 3학년 말부터는 아이 혼자 숙제를 하면서 학교생활이 수월하다고 느끼게 되었고, 4학년부터는 스스로 공부하는 틀을 만들어 가면서 잘 따라 하게 되었습니다. 가끔씩 저학년 반에 내려가서 숙제 돌보미도 해 주면서 동생들에게도 인기를 얻어 5학년 때는 전교 부회장에 뽑혔다며, 내년에는 회장에 나갈 거라고 자랑을 늘어놓았습니다.

결과적으로 보면 1, 2, 3학년까지의 실력은 엄마가 만들어 주는 실력이고, 4학년부터는 스스로 만드는 실력입니다. 3학년까지 열심히 생활한 이 아이는 조금 힘겨웠을지는 모르지만, 그 사이에 학교생활의 패턴을 몸에 체득하면서 스스로 공부하는 법을 깨우쳤습니다. 마침내 4학년부터는 공부가 수월해졌고, 동생들 숙제 도우미를 해서 인기도 얻고, 학교생활이 즐거워졌습니다. 만약 부모가 조급증을 가지고 남과 비교했다면 아이는 지레 겁먹고 열등감을 가졌을 것입니다.

학령 전 놀이 교육은 평생 가지고 갈 인성 교육의 기초가 됩니다. 학교에 들어가서 배우게 되는 학습만으로도 학교 공부가 가능해진다는 것을 믿고 자존감을 망가뜨리지만 않으면 아이는 스스로 배우고 깨우쳐 갑니다.

이 상담을 청한 엄마는 다방면의 공부를 하지 않은 아이가 비교당하면서 열등감을 갖게 될까 봐 걱정하고 있습니다. 그러나 저학년까지의 아이들은 그 구분을 잘 못합니다. 물론 늘 백 점만 받는 아이는 누구나 기억하지만, 특별히 엄마가 못한다면서 열등감을 넣어 주지만 않으면 거의 비슷한 수준이라고 느낍니다. 하나씩 알아 가고 배워 가는 기쁨을 느끼게 해 준다면 열등한 아이가 되지 않습니다.

아이마다 좋아하는 분야도 다르고, 두각을 나타내는 분야도 다릅니다. 그런데 아이의 자질과 특성을 고려하지 않고 많이 가르치면 한 가지도 제대로 배우지 못합니다. 주변의 부모들이 무엇을 얼마나 가르치느냐에 신경 쓰기보다는 아이가 정말 하고 싶어 하는 것이 무엇인지 알아내어 가르치는 것이 좋습니다.

아이가 집중해서 할 수 있을 때에 한 가지씩 가르치기 바랍니다. 한꺼번에 여러 가지를 시켰을 때 다 잘 따라 하는 아이는 오히려 수동적인 아이가 되기 쉽습니다. 시키는 일은 잘하지만 스스로 창의적인 일은 잘 못하게 된다는 말입니다.

주변 사람들이 다 가르친다고 무조건 따라 하지 말고 엄마가 아이에 대한 소신을 가져야 합니다. 한글을 좀 더 일찍 깨쳤다고 모든 것에 탁월한 능력을 갖게 되는 것도 아니고, 영재가 되는 것도 아닙니다. 좀 더 인간적이고 창의적인 아이로 키우기 위해서는 부모와 아이가 대화를 많이 나누고, 함께 다양한 놀이와 경험을 하고, 사람들과의 관계 속에서 공감과 배려를 배우는 인성 교육을 해야 합니다. 이전의 지식 정보화 시대에서는 좌뇌 교육으로 아이의 분석력을 통해 우수한 인재를 발굴했다면, 인공 지능 시대에서는 우뇌 교육으로 체험과 경험을 통해 지식을 습득하도록 합니다. 세상이 급속도로 변하고 있는데 부모들이 예전의 교육 방식을 고수하거나 그러지 못해 걱정하고 있다면 다시 한 번 고민해야 합니다.

● 한마디 쏙쏙
너무 많은 것을 가르치면 오히려 한 가지도 제대로 배우지 못한다.

8

글쓰기를 싫어하는 아이,
어떻게 해야 할까?

#글쓰기 #문해력 #독서

초등 3학년 아들을 둔 엄마입니다. 학교생활도 잘하고 친구 관계도 좋은 편인데, 글쓰기를 좋아하지 않아 걱정입니다. 써 놓은 걸 보면 단어 활용 능력이 많이 부족해 보입니다. 교과 내용이 어려워진 탓인지 3학년이 되어서는 수학도 싫어합니다. 공부와 담 쌓은 아이가 될까 봐 걱정입니다.

초등학생 중에는 글쓰기를 좋아하는 아이보다 싫어하는 아이가 더 많습니다. 요즘 아이들은 영상으로 정보를 처리하는 능력이 좋아진 반면, 글의 내용을 파악하고 해석하는 능력이 많이 부족합니다.

그나마 한 줄도 못 쓰고 있는 상황에서 "빨리 해.", "제대로 좀 해."라는 엄마의 말은 아이를 더 위축시키고 자기 긍정감을 파괴시킵니다. 이런 말 때문에 아이의 자기 긍정감이 무너진다는 사실을 알아야 합니다. 바꿔 말하면 부모의 생각과 말이 바뀌면 아이의 미래가 달라집니다. 아이에게 상처 주는 말을 피하고 자기 긍정감을 높이는 말을 하도록 노력해야 합니다.

다시 돌아가서, 아이가 어려워하는 글쓰기를 도와주고 싶다면 아이와 일상적인 얘기를 나누면서 마음을 살펴 주십시오. 아이와의 대화 내용을 녹음해서 들려주는 것도 하나의 방법입니다. 녹음한 것을 듣고 나면 글쓰기를 시작하기가 한결 수월해집니다. 아이가 한 줄도 못 쓰는 것은 그 분야에 대해 아무런 생각이 없거나, 반대로 너무 많아서 무슨 얘기를 어떻게 써야 할지 모르는 경우가 많습니다. 이럴 때 아이와 충분한 대화를 나눠서 생각을 정리할 시간을 주면 글의 첫머리를 쓰는 데 큰 도움이 됩니다.

윤희솔 교사가 쓴 『하루 3줄 초등 글쓰기의 기적』을 보면 하루에 일기 3줄 쓰기를 하면 아이든 학부모든 부담 없이 글쓰기를 시작할 수 있다고 합니다. 하루 3줄은 아주 가벼운 미션입니다. 대화를 나누고 나면 아이들은 자신의 생각을 정리하게 됩니다. 그것을 토대로 글쓰기가 이루어지는 순간 자연적으로 생각하는 힘을 키우게 됩니다. 하루 3줄 글쓰기는 우리가 생각하는 것보다 훨씬 더 큰 힘을 발휘합니다. 하루 3줄 글쓰기를 습관으로 만들면 생각하고 사고하는 아이로 자라는 기적이 일어날 수 있습니다.

아이가 수학을 싫어하는 것도 단순히 수학적 사고의 부족으로 보기는 어렵습니다. 덧셈 뺄셈의 문제가 아니고, 수학 문제의 설명

내용을 파악하지 못할 수 있다는 말입니다. 문해 능력이 부족하여 행간을 읽고 그 의미가 뭔지 명확하게 이해하지 못하면 수학적 연산을 시작할 수 없다는 것이 전문가들의 주장입니다. 요즘 초등학교 저학년 학생들의 부족한 문해 능력은 학습 전반에서 심각한 우려가 되고 있습니다.

어려서부터 책 놀이를 독서로 연결해야 합니다. 책을 읽고 나면 부모와 대화를 나눈 후에 최소 3줄 글쓰기를 하도록 지도하십시오. 다시 한 번 강조하지만 아이들의 문해 능력과 사고하고 생각하는 힘을 키워야 공부도 혼자 할 수 있습니다.

● 한마디 쏙쏙
대화를 나눠 생각이 정리되면 글쓰기가 쉬워진다.

9 엄마를 미워하는 아이, 어떻게 해야 할까?

#체벌 #정서적 학대 #양육 태도

두 아이의 엄마입니다. 초등 1학년인 첫째 아이에게 숙제하라고 하면 동생과 놀면서 딴청을 부립니다. 숙제하라는 말을 하루에 스무 번도 넘게 할 정도입니다. 그런 태도를 견딜 수 없어 가끔 매를 듭니다. 심하게 맞고 우는 아이를 보면 바로 후회를 하는데 그 순간을 못 참겠습니다. 우연히 아이의 낙서장을 봤는데 엄마 욕을 많이 써 놓았더군요. 아이에게 물었더니 엄마가 자기만 미워하고 때려서 싫다고 했습니다. 제가 먼저 바뀌어야겠다고 마음은 먹는데 엄마 말을 무시하는 듯한 아이의 태도를 참기가 힘듭니다. 조언을 부탁드립니다.

아이의 태도가 저절로 바뀌기를 기대할 수는 없습니다. 이런 악순환의 고리를 풀기 위해서는 부모가 먼저 변하는 게 맞습니다. 그런데 안타깝게도 사람은 잘 안 변합니다. 아무리 좋은 양육법을 알려 줘도 실천하는 사람이 많지 않은 이유가 여기에 있습니다.

지금은 시대가 많이 변해서 아이를 체벌하면 부모를 처벌하는 시대입니다. 오늘부터 하나씩만 다르게 해도 아이가 달라질 것입니다. 그동안 잔소리와 매질 뒤에 후회만 반복해 왔다면 용기를 내어 다른 양육 태도를 취해 보십시오. 이제부터는 단호하지만 따뜻함을 유지하는 태도로 바꿔 보십시오. 폭풍 잔소리를 하고 매를 들었다가 아이에게 미움받기보다는 "그만하고 숙제합시다!"라고 단호하지만 온화한 목소리로 말해 보십시오. 단, 엄마 말이 무섭다든지 공포스럽게 들리지 않도록 조심해야 합니다. 물론 한 번에 되는 것은 세상에 없습니다. 수없이 많은 순간에 똑같은 방법으로 해 보시기 바랍니다.

제가 이런 말을 하자 한 엄마는 "교수님, 도 닦으라는 거잖아요."라고 항변하기도 했습니다. 아이가 느껴야 하니까 결국 도 닦는 심정으로 엄마가 포기하지 않고 변화될 때까지 해야 합니다. 사람이 변하기는 어렵지만 아이를 위해 양육 태도를 바꿔 보겠다고 마음먹는다면 문제가 조금 다릅니다. 빈방에서 자기 스타일에 맞게 연습도 해 보면서 효과를 꼭 보기 바랍니다.

어떤 경우에도 매로 다스리는 것은 옳지 않습니다. 매로 다스리면 아이가 상처를 받아 엄마를 피하고 겉도는 행동을 하게 됩니다. 회초리도 안 되고, 가볍게 엉덩이를 때리는 것도 안 됩니다. 가볍게 엉덩이 때리기로 시작했다가 매질로 마무리되는 경우도 많습니다. 아이를 매로 다스리는 가정에서는 때려야만 훈육이 된다고 믿습니다. 이 생각부터 바꿔야 합니다. 아무리 어렵고 힘들어도 대화로 훈육해야 합니다.

한편 심리적, 정서적 학대를 당한 아이는 욕을 써서 자신의 분노를 해소하기도 합니다. 부모로서 자신의 모습을 뒤돌아보는 시간을 가져 보기 바랍니다. 자녀의 활동에는 아무런 관심도 없으면서 숙제하라는 말만 한 것은 아닌지, 칭찬 한 번 안 하면서 숙제를 놓고 기 싸움을 벌인 것은 아닌지, 아이에게 자꾸 비현실적인 기대를 한 것은 아닌지 말입니다.

두 아이의 양육이 힘겨워 큰아이에게 홀로서기를 일찍 강요한 것은 아닌지 점검할 필요가 있어 보입니다. 만약 그랬다면 아이가 엄마의 사랑과 관심을 얻기 위해 숙제를 게을리하는 행동을 했을 수 있습니다.

아이의 변화는 엄마가 이제부터 어떻게 하느냐에 달려 있습니다. 잔소리를 줄이려면 엄마가 아이를 충분히 사랑해야 합니다. 둘째 아이 때문에 큰아이에게 소홀했던 점이 있다면 먼저 미안하다고 말하십시오. 그리고 몇 가지 협조와 도움을 구하는 것도 좋은 방법입니다. 엄마의 사랑과 진심이 전달되면 아이는 엄마를 도울 것입니다. 일단 엄마를 돕고 싶은 마음이 생기면 아이는 스스로 숙제를 할 것입니다. 그 변화가 더디더라도 큰아이와의 관계를 꼭 회복시키겠다는 마음으로 여유를 가지고 노력해야 합니다.

10 엄마에게 지나치게 의존하는 아이, 어떻게 해야 할까?

#아버지상 #인정 욕구 #또래 집단

사고로 남편을 잃고 초등학교 3학년 아들을 키우고 있습니다. 아이가 엄마와 떨어지는 것을 굉장히 불안해합니다. 집에 있을 때도 수시로 엄마 방을 확인하고, 잠깐 외출할 때도 어딜 가는지 묻고, 잘 때도 엄마 손을 잡고 잡니다. 아이가 지나치게 의존적인데 이대로 괜찮은지 궁금합니다.

이대로 당분간 지내야 합니다. 아이들의 행동에는 이유가 반드시 존재합니다. 이런 의존적인 행동은 보통 3학년 남자아이들에게서는 잘 보이지 않습니다.

애착 대상이 오로지 엄마뿐인 상황이니 아빠의 결핍을 당분간 보상해 준다고 생각하고 냉정하게 뿌리치거나 거절하는 태도를 노골적으로 보여서는 안 됩니다. 오히려 아이의 불안 장애를 치료하기 위해 때때로 꼭 안아 준다든지, 사랑한다고 말한다든지, 아이와 눈을 마주치며 등을 두드려 준다든지 하는 신체 접촉으로 관계를 밀착시켜야 합니다. 그러면 아이의 불안이 서서히 해소되면서 지나치게 의존할 필요가 없다고 느끼게 됩니다.

답답한 결론일지 몰라도 아이가 불안하지 않다고 느낄 때까지 긴 시간 동안 기다려 주면서 아이 행동을 적극적으로 받아 주고 마음을 헤아려 주십시오. 어쩌면 생각보다 시간이 많이 걸리지 않을지도 모릅니다.

아이들에게 아버지상은 매우 중요합니다. 아이들은 아버지라는 존재를 통해 정의로움을 배우고, 자립적으로 자신의 일을 찾아갑니다. 따라서 아버지상을 제공하는 아버지가 없다면 엄마가 더 많은 노력을 해야 합니다. 아이와 친구처럼 대화를 나누고 또래 관계를 세심하게 관찰해서 친구와 잘 지내도록 도와야 할 것입니다.

재혼 계획이 당분간 없다면 가까운 친인척, 이를테면 외삼촌의 도움을 받는 것도 추천합니다. 어떤 일을 결정할 때 아이가 외삼촌과 상의하게 한다든지, 좋은 일이 있을 때 외삼촌으로부터 칭찬받게 하거나 축하받도록 하는 식입니다.

아이가 머지않아 십 대가 되면 인정 욕구가 많아집니다. 물론 엄마의 인정과 칭찬도 중요하지만, 친구로부터의 인정도 중요합니다. 그러기 위해 아이 스스로 단짝을 만들고 나아가 또래 집단을 형성해 나가야 합니다. 또, 다른 사람들을 통해 객관적인 평가를 원하기도 합니다. 그래서인지 요즘 아이들은 1인 유튜버가 되어 자신의 일상을 찍어 올리고 그 반응을 즐기는 데 많은 에너지를 쏟습니다. 인정 욕구가 조금 확산된 경우라고 할 수 있습니다. 이와 같이 인정 욕구가 무차별 타인들로 확산되기 전에 의미 있는 어른, 즉 외삼촌과의 관계가 중요합니다. 외삼촌이 아니더라도 남자 어른이면 다 가능합니다.

아이가 초등학교 3학년이면 학교에서 보내는 시간이 많습니다. 따라서 학교가 재미있는 곳이라는 인식을 가지도록 도와주십시오. 친구들과 어울릴 수 있는 활동과 기회를 놓치지 않게 하는 것도 방법입니다. 그 속에서 아이는 스스로 일어설 수 있는 힘을 자연스럽게 키워 나갈 것입니다.

● 한마디 쏙쏙
아이들은 친구로부터 인정받는 것도 중요하다.

11 친구 같은 아빠,
엄격한 엄마도 괜찮을까?

#부모의 역할 분담 #훈육 #비행 아동

 주말부부로 지내고 있어서 아이가 아빠를 주말에만

만납니다. 그래서 남편은 아이와 친구처럼 지내고, 저는 엄격하게

대합니다. 가끔 엄마 아빠의 역할이 바뀐 것 같다는 생각이 드는

데 이대로 괜찮을까요?

──────── **엄마 아빠의 역할이 바뀌어도 아무 상관없습니다.** 유대인

격언에 '오른손으로 때리고 왼손으로 안아라.'라는 말이 있습니다.

이 말은 한쪽이 엄격하게 훈육하면 다른 한쪽은 사랑으로 감싸

주라는 뜻입니다. 엄마든 아빠든 어느 한쪽이 엄격하게 대하고 다

른 한쪽이 사랑으로 상호 작용하면 아이의 문제 행동을 예방할 수

있습니다.

아이들은 자라는 과정에서 크든 작든 수많은 시행착오를 겪습

니다. 그런데 엄마 아빠가 모두 엄격해서 야단만 치면 마음 붙일 곳이 없어 방황하게 됩니다. 이런 경우 아이가 가출하거나 비행 청소년이 될 가능성이 높아집니다. 반면에 엄마 아빠가 모두 사랑으로만 양육하면 어디로 튈지 모르는 럭비공처럼 너무 자유분방하게 자라 통제가 어려워집니다. 사랑과 통제의 균형이 반반인 경우가 가장 바람직합니다.

예를 들면, 아빠에게 야단맞고 주의를 들은 날 엄마에게서 위로와 격려를 적절히 받으면 좋은데, 그 반대의 경우도 같은 효력을 발휘합니다. 문제는 아빠가 야단치는데 엄마까지 나서서 야단칠 때 생깁니다.

사랑이 많은 경우에 소통이 원활하다면, 통제가 많은 경우에는 소통 부재를 경험하게 됩니다. 연구 보고에 따르면, 비행 아동이 그렇지 않은 아동에 비해 가족의 관리와 감독이 부적절하다고 합니다. 어려서부터 사랑과 통제가 균형 잡힌 환경 속에서 관리, 감독을 받으면 비행 아동이나 비행 청소년으로 가는 것을 막을 수 있습니다. 또 다른 연구에서는 비행 아동이 그렇지 않은 아동에 비해 가족의 지지를 받지 못하고 의사소통도 잘 안 되는 것으로 보고되었습니다. 뭔가를 잘못해 꾸중을 듣더라도 다른 한쪽 부모로부터 위로와 격려를 받으며 자란 아이들은 가족의 지지를 받지 않았다고 말하기 어렵습니다. 야단만 치는 부모는 아이에게 독이 됩니다. 비행 아동의 부모들은 권리 박탈이나 일 시키기와 같은 훈육보다는 잔소리, 위협, 소리 지르기와 같은 소모적인 행동을 더 많이 한 것으로 보고되고 있습니다.

비행 아동이 부모에게 공격적으로 행동해서 뭔가를 얻어 내면 '이것도 통하는구나.' 하는 배움을 얻게 됩니다. 그러면 그 부모가 아이에게 폭력적인 훈육을 하게 되면서 서로 신체적 공격 행동을 하게 됩니다. 가정에서 악순환의 과정이 이루어지게 되는 것입니다. 결과적으로 아동은 점차 반사회적인 행동을 배워 가정 밖에서도 반사회적 행동을 재현하게 됩니다. 이 악순환을 막는 방법은 부모 손에 달려 있습니다.

● 한마디 쏙쏙

부모가 모두 엄격해서 야단만 치면 비행 청소년이 될 가능성이 높다.

12 엄마에게 욕하고 발로 차는 아이, 어떻게 해야 할까?

#버릇없는 아이 #폭력적인 아이 #재혼 부모

초등학교 4학년과 1학년 두 아들이 있는 남편과 재혼한 지 1년이 되었습니다. 두 아들과 처음에는 순조로웠습니다. 그동안 시부모님이 아이들을 키우셨는데 너무 예뻐해서 심부름이나 꾸중도 하지 않았다고 합니다. 그런데 언제부터인지 아이들이 제게 서슴없이 욕을 하고 화가 나면 발로 차기도 합니다. 야단을 치면 저를 똑바로 쳐다보고 절대로 지지 않습니다. 한번은 남편과 상의했더니 아이들을 거침없이 때려서 얼마나 무서웠는지 모릅니다. 또 그런 일이 벌어질까 무서워 남편과 상의할 수도 없고, 참다 보니 화병이 걸릴 지경입니다. 제가 어떻게 해야 할까요?

아이를 키우는 일이 만만치 않은데, 재혼 가정이라면 더 많은 고민과 노력이 필요할 것입니다. 서로 적응 과정이 필요하기 때문에 점차 시간이 지나면서 좋아지겠지만 속상하고 화가 나는 것도 사실입니다. 내가 낳은 자식도 키울 때 많은 문제가 불거집니다. 그러니 상황을 지나치게 해석하여 자신을 어려운 궁지로 몰고 가지 않도록 하십시오.

재혼 가정에서는 배우자의 자녀와 어떤 관계가 만들어지느냐에 따라 결혼 생활의 질이 달라집니다. 자녀들이 새엄마를 잘 따르고 훈육 체계도 잘 잡혀 있으면 별 문제가 없는데, 그렇지 못해 안타깝습니다. 당분간은 아이들과 좋은 관계를 만드는 데 힘써야 할 것 같습니다.

관련 연구에 따르면, 계자녀는 종종 계모의 권위에 분노를 표시하며 그들의 가족 속으로 '침입하는' 것에 저항한다는 보고가 있습니다. 따라서 두 자녀로부터 인정받으려면 상당한 시간과 인내가 필요할 것입니다. 두 자녀에게 어머니로서 인정받고 존경받는 것은 어머니가 새로운 가족에 적응하는 데 가장 중요한 요소입니다.

엄마로서의 역할을 서두르기 위해 엄격한 훈육을 시도하는 것은 피해야 합니다. 자녀들은 친부모가 아닌 사람에게 엄한 훈육을 받는 것에 일차적으로 반항심을 가지기 때문입니다.

아이들을 다루기 어려운 또 하나의 이유가 아버지의 거친 체벌 때문으로 보입니다. 부모에게 매 맞고 자란 아이들은 화가 나고 기분이 좋지 않을 때 똑같은 방식으로 공격적인 행동을 합니다. 따라서 가능하면 아버지의 개입을 줄이고 엄마가 더 깊은 사랑과 관심으로 아이들을 타이르고 설득하는 게 좋습니다. 아빠가 체벌을 못하게 해서 서서히 횟수가 줄어들면 아이들도 말의 위력을 알게 됩니다. 그러면 말로 다스리기가 훨씬 수월해질 것입니다.

이제부터 시작이라는 마음으로 좀 더 인내심을 발휘하고 일관성 있게 아이들을 교육하기 바랍니다. 남편에게는 아이들을 때리는 것은 아동 학대라고 진지하게 말해 주고 그런 행동이 반복되지 않도록 신경 써야 합니다. 아동 학대 신고 전화는 국번 없이 112이고, 온 국민이 신고를 의무화해서 부모라도 처벌을 받도록 하고 있습니다.

● 한마디 쏙쏙

매 맞고 자란 아이들은 화가 나면 공격적인 행동을 한다.

13   짜증을 너무 내는 아이, 어떻게 해야 할까?

#짜증 내는 아이 #엄격한 부모 #양육 태도

초등학교 4학년인 딸아이를 둔 엄마입니다. 아이가 너무 짜증이 많습니다. 뭘 물어보면 대답을 안 하다가 다시 물으면 화를 내면서 "그만해!", "제발, 알았다고요!"라고 신경질적으로 대응합니다. 야단을 치면 상황이 험악해져서 자꾸 그냥 넘어가게 됩니다. 그러다 어느 날은 전혀 다른 아이처럼 굽니다. 유심히 살펴보니 자유 시간이 없고 과제가 많은 날에 더 신경질을 부리는 것 같습니다. 학교생활에 무슨 문제가 있는지, 사춘기가 일찍 온 건지, 다니는 학원이 많아서 그런지 이유를 알 수 없어 답답합니다. 한번은 그렇게 계속 짜증 낼 거면 학원도 다 그만두라고 했는데 어떤 대답도 하지 않았습니다. 대체 무엇이 문제일까요?

―――――― 부모나 선생님 같은 어른들의 권위에 불만을 품고 대들거나

거부하는 행동이 6개월 이상 지속되면 반항 장애로 볼 수 있습니다. 반항 장애를 겪는 아이들은 짜증을 내는 수준을 넘어 무조건 반항하고 적대적이며 청개구리 같은 행동을 보입니다.

전문가들은 부모의 지나친 요구나 기대에서 반항 장애의 원인을 찾습니다. 반항 장애는 부모가 너무 엄격해서 아이가 숨 쉴 틈이 없다든지, 아이의 의지와 상관없이 해야 할 학습지나 학원 등이 많다든지, 가정불화로 집 안 분위기가 냉랭하고 편안하지 않을 때 발생합니다.

엄격한 부모나 모순적인 부모의 태도 때문에 아이가 짜증을 낼 수도 있습니다. 부모가 엄격한 경우라면 조금 느슨해질 필요가 있고, 모순적인 경우라면 바로 수정하고 부모의 실수를 인정해야 합니다.

아이가 짜증 내는 원인을 잘 모르겠다면 우선 야단치고 꾸중하는 것부터 자제해야 합니다. 그리고 짜증의 원인으로 예상되는 몇 가지를 선택해서 아이와 진지한 대화를 나눠 보십시오. 그것만으로도 아이들은 부모에게 존중받고 있다고 느낍니다.

이 상담 사례에 등장하는 딸아이는 사춘기가 되면서 해야 할 일은 점점 많아지는데 스스로 조절도 어렵고 포기도 어려운 것처럼 보입니다. 이럴 경우에는 한두 가지 중요하지 않은 과목은 스스로 하게 하여 일정을 가볍게 해 주면 짜증이 줄어듭니다. 엄마의 지나친 관심이나 과제 성취에 대한 기대를 조금 내려놓는 것도 아이의 짜증을 줄이는 데 도움이 됩니다.

요즘 부모들과 상담을 해 보면 아이의 짜증이 많아져서 고민이라는 내용이 단골 메뉴로 등장합니다. 부모들이 너무 바쁘게 사는 게 그 이유라는 생각도 듭니다. 그렇게 열심히 일해서 돈 버는 목적이 무엇인지 생각해 봐야 할 시점입니다. 사람을 바로 키우는 일은 그 어떤 일보다 우위에 있어야 합니다. 아이를 올바로 키우기 위해서는 그 주변을 둘러싸고 있는 가족이 좋은 스승이 되어야 합니다. 부모가 시간을 할애해서 대화하고 놀아 주고 관찰만 잘해도 아이가 짜증 낼 이유가 없습니다. 굳이 많은 변화를 시도하지 않더라도 대화 속에서 공감하고 아이 마음을 읽어 주기만 해도 문제는 해결됩니다.

● 한마디 쏙쏙
반항 장애의 원인은 부모의 지나친 요구나 기대에 있다.

14 산만해서 공부를 못하는 아이, 어떻게 해야 할까?

#산만한 아이 #집중력 #학습 부진

초등학교 4학년인 아들이 있습니다. 주변에서 아이가 산만하다는 말을 많이 합니다. 학교에 들어간 이후 줄곧 공부를 어려워하는데 산만한 것이 이유일까요? 좀 더 자라면 나아지는지도 궁금합니다.

아이들의 주의 집중력은 개인에 따라 차이가 많이 납니다. 산만함은 아이의 학습 능력과 생활 습관에도 영향을 주기 때문에 가급적 어릴 때부터 지도해야 합니다. 예를 들어 엄마가 너무 조바심치며 일찍부터 교육을 시키거나 어려운 학습 교재를 주면 아이의 집중력은 오히려 떨어질 수 있습니다. 또, 아이가 집중하지 않는다고 면박을 주기보다는 아이가 무엇에 관심 있는지를 눈여겨보았다가 그것에 집중할 수 있게 해야 합니다.

일반적으로 머리가 나쁘다고 할 때 지적인 능력보다 집중력이 떨어지는 경우가 많습니다. 보통 집중력이 부족한 아이는 과잉 행동까지 보이는 경우가 적지 않습니다. 과잉 행동을 보이는 아이는 교실에서 자기 자리에 가만히 앉아 있지 못하고 이리저리 돌아다닙니다. 어릴 때부터 이런 증상을 보여도 학교에 들어가면 차차 나아지겠지 하며 가볍게 생각하는 부모들이 많습니다. 그런데 무심코 지나쳐서는 안 되는 문제입니다. 학년이 올라가면서 학습 공백이 누적되어 학습 부진아가 되는 경우가 많기 때문입니다.

산만함의 정도가 심하고 학교 공부를 많이 어려워한다면 가까운 병원을 찾아 ADHD 검사를 해 보는 것이 좋습니다. ADHD 검사는 36개월부터 가능한데, 유전적으로 산만한 아이들은 약물 치료를 받아야 합니다. 치료를 안 할 경우 초등학교 고학년 때부터 교과 과정을 따라가지 못할 수 있습니다.

환경적인 요인으로 부모가 자주 다투거나 가정불화를 겪고 있으면 아이가 정서 불안 장애를 보이면서 산만해지기도 합니다. 공부 잘하는 아이로 키우고 싶다면 화목한 가정 분위기를 만들어야 할 것입니다.

그러므로 산만함의 원인이 정서 불안 탓인지, 병리적인 문제인지를 먼저 파악해야 합니다. 정서 불안이 문제라면 환경적 요인이 원인인 경우가 많습니다. 그때는 가족 간의 유대를 돈독히 하여 화목한 집안 분위기를 만들어야 합니다.

한편, 아이의 방이 유난히 정리가 안 되고 어지럽다면 꼭 있어야 할 가구만 넣어서 정리하기 쉽게 만들어야 합니다. 부모가 불필요한 잔소리도 하지 않아야 합니다. 쓸데없이 말 많은 부모는 가뜩이나 산만한 아이를 더욱 산만하게 만들 수 있습니다.

아이의 집중력을 키우려면 적절한 칭찬과 보상을 해 주면 됩니다. 아이가 주의를 기울이면 머리를 쓰다듬어 주거나 아이가 원하는 것을 해 주는 등 다양한 형태로 보상해 주기 바랍니다.

● 한마디 쏙쏙
가정불화를 겪는 아이는 산만한 경향이 있다.

15 갑자기 성적 호기심을 보이는 아이, 어떻게 해야 할까?

#성적 호기심 #음란 영상물 #성교육

 초등학교 4학년인 아들을 둔 엄마입니다. 아이가 성에 부쩍 관심을 보이는데 음란 영상물을 본 게 아닐까 의심스럽습니다. 제가 어떻게 해야 할까요?

모두들 알다시피 음란 영상물에서 표현되는 성은 왜곡과 과장이 심해서 건전한 성과 거리가 멉니다. 그래서 성에 대해 잘 모르는 초등학생들이 처음 음란 영상물을 접하면 그것을 성의 실체라고 받아들여 큰 충격을 받게 됩니다. 또, 중독성 있는 음란 영상물을 자주 접하는 아이들은 성적 행동의 충동이 많아집니다. 여자의 성을 쾌락의 도구로 사용하는 음란 영상물을 많이 본 아이들은 성적 충동을 건강하게 풀 수 없는 상태로 자라게 됩니다. 음란 영상물 속에서 여자는 매우 의존적으로, 남자는 몹시 공격적으로 표현되기 때문입니다.

아이가 인터넷으로 음란 영상물을 우연히 접하게 되었다면 그 즉시 올바른 성 의식을 갖도록 교육해야 합니다. 그렇지 않으면 아이가 성인이 되었을 때 성생활에 문제가 생길 수 있습니다. 실제 성생활과 음란 영상물의 차이점을 가르쳐 주고 잘못된 성 지식을 바로잡아야 아이가 성인이 되었을 때 건전한 성을 향유하게 됩니다.

어려서 음란 영상물을 보는 것을 가볍게 생각해서는 안 됩니다. 어른들은 사실을 있는 그대로 알려 줘야 할 의무가 있습니다. 성교육 전문가들은 십 대 아이들이 음란물을 보고 발기 경험과 빈번한 자위를 과도하게 하는 경우 점차 쾌감 감소, 성욕 감퇴, 발기 부전으로 진행되어 조루나 성기능 장애를 유발하게 된다고 지적합니다. 심각한 경우 변태 성욕자로 진행될 수도 있습니다.

성교육 전문가들은 초등학교 시절 아이가 성적 호기심을 보일 때부터 부모가 현실적이고 실질적인 조언을 하라고 조언합니다. 아이들이 성에 대해 궁금해하고 호기심을 보일 때가 바로 교육을 시작할 때입니다. 아이의 나이에 맞춰 이해할 수 있는 단어로 설명해 주면 됩니다. 성 이야기는 가정에서 풀어가는 것이 가장 자연스럽다고 합니다. 아이가 왜곡된 성을 접한 것 같다면 적극적으로 개입하고 교정해 주어야 합니다. 터놓고 얘기하는 것이 어색하다며 피하지 말고 적극적으로 개입해서 아이의 개인위생이 학교 위생, 사회 위생으로 연결되도록 해야 합니다.

16 기초 학력 부진이 우려되는 아이, 어떻게 해야 할까?

#기초 학력 부진 #문해력 #독서

초등학교 5학년인 아들을 둔 엄마입니다. 아이가 컴퓨터 게임에 푹 빠져 있는데, 나중에 게임 프로그램 개발자가 되겠다고 합니다. 이대로 내버려 두면 중학교에 올라가서도 달라지지 않을 것 같습니다. 또, 아이가 유난히 책읽기나 글쓰기를 싫어하고 공부에도 별 관심을 보이지 않습니다. 나중에 기초 학력이 부족하면 어쩌나 걱정입니다. 지금부터라도 학원에 보내서 체계적으로 공부를 시켜야 할까요? 조언 부탁드립니다.

부모들의 걱정이 다들 비슷한 모양입니다. 그래서인지 동네의 유명 학원에는 4학년부터 들어가기 어렵다는 말을 들은 적이 있습니다. 얼마 전에 본 2019년 초중고 사교육비로 21조를 썼다는 기사도 같은 맥락일 것입니다. 일찌감치 사교육 시장으로 내

몰리는 아이들의 현실이 참으로 안타깝습니다.

학교는 아이들에게 연령에 맞는 지식을 알려 주고, 그 앎이 삶으로 연결되도록 도와주는 곳입니다. 그런데 요즘은 거꾸로 가는 느낌입니다. 학교 교육 과정이 아이들의 삶에 비위를 맞춰 즐겁고 신나게 활동 위주로 꾸리고, 정말 알아야 할 앎에 대해서는 각자에게 맡기고 있는 듯합니다. 학교에서 마땅히 가르쳐야 하는 기초 학력의 부진으로 1, 2, 3학년에서는 기초 3R(읽기, 쓰기, 셈하기)이 안 되는 아이들이 점점 늘고 있고, 4, 5, 6학년에서는 교과 학습을 따라가기 힘든 정도의 학습 부진도 생겨나고 있는 추세입니다. 15년 동안 진행된 읽기 부진에 관한 연구에서 중학교 1학년 학생의 읽기 능력이 초등 2학년 수준이라고 보고되었습니다.

초등 저학년의 아이가 문해력이 부족한데 조기 개입을 놓치고 개별 지도를 못 받게 되면 그 뒤에는 늘어나는 학습량을 감당하지 못해 교과목의 학습 부족 누적이 어마어마해집니다. 그 상태로 중학교에 올라가게 되면 학습 부진은 이미 예약되었다고 해도 무방합니다. 이런 경우는 공교육이 개입되는 초기에 보충되어야 하는데 그 시기가 바로 초등 저학년 때입니다. 학교가 개입되어야 할 결정적 시기인 셈입니다.

초등 저학년에서의 기초 학력은 참으로 중요합니다. 저학년 때 알게 되는 기초 학력이 곧 배우는 힘의 근간이 되기 때문입니다. 그것을 토대로 점점 어려워지는 교과를 소화해 내고 배우고 익혀서 학년이 올라가는 것입니다.

초등학교의 기초 학력 평가 지표는 우수, 보통, 기초, 기초 미달 4단계로 나뉘는데 기초 미달에 해당하는 최하위권의 수치가 급격히 늘어나는 추세라고 합니다. 기초 미달의 경우 교과 내용을 20퍼센트 정도만 이해하고 있다고 할 때 그 수준을 설명하면 다음과 같습니다. 국어는 글을 읽고 이해하기가 힘들고, 영어는 문장을 보고 읽기가 어렵고, 수학은 분수 개념부터 어렵게 느끼는 정도입니다.

기초 미달은 학년이 올라갈수록 학과 전반에 부정적인 영향을 줄 뿐만 아니라 자존감도 떨어뜨립니다. 그러므로 정부나 학교는 개개인의 기초 학력에 적극 개입해서 결손 없이 일정 학력에 도달될 수 있도록 교사의 전문성을 키워야 합니다. 가정에서는 독서 지도로 문해력을 키우고 글쓰기를 생활화하여 읽고 사고하고 대화하는 활동을 구체적이고 적극적으로 해 나가야 합니다. 글을 읽고 쓰는 게 어려운 아이에게는 말하는 기회를 주어 글쓰기로 연결하는 방법이 좋습니다. 그 뒤로는 아이의 의지로 학교 공부를 따라가게 하면 됩니다.

● 한마디 쏙쏙

초등 저학년의 기초 학력은 배우는 힘의 근간이 된다.

17 갑자기 말을 듣지 않는 아이,
어떻게 해야 할까?

#말 안 듣는 아이 #사춘기 #양육 태도

초등학교 5학년, 2학년인 두 딸을 둔 엄마입니다. 예전에는 아이들에게 뭔가를 시키면 척척 했는데 요즘은 말을 듣지 않습니다. 사춘기가 시작되었나 보다고 그냥 넘어가 줘야 하는지, 버릇을 잡아야 하는지 모르겠습니다. 조언 부탁드립니다.

초등학교 통계 자료에 따르면, 아이가 학교에서부터 이미 화가 나서 집에 오게 되면 엄마의 요구나 말을 들어 줄 마음의 여유가 없다고 합니다. 또 대부분의 아이들이 방과 후에 집에 오면 피곤해서 엄마 말을 못 들은 척하거나, 학교 공부에서 해방되어 놀이에 집중하느라 엄마 말을 못 듣는다고 합니다. 그렇더라도 혹시 다른 이유가 있는지 부모가 잘 살피고 몇 가지 사항을 점검해 보십시오.

첫째, 지금 부모가 하는 요구가 아이의 연령 수준에 맞는지 살펴보십시오. 예컨대, 가족과 함께 고급 레스토랑에 가서 초등학교 2학년 아이에게 제대로 된 테이블 예절을 기대하는 경우입니다. 아이의 능력을 넘어서는 과도한 요구는 아이가 받아들이기 힘듭니다.

둘째, 보통 엄마들은 "숙제를 저녁 먹기 전에 할래, 먹고 나서 할래?"라고 물어 아이가 대답을 하지 않으면 무시당했다고 생각합니다. 그러다 보니 버럭 화를 내기 십상입니다. 앞으로는 그렇게 묻는 대신 아이에게 선택의 기회를 주십시오. 아이들은 보통 엄마가 기대했던 것과 다른 답변을 내놓는데 결과적으로는 쉽게 문제를 해결합니다. 그 대답이라는 것이 대체로 "잠자기 전까지 끝낼게요."입니다. 따지고 보면 이보다 명쾌한 답도 없습니다.

셋째, 학교 다녀와서 옷은 옷걸이에 걸고 물건은 제자리에 두라고 하는데도 정리가 되지 않는다면 몇 가지를 점검하십시오. 옷장의 옷걸이가 눈높이에 맞지 않고 너무 높이 있는 것은 아닌지, 물건을 넣는 정리장이 어지럽혀져 있는 것은 아닌지를 확인하는 것입니다. 즉, 물리적 환경을 점검해서 정리가 가능하게 만들어 주어야 한다는 말입니다.

이런 과정을 아이들의 홀로서기를 위한 과도기 과정이라고 생각하면 마음이 조금 가벼워집니다. 초등학생을 둔 부모들은 이런 과도기 과정을 현명하게 넘어가기 바랍니다. 어차피 성장하는 아이들이 꼭 거쳐 갈 수밖에 없는 필수 과정이니까요. 그리고 가능하면 아이들과의 지금 현재 시간을 즐기고, 가끔은 그냥 조용히 넘어가는 것도 좋습니다.

사춘기가 시작된 것이 맞다면 여러 가지 행동의 변화를 볼 수 있습니다. 예컨대, 잘 안 씻던 아이가 샤워를 부쩍 오래 공들여 한 다든지, 티셔츠 단추를 몇 개 풀어야 멋진지 고민하면서 거울 앞에 머무는 시간이 많다면 사춘기가 시작된 것으로 보고 부모도 서서히 준비해야 합니다. 그리고 학원을 땡땡이 치고 PC방에 간다든지, 책 산다고 받아 간 돈으로 엉뚱한 것을 산 것을 알게 되더라도 그냥 넘어가기도 해야 합니다. 물론 도가 지나치면 말을 해서 제재해야 합니다. 하지만 야단칠 일은 몰아서 하고, 함께 웃으며 보내는 시간도 만들어야 사춘기 이후에 아이와의 상호 작용이 좋습니다. 아이를 충분히 이해하고 하나의 인격체로 대우해 주면서 가끔 엄마의 집안일과 회사 일에 대한 고충을 말하면 의외의 도움을 받기도 합니다. 그런 모습을 보인다면 사춘기 아이가 건강한 인격체로 잘 자라고 있다는 신호로 받아들여도 됩니다.

● 한마디 쏙쏙

말 잘 듣는 아이를 원한다면 연령 수준에 맞게 요구해야 한다.

18 매사에 묻고 행동하는 중학생 아이, 어떻게 해야 할까?

#자신감 #칭찬 #양육 태도

중학교 2학년인 아들을 둔 엄마입니다. 아이가 말썽을 피우지는 않는데 매사에 묻고 행동하는 습관이 있습니다. 행동하고 나서도 꼭 보고하는 편입니다. "네가 하고 싶은 대로 결정해."라고 해도 저에게 답을 요구합니다. 제가 어떻게 하면 좋을까요?

―――――――― 그래도 잘 관찰하면 엄마에게 묻지 않고 스스로 처리하는 일이 있을 것입니다. 그것을 찾아내 적극적으로 칭찬해 줘서 자신감을 갖게 해야 합니다. 예컨대, "엄마, 나 오늘 옷 뭐 입고 나가?"라고 물으면 "오늘은 네가 한번 골라서 입어 봐."라고 해 주십시오. 잠시 후 아이가 옷을 골라 입고 나오면 그 옷차림에 대해 멋있다거나 탁월한 선택이라고 칭찬해 주십시오. 그런 경험들이 쌓이면 아이는 두려움 없이 스스로 선택할 수 있게 됩니다. 이것이 바로

칭찬의 힘입니다. 칭찬은 귀로 먹는 보약입니다. 그 효과로 볼 때 비타민이나 종합 영양제를 챙겨 먹이는 것보다 칭찬이라는 보약을 주는 편이 훨씬 더 낫다는 것을 기억하기 바랍니다.

아이가 "학원 갔다 오는 길에 친구네 집에서 숙제하고 와도 돼요?"라고 묻는다면 "그럼." 혹은 "안 돼."라는 직접적인 답 대신에 "너는 어떻게 하고 싶니? 친구랑 놀다가 숙제를 못하면 어떻게 할 거니?"라고 말해 주십시오.

아이는 자신이 하고 싶은 대로 선택할 것이고, 설령 숙제를 못하더라도 좋은 경험과 기회가 될 것입니다. 시행착오를 겪고 실수를 통해 지혜를 얻는 과정은 진정한 의미의 경험 교육입니다. 세상에 경험보다 앞선 교육은 없습니다.

그동안 아무 걱정을 안 하다가 요즘 들어 '이건 아닌데.' 하는 생각이 든다면 조금 늦은 감이 있지만 지금부터라도 적극적으로 노력하십시오. 아이 혼자 결정해서 실수도 하고 난감한 일도 당해 봐야 독립적인 아이로 자랄 수 있습니다.

아이들은 실수를 통해 문제 해결력이 생기고, 자신감이 생깁니다. 늘 새로운 것에 도전하고 싶어 하는 아이들은 매일매일 실수 만발입니다. 그런데 실수할 때마다 야단을 친다면 혼나는 것이 두려워 아무것도 시도하지 않게 됩니다. 아이의 자신감은 수많은 도전과 성공, 실패와 실수 속에서 다져집니다. 어린 시절의 작은 성공이 나중에 큰 성공을 만드는 밑거름이 됩니다. 아이 마음대로 하게 두고 지켜보는 부모가 되기 바랍니다.

19 여자 몸을 실제로 보고 싶다는 아이, 어떻게 해야 할까?

#성적 호기심 #성교육 #양육 태도

고등학생 아들을 둔 엄마입니다. 아이가 여자 몸을 실제로 보고 싶다고 합니다. 너무 난감하고 당혹스러워서 어떻게 해야 할지 모르겠습니다. 제가 어떻게 대처해야 하는지 조언을 부탁드립니다.

제가 알고 있는 한 엄마도 비슷한 일을 겪었습니다. 그분의 아이는 이민 2세로 미국의 공립 학교 11학년이었는데 학교 성적은 늘 상위권이고 토요 한글 학교도 다녔습니다. 아이의 엄마와 저는 같은 한글 학교의 교사였습니다.

어느 날 아이가 엄마에게 학교에서 있었던 일을 말했습니다.

"며칠 전에 한 친구가 플레이보이 잡지를 학교에 가져와서 반 아이들이 모두 돌려봤어요. 그런데 그날 이후 여자의 알몸을 제대로 봤으면 좋겠다는 생각이 자꾸 들어요."

그 말을 들은 엄마는 아들보다 더 깊은 고민에 빠졌습니다. 호기심이 잘못된 방향으로 가지 않을까, 공부를 게을리하지 않을까 걱정이 됐던 것이지요. 여러 전문가의 자문을 듣고 한 가지 방법을 아들에게 실행했습니다.

우선, 자기 전에 샤워를 한 후에 브래지어를 채워 달라고 아들을 일부러 불러 부탁했습니다. 그렇게 두세 번 정도 자연스럽게 엄마의 알몸을 슬쩍 볼 수 있게 하였습니다. 놀랍게도 그 뒤로는 여자의 알몸에 대한 얘기를 하지 않았다고 합니다. 다행히 그 아이는 엄마의 알몸을 보는 간접 경험으로 성적 호기심에서 발달한 성적 판타지를 깬 것입니다.

만약 엄마가 잘못 대처해서 아들에게 윤리적 비판과 죄책감을 느끼게 했다면 자아 성숙에 방해가 되었을 것입니다. 그래서 성에 관한 한 비판보다는 묵인하는 편이 더 현명합니다.

우리는 누구나 성적 판타지를 가지고 살아갑니다. 성이 억압될 경우, 더욱 성적 판타지에 의지하게 되고 심하면 중독되기도 합니다. 사회적 규범을 깨고 욕망에 자신을 내던지는 행위가 비록 윤리적 기준에서 벗어난다 하더라도 그것이 주는 자유로운 쾌감이 있습니다. 이것은 매우 중독성이 강한 자극입니다. 우리는 이런 종류의 자극을 조금씩 경험하면서 살아갑니다. 그러나 어떤 것이든 자신이 통제할 수 있는 범위에서 즐겨야 합니다. 만약 그 범위를 넘어서게 되면 모든 관계의 파괴를 가져오고, 자신도 소모되고 피폐

해집니다.

　미국에서는 성교육을 네 살 때부터 체계적으로 시행합니다. 그동안은 안전한 성생활safe sex을 강조하는 성교육이 이루어지다가 요즘에는 절제하는 성save sex으로 그 내용이 바뀌고 있습니다. 성교육에서 안전은 기본이고, 무분별하게 행동하기보다는 절제하도록 가르치겠다는 의도인 것입니다. 성교육의 목적은 성 지식의 습득도 있지만 책임 교육이나 윤리 교육이 앞서야 합니다. 성적 자기 결정권과 성적 자기만족보다 성적 책임에 대한 교육이 우선되어야 음란물 노출이 위험 수준에 있는 청소년들을 보호할 수 있습니다.

● 한마디 쏙쏙
성에 관한 한 비판보다는 묵인하는 편이 더 현명하다.

20 부모의 이혼을 부끄러워하는 아이, 어떻게 해야 할까?

#이혼 #수치심 #조숙증

이혼을 하고 초등학교 5학년인 아들과 살고 있습니다. 아이는 엄마 아빠가 이혼한 사실을 누가 알까 봐 스트레스를 많이 받습니다. 자기가 1등을 하면 주변 사람들이 부모의 이혼 사실을 알게 되더라도 놀리지 않을 것이라며 1등에 집착합니다. 공부를 열심히 하는 것은 좋은데 정서적으로 이대로 둬도 되는지 의구심이 듭니다. 조언 부탁드립니다.

아이가 부모의 이혼에 대한 수치심을 가리기 위해 열심히 공부하는 것으로 방어하고 있습니다. 이런 행동은 오래 이어지기 힘들어 현실성이 없습니다. 아이의 생각은 단지 자기방어를 위한 다짐일 뿐입니다. 1등 하는 게 쉽지 않다고 생각하는 시점에 도달하면 아이는 이혼 수치심에 대한 또 다른 방어 기제를 찾으려 할 것입니다. 설령 1등을 한다고 해도 나이가 들면 출세 지상주의로 바뀔 수 있으므로 둘 다 바람직하지 않습니다.

5학년 아이가 자신이 처한 상황을 공부 에너지로 몰고 가기 때문에 남들은 철이 들었다며 믿음직스럽다고 말할 수 있습니다. 그러나 아들의 내면은 외롭고 공허하다는 것을 알아야 합니다. 속으로는 울면서 겉으로만 정상적으로 성장하는 것처럼 위장하고 있기 때문에 부모의 적절한 개입이 필요합니다. 먼저 아이의 마음을 읽어 주고 많은 대화를 통해 위로해 주면서 마음의 안정을 줘야 합니다. 이 시기에 위로와 격려를 받지 못한 채로 성장하여 성인이 되면 인간관계에서 생기는 미묘한 정서라든가, 마음의 상처에 대해 잘 이해하지 못하게 됩니다. 결국 자기 방식대로 해석하여 남을 몰아붙이거나 단정하는 성격이 될 수 있습니다.

부모가 이혼했을 때 십 대 자녀가 표출하는 방식은 일반적으로 두 가지입니다. 하나는 그 또래 아이들보다 빨리 성숙한 것처럼 보여 애늙은이 같은 생각과 느낌을 가지는 것입니다. 가령, "사는 게 다 그렇지.", "뭐 그 사랑이 오래 가겠어?", "난 처음부터 이렇게 될 줄 알았어." 등의 반응을 보입니다. 조숙증인 경우인데, 어른의 세계를 마치 다 체험한 듯 쉽게 단언하는 경향이 있습니다. 다른 하나는 이혼 가정의 십 대 딸은 남녀 관계에 대해 가볍게 생각하고 이성 교제도 비교적 쉽게 하고 헤어지는 경향이 있다는 보고가 있습니다. 반면, 이혼 가정의 십 대 아들은 이성 교제에 대해 회피하는 경향을 보인다는 연구 보고가 있습니다.

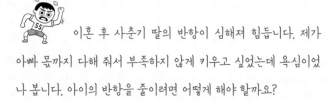

21 반항하는 사춘기 딸,
어떻게 해야 할까?

#이혼 #사춘기 #분노

이혼 후 사춘기 딸의 반항이 심해져 힘듭니다. 제가 아빠 몫까지 다해 줘서 부족하지 않게 키우고 싶었는데 욕심이었나 봅니다. 아이의 반항을 줄이려면 어떻게 해야 할까요?

──────── **아이가 아버지의 부재로 정체성 혼란을 겪고 있는 것으로 보입니다.** 아무리 엄마가 아빠 역할까지 한다고 해도 그 자리를 완벽하게 채울 수는 없습니다.

행동으로 반항하는 것을 막기 위해서는 우선 아이가 가진 울분, 분노, 슬픔을 엄마와 대화하면서 풀 수 있는 시간을 자주 가져야 합니다. 아이의 주된 정서인 분노를 말로 조금씩 표현하다 보면 나중에는 행동으로 분노를 표현할 의미가 없어집니다. 상대방에 대한 미운 감정을 하나씩 꺼내서 얘기하면 속이 후련해지면서 미운

346

마음이 사그라들기 때문입니다. 우리가 하는 말과 대화 속에는 사람의 정서가 그대로 녹아들어 드러납니다. 식구끼리 사랑이라는 단어를 굳이 쓰지 않아도 구구절절 사랑이 우러나오는 대화를 감지할 수 있는 이유입니다. 아이의 상심한 정서를 세심하게 관찰하십시오. 아이의 기분과 정서만 읽어 줘도 분노로 꽉 찬 하루에서 벗어날 수 있습니다.

한편, 엄마는 이혼한 사실로 아이에게 지나치게 미안해할 필요는 없습니다. 아이도 사실로 받아들이고 있는데, 단지 시간이 필요한 것입니다. 예컨대, 이혼 전 아버지와의 갈등으로 가정이 매일 우울한 분위기였다면 오히려 부모의 갈등에 노출되지 않는 지금 상태가 그때보다 낫습니다. 보고된 연구 결과에 따르면, 부모의 이혼보다 갈등 상황을 자주 경험할 때 자녀에게 미치는 부정적인 영향이 크다고 합니다.

다른 집의 이야기로 아이에게 대화를 유도해 보십시오. 가령 "너는 사춘기 아이들이 왜 가출을 한다고 생각해?", "가출해서 나가면 어떤 생활을 하게 될까?", "가출하면 좋은 일만 생길까?"와 같이 간접적으로 아이의 생각을 알아볼 수 있는 질문을 하는 것입니다. "난 안 그러잖아! 왜 그런 걸 물어?"라고 쏘아 붙일 수도 있지만, 나중에는 선선히 대화에 참여합니다. 그러면 아이의 분노 수준을 알게 되고, 그에 맞는 대처 방안도 나올 수 있습니다. 물론 많은 시간과 노력이 필요합니다. 이런 대화는 집 안에서보다는 외식을 하면서 시도하면 더 효과적입니다.

22 이혼 후 점점 멀어지는 아이, 어떻게 해야 할까?

#이혼 #사춘기 #불안감

중학생 아들을 둔 엄마입니다. 이혼한 후에 아이와 점점 사이가 멀어지는 느낌입니다. 아이와 어떻게 소통해야 하는지 방법을 모르겠습니다. 조언을 부탁드립니다.

—————— **사춘기 아들과 엄마는 사이가 더 멀게 느껴질 수 있습니다.** 이혼한 가정이어서 겪는 일이 아니라는 말입니다.

사춘기가 되면 아이들은 부모의 이혼에 대해 복잡한 감정을 가지게 됩니다. 사춘기 이전보다 부모 각자의 상황을 이해하게 되지만, 자신의 정체성에 대한 근본적인 불안감에 휩싸일 수 있습니다. 그런 감정들은 엄마에게 공격적으로 행동하거나 말을 듣지 않아 속상하게 만드는 모습으로 표출됩니다. 친구한테도 참지 못하고 분노를 표출하여 관계가 틀어지게 만듭니다. 아들의 경우에는 그런 자기 모습이 싫다며 친구들과 거리를 두는 냉정함도 보입니다.

아들은 부모의 사랑에 갈등을 느끼면서 또다시 버림받을까 봐 두려워할 수 있습니다. 이때는 아들과 이혼에 대한 정직한 대화가 필요합니다. 부모가 이혼한 뒤에 아들은 '세상에서 난 혼자야.'라고 생각합니다. 그러니 아들에게는 "여전히 너를 사랑한단다."라는 말로 확신을 줘야 합니다. 예를 들면, "엄마 아빠는 성격 차이로 이혼했지만 아직도 널 많이 사랑하고, 널 끝까지 돌볼 거란다."라는 말로 불안감을 해소시켜 줘야 합니다. 너무 빤하고 당연한 말이라도 아들에게는 위로가 되고 부모와의 끈을 놓치지 않으려고 힘쓰는 계기가 됩니다.

사회생활을 하는 엄마가 모임으로 늦게 귀가하면 불안감을 느끼고 위축되어 공격적인 반응을 보일 수 있습니다. 혹은 남자친구를 만나고 들어온다고 하면 또 다른 불안감이 생기면서 여러 가지를 걱정하게 됩니다. 아들은 아빠에 이어 엄마에게도 버림받게 될까 봐 두려워질 수 있습니다.

청소년은 소년도 청년도 아니어서 청소년입니다. 늦게 귀가하는 엄마에게 공격적인 반응을 할 때는 소년으로 반응하는 것이므로 모임의 성격을 잘 말해 주고, 늦게 귀가하는 이유도 충분히 설명해 줘야 합니다. 청소년은 상황에 따라 청년이었다가 소년이었다가 탈바꿈을 하므로 엄마의 영민한 관찰이 필요합니다.

외국의 연구에서는 이성의 부모와 함께 사는 아동은 더 미숙하고 의존적이며 불안 수준이 높고 자아 존중감이 낮다는 결과가 있습니다. 이 연구 결과로 보면 이혼한 경우 엄마에게는 아들보다 딸이 더 수월하다고 할 수 있습니다. 하지만 이혼 후 자녀의 적응에 영향을 주는 변인 중에 부모와 자녀의 성이 다르다는 점은 다른 변인에 비해 상대적으로 설명력이 낮은 변수입니다. 그보다는 이혼 후 자녀와의 관계의 질이나 양육 관여 정도가 더 중요한 변인입니다. 누구에게나 이혼 등 어려운 일이 발생할 수 있습니다. 하지만 그 일을 다루는 개인의 방식에 따라 결과는 하늘과 땅 차이로 나타나기도 합니다.

얼마 전에 종영된 드라마에서 남편의 외도로 인한 아내의 분노와 그로 인한 상처를 실감나게 봤습니다. 중반 즈음에는 부부 갈등이 심화되면서 아들이 무관심 속에 방치되는 장면이 그려졌습니다. 부모의 관심을 끌기 위해 아이에게는 도벽이 나타났습니다. 한편, 엄마는 아들을 위한다면서 필요 이상으로 집착하고, 아이는 그런 엄마를 몹시 귀찮아했습니다. 부부가 아들을 핑계로 내세우면서 각자의 상처를 전가하는 과정에서 아들은 결국 집을 나가고 말았습니다.

이 드라마를 거론한 이유는 이혼의 일차 피해자는 뭐니 뭐니 해도 자식이라는 얘기를 하고 싶어서입니다. 드라마의 전개 속에는 어떤 원칙처럼 순서가 있습니다. 평화로운 가정은 남편의 외도로 집 안의 공기가 무척이나 달라집니다. 삶의 의미를 잃어버린 엄마는 하루아침에 인생 전체가 분노와 상처에 휩쓸리고 맙니다. 집 안 분위기를 모르는 자식들은 어느 순간부터 엄마의 말과 행동,

표정이 무섭고 두렵고 불안해지기 시작합니다.

　이럴 때 엄마의 대처가 현명하지 않으면 자식들의 성장 과정에 큰 후유증을 남긴다고 전문가들은 지적합니다. 그래서 엄마는 참으로 힘든 상황이지만 자기 문제를 세분화해서 이성적으로 해결해야 한다고 말합니다. 이혼 후에도 아이 앞에서 아빠의 단점이나 흉을 보지 않고 좋았던 어릴 적 추억을 들려주어 부자 관계 혹은 부녀 관계가 깨지지 않도록 조심하라고 조언합니다. 그들은 이것이야말로 자식들에 대한 최소한 예의이고 부모의 책임이라고 강조합니다.

● 한마디 쏙쏙

사춘기가 되면 자신의 정체성에 대한 근본적인 불안감에 휩싸인다.

아이의 습관을 바꾸는
칭찬 효과